公共文化服务供给
政府的作用

孔进 著

中国社会科学出版社

图书在版编目(CIP)数据

公共文化服务供给：政府的作用/孔进著.—北京：中国社会科学出版社，2021.9
ISBN 978-7-5203-6611-3

Ⅰ.①公… Ⅱ.①孔… Ⅲ.①行政干预－影响－公共管理－文化工作－研究－山东 Ⅳ.①G127.52

中国版本图书馆CIP数据核字(2020)第094527号

出 版 人	赵剑英
责任编辑	冯春凤
责任校对	张爱华
责任印制	张雪娇
出　　版	中国社会科学出版社
社　　址	北京鼓楼西大街甲158号
邮　　编	100720
网　　址	http://www.csspw.cn
发 行 部	010-84083685
门 市 部	010-84029450
经　　销	新华书店及其他书店
印　　刷	北京君升印刷有限公司
装　　订	廊坊市广阳区广增装订厂
版　　次	2021年9月第1版
印　　次	2021年9月第1次印刷
开　　本	710×1000　1/16
印　　张	16
插　　页	2
字　　数	259千字
定　　价	98.00元

凡购买中国社会科学出版社图书，如有质量问题请与本社营销中心联系调换
电话：010-84083683
版权所有　侵权必究

前　言

改革开放以来，随着社会主义市场经济不断发展，中国社会开始从一般温饱型向全面发展型转变，文化需求日益增长，这既给文化发展注入了新的活力，也对公共文化服务的提供提出了新要求。

公共文化是由政府主导、社会参与形成的普及文化知识、传播先进文化、满足人民群众文化需求的有助于提升国家软实力的公益性文化。它是一国基本意识形态的基础，对经济和社会的发展有着基础性的作用。其中，尊重和保障公民文化权利是政府构建公共文化服务体系的出发点，提升国家文化软实力是构建公共文化服务体系的内在要求。在公共文化服务的提供中，政府的作为是影响公共文化服务数量和质量的最重要的因素，如何最大化地发挥政府的作用是决定公共文化服务水平的关键所在。因此，如何提高政府公共文化的供给水平，更好地维护和发展公众文化权利、培育社会价值观、提升文化软实力是一个重要的课题。

本书以保障公民公共文化权利和提升国家文化软实力为主线，围绕政府在公共文化服务供给中的作用展开。要解决的主要问题是：（1）阐述和界定公共文化服务的定义、构成、功能与理论基础等；（2）确立适应我国国情的公共文化服务提供模式；（3）实证分析政府公共文化服务的供给水平、工作重点及政策效应，提出政策建议。

在阐述了相关的基本概念和综述文献后，从公共产品、文化竞争、福利分析、时机选择等角度讨论了政府构建公共文化服务体系的理论基础，结合国际经验和国情给出了中国公共文化服务的供给模式，之后运用经验数据分析了我国公共文化服务的供给情况，然后以问卷调查为基础对山东省公共文化服务的群众满意度进行了分析，最后给出了相关政策建议。

本书的创新主要有：（1）强调政府供给公共文化服务的主要目的，

一是满足公众基本文化权利的需要，二是文化软实力的形成与提升。（2）首先从供给的角度，构建了刻画政府公共文化服务供给水平的指标体系，并利用该指标体系对中国省级政府的公共文化供给水平进行了研究。然后从需求的角度以山东省为代表分析了社会公众对公共文化服务的满意水平。二者结合相互印证，不仅明确了政府的供给水平，而且发现了政府的供给重点及其不足。（3）已有的对公共文化服务展开的研究，主要偏重于定性研究，定量研究尤其是使用现代统计方法进行的定量研究严重不足，这就使理论分析缺乏数据上的支撑，说服力不强。本书使用聚类分析、因子分析、比较分析法等方法进行的实证分析，完善了公共文化服务的研究体系。

当前，我国正致力于构建公共文化服务体系，这是一个庞大系统的工程，需要全社会的力量共同参与。但最终的落脚点在于基层文化服务的供给，重要的是为普通的社会公众提供充分和高质量的公共文化服务。本书主要是从宏观的角度对政府在公共文化服务供给中所应发挥的作用进行了分析，没有充分关注文化服务的微观主体——社会公众。这不仅是本书的一个不足，也是未来研究重要方向。后续研究中可以将研究对象由宏观领域转向微观领域，从政府部门转向普通公众，从制度设计转向实际落实，从而使研究更加全面和丰满。

目　录

第一章　导论 …………………………………………………… （1）
　第一节　问题的提出 ………………………………………… （1）
　第二节　国内外研究综述 …………………………………… （3）
　第三节　选题的理论意义和实践意义 ……………………… （20）
第二章　公共文化服务一般理论阐释 ………………………… （22）
　第一节　多维视角中的文化认知 …………………………… （23）
　　一　中国历史传统中的文化概念 ………………………… （23）
　　二　西方社会人文学者的文化概念 ……………………… （24）
　　三　马克思主义对文化的认识 …………………………… （26）
　　四　现代经济学对文化的解释 …………………………… （27）
　　五　本书的认识 …………………………………………… （28）
　第二节　公共文化服务 ……………………………………… （28）
　　一　公共文化服务的内涵 ………………………………… （28）
　　二　公共文化服务的构成 ………………………………… （31）
　　三　公共文化服务的特征 ………………………………… （32）
　　四　公共文化服务的功能 ………………………………… （34）
　第三节　公共文化服务体系 ………………………………… （36）
　　一　公共文化服务体系的概念界定 ……………………… （36）
　　二　公共文化服务体系的主要构成 ……………………… （37）
第三章　政府供给公共文化服务的理论基础 ………………… （39）
　第一节　公共产品理论 ……………………………………… （39）
　　一　公共产品理论的基本框架 …………………………… （39）
　　二　文化的公共性、公共文化与政府的职能 …………… （44）

三　保障公众的基本文化权利是政府的基本职责 …………（46）
　　　四　文化软实力提升中政府的主导性地位 ……………（48）
　第二节　文化竞争理论 …………………………………………（49）
　　　一　世界多元文化并存下的文化竞争 …………………（50）
　　　二　与国家振兴并行的文化振兴战略 …………………（51）
　　　三　文化竞争的时机选择 ………………………………（53）
　第三节　文化认同理论 …………………………………………（55）
　　　一　文化认同的内涵 ……………………………………（55）
　　　二　文化认同的作用 ……………………………………（56）
　　　三　全球化时代下中国文化认同危机与公共文化
　　　　　服务体系的构建 ……………………………………（57）
　第四节　公共文化供给的福利分析 ……………………………（59）
　　　一　公共文化供给的成本收益分析 ……………………（60）
　　　二　公共文化服务供给的福利改进 ……………………（62）
　　　三　政府供给公共文化服务的效率分析 ………………（63）
　第五节　政府扩大公共文化服务支出时机选择理论 …………（65）
　　　一　模型说明 ……………………………………………（65）
　　　二　模型构建 ……………………………………………（69）
　　　三　模型分析 ……………………………………………（70）

第四章　国外公共文化服务供给的经验及借鉴 ………………（73）
　第一节　西方公共文化服务理念的形成与现行制度 …………（73）
　　　一　西方社会工业化发展与公共服务理念的形成 ……（74）
　　　二　当代西方国家公共文化服务的制度创新 …………（76）
　第二节　国外公共文化服务供给的模式 ………………………（77）
　　　一　政府主导型公共文化服务模式 ……………………（78）
　　　二　市场分散型公共文化服务模式 ……………………（79）
　　　三　"一臂之距"公共文化服务模式 …………………（82）
　第三节　西方发达国家公共文化服务发展的经验及借鉴 ……（84）
　　　一　美国 …………………………………………………（84）
　　　二　英国 …………………………………………………（88）
　　　三　法国 …………………………………………………（91）

  四　澳大利亚 …………………………………………………（93）
  五　西方发达国家发展公共文化服务的借鉴 …………………（95）
第五章　新中国成立以来的公共文化服务政策及其演变 …………（97）
 第一节　传统时期的公共文化服务供给 …………………………（97）
  一　传统时期公共文化政策演变 ………………………………（98）
  二　传统时期公共文化政策的特点 ……………………………（101）
 第二节　改革开放初期的公共文化服务供给 ……………………（103）
  一　改革开放初期的公共文化政策演变 ………………………（103）
  二　改革开放初期公共文化服务供给的特点 …………………（108）
 第三节　转型时期的公共文化服务供给 …………………………（109）
  一　转型时期公共文化政策演变 ………………………………（109）
  二　转型时期公共文化政策的特点 ……………………………（112）
 第四节　新时期公共文化服务提供面临的挑战 …………………（114）
  一　新时期公共文化政策演变 …………………………………（114）
  二　新时期公共文化服务供给的特点 …………………………（117）

第六章　我国公共文化服务供给的模式选择 ………………………（120）
 第一节　我国公共文化服务供给的博弈分析 ……………………（120）
  一　模型说明 ……………………………………………………（120）
  二　模型的建立与求解 …………………………………………（122）
  三　模型分析 ……………………………………………………（125）
 第二节　我国公共文化服务的供给模式选择 ……………………（128）
  一　目标模式："社会供给＋政府促进"的
    公共文化服务供给 …………………………………………（129）
  二　过渡模式："政府供给＋社会供给＋政府管理"的
    公共文化服务供给 …………………………………………（131）

第七章　我国公共文化服务政府供给情况的实证分析 ……………（134）
 第一节　公共文化服务供给评价指标的选择 ……………………（135）
  一　文化统计指标的设置 ………………………………………（135）
  二　本书的研究角度 ……………………………………………（135）
  三　政府公共文化服务供给水平评价指标体系的构建 ………（136）
 第二节　我国公共文化服务供给水平指标体系的聚类分析 ……（139）

一　我国省级政府公共文化服务提供能力指标衡量 …… （139）
　　二　公共文化服务评价指标的聚类分析 …………… （144）
　第三节　公共文化服务供给水平评价指标的因子分析 …… （148）
　　一　因子分析 …………………………………………… （148）
　　二　结论及经济含义 …………………………………… （156）

第八章　我国公共文化服务政府供给效率实证研究 ………… （160）
　第一节　公共文化政府供给绩效评价指标的选择 ………… （160）
　　一　文献回顾 …………………………………………… （160）
　　二　评价指标的选择及说明 …………………………… （162）
　第二节　公共文化服务政府供给效率的评价方法及应用 … （163）
　　一　DEA 的有关理论 ………………………………… （163）
　　二　DEA 的基本原理 ………………………………… （165）
　　三　基于 DEA 的公共文化政府供给的效率分析 …… （168）

第九章　公共文化服务公众满意度及影响因素分析
　　　　——以山东省调研数据为例 ……………………… （184）
　第一节　公众满意度的一般分析 …………………………… （184）
　　一　公众满意度的内涵 ………………………………… （184）
　　二　公众满意度的衡量 ………………………………… （186）
　　三　公众满意度的研究回顾 …………………………… （187）
　第二节　公共文化服务公众满意度基本统计 ……………… （189）
　　一　政府构建公共文化服务体系的基础工作准备不足 …… （192）
　　二　公共文化设施利用率较低 ………………………… （193）
　　三　公众喜闻乐见的公共文化活动相对提供不足 …… （195）
　　四　公众总体满意度待提高 …………………………… （196）
　第三节　公共文化服务公众满意度的灰色关联度分析 …… （197）
　　一　灰色关联度分析的基本步骤 ……………………… （197）
　　二　计算各满意度指标的灰色关联度 ………………… （199）
　　三　结果分析 …………………………………………… （201）
　第四节　公共文化服务公众满意度的回归分析 …………… （202）

第十章　提高政府公共文化服务供给水平的思路及政策建议 …… （209）
　第一节　现实模式下提升公共文化供给水平的政策建议 … （209）

一　提升我国公共文化服务供给水平遵循的原则 …………（209）
　二　提升我国现阶段公共文化服务供给水平的政策建议 ……（211）
第二节　目标模式下提升我国公共文化服务供给水平的
　　　　政策建议 ………………………………………………（220）
　一　建立和完善公共文化服务法律体系 …………………（220）
　三　增强非政府组织公共文化服务提供能力 ……………（222）
第十一章　结论及展望 …………………………………………（225）
　第一节　结论 ………………………………………………………（225）
　第二节　展望 ………………………………………………………（226）
附录：公共文化服务公众满意度调查问卷 ……………………（227）
参考文献 ………………………………………………………………（231）
后记 ……………………………………………………………………（244）

第一章 导论

第一节 问题的提出

文化是一个民族的精神和灵魂，是国家发展和民族振兴的强大力量。公共文化是由政府主导、社会参与形成的普及文化知识、传播先进文化、提供精神食粮，满足人民群众文化需求，保障人民群众基本文化权益的各种公益性文化机构和服务的总和。改革开放以来，随着社会主义市场经济不断发展，我国社会从一般温饱型向全面发展型转变，人民群众的文化需求日益增长，消费方式发生了深刻变化，这给文化发展注入了新的活力，也必然对公共文化服务的提供提出新的要求。目前，我国文化领域正在发生广泛而深刻的变革，推动文化大发展大繁荣既具备许多有利条件，也面临一系列新情况新问题亟待解决，如文化发展同经济社会发展和人民日益增长的精神文化需求还不完全适应，文化在推动全民族文明素质提高中的作用亟待加强；公共文化服务体系不健全，城乡、区域文化发展不平衡；文化人才队伍建设亟须加强等等，推进文化改革发展，必须抓紧解决这些问题，都需要构建完善的公共文化服务体系。

尊重和保障公民文化权利是构建公共文化服务体系的出发点，公共文化作为政府公共服务的一个重要领域，政府必须创造各种条件保障公民文化权利的充分实现。1997年10月27日，中国政府签署了《经济、社会、文化权利国际公约》，并于1998年10月签署了《公民权利与政治权利国际公约》，表明了对公民权利的基本原则和国际标准的认可。2001年2月28日，九届全国人大常委会第20次会议批准《经济、社会、文化权利国际公约》，使之成为中国的法律文件。与此相适应，2002年11月，党的十六大报告把"人民的政治、经济、文化权益得到切实尊重和保障"确定为全面建设小康社会的重要目标。2007年10月，党的十七大强调了文化建设的重要战略地位，提出了"推动社会主义文化大发展大繁荣"的目标要求。党的十七大指出，我国的社会主义文化建设要在提高国家文化软实力的基础上，"坚持把发展公益性文化事业作为保障人民基本文化权益的主要途径"。2010年10月，《中共中央关于制定国民经济和社会发展第十二个五年规划的建议》提出，"推动文化大发展大繁荣，提升国家文化软实力"。"充分发挥文化引导社会、教育人民、推动发展的功能，建设中华民族共有精神家园，增强民族凝聚力和创造力。"2011年10月，党的十七届六次会议通过的《中共中央关于深化文化体制改革推动社会主义文化大发展大繁荣若干重大问题的决定》提出，"坚持中国特色社会主义文化发展道路，努力建设社会主义文化强国"，"大力发展公益性文化事业，保障人民基本文化权益"，其中，构建公共文化服务体系已经成为当前政府保障公民基本文化权益的一项重要内容。2012年，党的十八大指出，要加强重大公共文化工程和文化项目建设，完善公共文化服务体系，提高服务效能。2013年11月，党的十八届三中全会颁布的《中共中央关于全面深化改革若干重大问题的决定》指出，坚持以人民为中心的工作导向，构建现代公共文化服务体系。2015年，中共中央办公厅、国务院办公厅印发《关于加快构建现代公共文化服务体系的意见》明确，应坚持政府主导，按照一定标准推动实现基本公共文化服务均等化，切实保障人民群众基本文化权益，促进实现社会公平。随着公共文化服务建设目标、思路的逐渐清晰，并且公共文化服务作为社会主义核心价值观建设的重要途径日益深入人心，公共文化服务的法制化也提上日程。2016年12月25日第十二届全国人民代表大会常务委员会第25次会议通过了《中华人民共和国公共文化服务保障法》，指出县级以上人民政府应当将公共文化服务纳入本级国民经济和社会发展规划，按照公益性、基本性、均等性、便利性的要求，加强公共文化设施建设，完善公共文化服务体系，提高公共文化服务效能。公共文化服务建设有了法律保障。2017年5月，《国家"十三五"时期文化发展改革规划纲要》进一步明确公共文化服务阶段性建设目标：到2020年，现代公共文化服务体系要基本建成，基本公共文化服务标准化、均等化水平稳步提高，公共文化供给与群众文化需求有效匹配。

在公共文化服务体系构建和公共文化服务的提供中，政府的作为是影响公共文化服务提供数量和质量的最重要的因素，如何最大限度地发挥政府的作用是解决当前公共文化服务中存在问题的关键。而公共财政是政府履行职能的重要物质基础、政策工具、体制保障和管理手段，具有优化资源配置、调节收入分配、加强宏观调控、实施监督管理等重要作用。因此，在公共财政框架下，规范政府对公共文化的管理，是维护和发展广大公众文化权利的基本要求。此外，政府对公共文化投入和产出是较能可靠掌握与观察到的数据。要研究公共文化体系的构建与发展，从研究政府的经济行为出发，应是一个较为可行的研究策略。由此可见，从公共财政的角度考察我国公共文化服务体系的构建，界定政府在保障公民文化权益方面应发挥的作用，对于落实我国政治、经济、文化、社会、生态文明"五位一体"科学协调发展，切实保障广大人民群众基本文化权益、促进社会公平、转变政府职能都具有重要的意义。

第二节 国内外研究综述

文化管理问题在我国并不是一项新的研究课题，但构建公共文化服务体系作为文化管理的目标和途径却是近几年提出并明确的。

（一）国外的研究现状

"公共文化服务"属于我国具体的文化政策范畴，国外理论界没有"公共文化服务"的提法，直接研究公共文化服务的论文较少。只是在研究政府公共服务或公共管理的相关文章提到了文化政策模式。总体而言，国外对公共文化服务的研究侧重于介绍当代西方文化政策发展概况，及当代公共行政和管理理论对文化的公共管理的影响。

彼得·杜伦德（Peter Duelund，2003）[1]认为狭义的文化政策指对艺术的资助，即决定哪种艺术是最好的，值得在民众中推广。因此，文化政策成为政府、文化赢利机构、文化团体、艺术家等利益集团影响民众思想

---

[1] Peter Duelund, Culture Policy: An Overview, the Nordic Cultural Model, Copenhagen: Nordic Cultural Institute, 2003, p. 13 – 14.

的手段，并且反映着各个利益集团的价值取向。文化政策反映了在特定历史环境下，为艺术自我实现建立体制和创造条件的政治斗争。

在提供主体上，从国家单方面的文化提供与传播过渡到社会多层次介入的局面，强调公众的参与，重视地方性与社区性的文化价值等。哈瑞·查特兰德和克莱尔·麦考吉（Harry Chartrand, Claire McCaughey, 1989）[①]在比较分析"二战"以后欧美各国政府文化政策的基础上，提出了四种文化政策模式：工程师型、庇护人型、提供便利型和建筑师型。在工程师模式中，政府资助那些满足执政的委员会和政党的政治要求的文化，政治目标高于文化自由。在庇护人模式中，政府主要的政策目标是提升职业性艺术活动的质量，而非在大众中普及艺术，政府对文化的资助是精英导向的。提供便利型文化政策主要是指政府不提供直接的艺术资助，也不制定法规管理文化艺术活动，只是对艺术家得到的私人捐赠、礼物和奖金免税。建筑师模式是政府来设计全国文化发展的框架，经过公众和政府官员讨论后，规划政策目标和执行工具。政府从公共财政中拨款直接资助各级文化团体以保证艺术自由和文化民主。约翰·梅尔斯考夫（John Myerscough, 1990）[②]指出随着福利国家危机的出现，以往由政府公共财政资助各级文化团体，为全体公民提供平等的参与社会文化活动机会的局面逐渐出现了地方化和商业化，地方化是文化权利逐渐下放到地方，国家逐步从文化政策的主导者转变为重要的参与者。商业化趋势则日益强调文化在经济社会发展中的作用。

在管理方面，侧重于公共行政与管理观念上的转变，使公共文化行政管理与经营管理之间在组织制度上分离开来。1997年发表的关于文化和发展的欧洲报告《从边缘到中心》[③]中称，如果忽视文化，就不能实现可持续发展。报告为民族国家和泛欧洲的文化政策提出了具体的行动计划，

[①] Harry Chartrand and Claire McCaughey, "The Arm's Length Prinicipial and the Arts: An International Perspective – Past, Present and Future", in Milton C. Cummings, Jr. and J. Mark Davidson Schuster, Who's to Pay for the Arts?, New York: ACA Books, 1989.

[②] John Myerscough, National Cultural Policy in Sweden: Report of a European Group of Experts, Council of Europe Council of Cultural Cooperation, National Cultural Policy Reviews Programme, Stockholm: Allmanna Forlaget, 1990, p. 13.

[③] Council of Europe, In From the Margins: A Contribution to the Debate on Culture and Development in Europe, 1997.

建议公共政策优先考虑艺术创造性的需要,认为政府会从推进与文化相关的跨部门合作网络当中获益。安东尼·艾沃瑞特(Anthony Everitt, 1999)[1]进一步阐释了政府职能转变与切实执行文化政策的关系。他指出,除非采用全局性、整体观念的治理模式以及实际的操作方式,跨越各自为政的行政设置,实现"横向"跨部门合作,否则文化政策不能完全落实。萨埃兹·居伊(Saez Guy, 2004)[2]在其所著的《机制与文化生活》一书中指出:"在文化领域,关于权力下放的含义一直存在两种截然不同的观点:一方认为,文化领域的权力下放是'文化和艺术下放',即让文化和艺术走向更广阔的民众;另一方认为文化政策的权力下放,即区分国家和地方各级行政机构在制定文化政策时的权力,并将相应的一部分权力由国家转交地方。"他认为,即使在分权改革的大潮中,文化政策领域的关键词仍旧是"合作伙伴、横向联系和地方化"。

在政府对公共文化服务支出方面,鲍莫尔和博文(Baumol and Bowen, 1966)[3]认为文化产出的一个特性是:随着经济社会发展,文化部门的工资率与其他部门一起增长,但因其劳力密集的产出特性,使得其生产力无法与工资增长的速度相抗衡,结果造成文化产出的价格比其他部门产出的价格更昂贵,将导致公共文化支出的增加。盖兹纳(Getzner, 2002)[4]发现奥地利的公共文化支出大致符合这项法则。安东尼·埃维瑞特(Anthony Everitt, 1999)在《文化治理:整体性文化计划和政策取向》报告中指出,在传统文化政策中,管理艺术、媒体和文化遗产等文化政策的部门与其他政府部门之间互不关联、各自为政,而扶持文化事务的公共资金往往因经济不景气而缩减,导致文化政策不能落实。他强调,除非采用全局性、整体观念的治理模式以及实际的操作方式,跨越各自为政的行政设置,实现"横向"跨部门合作,否则文化政策不能完全落实。

---

[1] Anthony Everitt, "The Governance of Culture: Approaches to Integrated Cultural Planning and Policies, Cultural Policies Research and Development Unit", Policy Note No. 5, Belgium: Council of Europe Publishing, 1999, p. 8 – 18.

[2] Saez Guy, Institutions etvie culturelle, La docum entation fran, caise, Paris: 2004, p. 39.

[3] Baumol W J and Bowen W G, Performing Arts—The Economic Dilemma: A Study of Problems Common to Theater. Opera, Music and Dance, New York: Twentieth Century Fund, 1966.

[4] Getzner Michael, Determinants of Public Cultural Expenditures: An Exploratory Time Series Analysis, Journal of Cultural Economies, 2002.

皮埃尔·穆里尼埃（Pierre Mouliner，2002）[①]认为国家和地方的投资合并在一起收到了事半功倍的效果，并往往引起多米诺效应，为文化事业带来更多的投资；共同投资要求各方必须坐下来进行协商，有利于观点的协调统一，来自地方的观点因此得以上传，有利于文化发展的多样性、创新性。

桑特利维尔（P. Centlivres）[②]提出了三种认同模式，即历史和文化遗产认同、规划认同和经验认同。这种建立在地区计划基础上的规划认同在地方文化政策目标中越来越明显。正是在这点上，"欧洲的"正在成为"地方的"，而与此同时，"地方的"也正在成为"欧洲的"。杰拉德·德朗提（Gerard Delanty，2005）[③]提出的更广泛意义的复数的欧洲文化认同，涉及民族的、地区的欧洲认同，是一个自我理解的模式，团体、社会和公民个人通过这种自我理解来定义自身以及同他者的关系。而在文化领域这种相互关系的变化，反过来会导致自我理解的变化，即认同的变化。

由于行政体制和行政环境的不同，国外尚未就公共文化服务体系进行过专门研究，这意味着对于我国公共文化服务体系构建问题的研究还有待进一步进行理论和实践创新。

（二）国内研究现状

党的十六届五中全会通过的《中共中央关于制定国民经济和社会发展第十一个五年规划的建议》中提出公共文化服务体系的概念以来，国内有关公共文化服务的研究取得了相当的成果。

国内第一本相关论文集是文化部社图司、中国文化报社主编的《中国公共文化服务体系建设论丛》[④]，汇集了一些学者对构建公共文化服务体系最初的理论探索，及公共文化服务从业人员对实践的总结与思考。深

[①] Mouliner Pierre, Politiques Culturelles et la decentralisation, Paris: L'Harmattan, 2002, p. 222.

[②] Michel Bassand, Culture and Regions of Europe, Strasbourg: Council of Europe Press, 1993, p. 186 – 187.

[③] Gerard Delanty and Chris Rumford, Rethinking Europe: Social Theory and the Implications of Europeanization, New York: Routledge, 2005, p. 54 – 55.

[④] 文化部社图司、中国文化报社：《中国公共文化服务体系建设论丛》，2005年11月。

圳学者撰写的《公共文化服务体系研究》[①]，是国内第一本较成体系的探讨公共文化服务体系问题的专著。其他相关研究论文及经验总结散见相关学术会议、各地文化蓝皮书、《中国文化报》、文化发展论坛网及其他地方报刊媒体，研究视角多为经济发展视域、文化建设视域、公共服务视域和社会公平视域，研究内容主要包括探讨公共文化服务体系相关概念和规律、公共文化服务体系构建途径、公共文化服务保障、公共文化服务绩效管理与评估、区域和重点领域公共文化服务等。

通过对中国现有公共文化服务理论的整理，我们发现，目前学术界关于公共文化服务的理论研究主要集中在以下几个方面。

1. 公共文化服务的综合研究

《2007年中国公共文化服务发展报告》中"公共文化服务体系研究综述2004—2007年"指出，国内学者主要围绕以下七个方面进行公共文化服务的理论阐述：(1)对公共文化产品、公共文化服务体系等基本概念的探讨；(2)公共文化服务体系构建主体研究；(3)公共文化财政及投入方式研究；(4)公共文化管理运作机制创新研究；(5)文化法律法规研究；(6)公共文化绩效管理与评估研究；(7)农村（及弱势群体）公共文化服务体系建设研究。目前，国内尚有两方面内容研究比较缺乏，一是对公民文化需求的研究，了解不同群体的公共文化需求是制定相关文化政策的关键，可以细分为很多方面，如文化设施需求、艺术表演需求或某类群体特殊的文化需求等，这就要对人民群众文化生活的结构、内容、传播方式以及发展趋势作深入的调查研究；二是对文化项目、文化机构的评估研究、满意度调查或公共文化资源利用率调查，如文化设施的使用情况。

在已有的研究中，陈坚良（2007）[②]从和谐社会与公共文化服务的联系探讨公共文化服务的构建问题，认为公共文化服务构建与社会主义和谐社会建设是内在统一的。他尤其认为民族地区公共文化服务的构建，事关少数民族地区的发展，事关中国特色社会主义的全局，事关全面建设小康社会目标的实现。陈杏（2008）[③]从公共文化服务与公共文化空间的关系

[①] 陈威：《公共文化服务体系研究》，深圳报业集团出版社2006年版。
[②] 陈坚良：《和谐社会视野下公共文化服务体系的构建》，《学术论坛》2007年第11期。
[③] 陈杏：《公共文化服务与公共文化空间的关系探析》，《图书馆杂志》2008年第2期。

探讨公共文化服务，认为公共文化的最大特征是开放性，即公共文化空间场所的开放性以及由此产生的对文化场所读者的开放性。吕方（2012）[①]从当代世界文化发展的角度论述了构建公共文化服务对于当代中国发展的突出意义，认为公共文化服务是现代文明社会的基本标志，通过公平、公益、均等的文化服务，现代文明社会建立起一种保障国民基本文化素质、守护国民民族特性、推进社会全面进步的文明底线。

由于受专业研究方向和水平的限制，国内学者对公共文化的综合研究大多是从各自研究的领域出发，向公共文化服务的其他问题延伸，或运用相关专业理论对公共文化服务进行阐释性研究。应该说，这种综合研究只是一种相对的综合。

2. 公共文化服务体系内涵研究

关于公共文化服务体系概念的界定，深圳学者的研究得到学术界普遍认同，"它是以实现公民文化权利为逻辑起点，是满足社会的公共文化需求，向公众提供公共文化产品和服务行为及其相关制度与系统的总称，是国家公共服务体系的有机组成部分"[②]。从公共文化服务体系内涵来看，近似于传统的文化事业，但随着公共文化供给主体及供给方式的多元化趋势，公共文化服务体系内涵已远远超出传统文化事业范畴。韩军（2008）[③]认为，公共文化服务体系是政府主办的、非营利性的、传播先进文化、保障大众基本文化需求的文化机构和文化服务的总和。闫平（2007）[④]认为，公共文化服务体系是政府主导、社会参与形成的普及文化知识、传播先进文化、提供精神食粮、满足人民群众文化需求、保障人民群众文化权益的各种公益性文化机构和服务的总和。王霞（2007）[⑤]认为，公共文化服务体系是以政府为主体创办的、非营利性的、传播先进文化和保障大众基本文化需求的各种文化机构和服务的总和，旨在满足大众的多层次、多样化、整体性的公共利益。

---

① 吕方：《我国公共文化需求导向转变研究》，《学海》2012 年第 11 期。
② 陈威：《公共文化服务体系研究》，深圳报业集团出版社 2006 年版，第 16 页。
③ 韩军：《论公共文化服务体系的构建》，《党政干部论坛》2008 年第 1 期。
④ 闫平：《试论公共文化服务体系建设》，《理论学刊》2007 年第 12 期。
⑤ 王霞：《论公共文化服务体系的构建》，《南阳师范学院学报》（社会科学版）2007 年第 11 期。

对公共文化服务体系的内容，因研究视角不同存在多种理解，缺乏统一的标准。其中具有代表性的主要有：齐勇锋（2005）[①]认为体系应包含文化理论和文化价值体系的创新机制、公共文化设施和文化生态环境、公共文化服务事业的混合微观主体、法律政策支持体系和监管体制四个方面。苏峰（2005）[②]则进一步认为应该包含九大系统，即公共文化政策、理论体系，公共文化基础设施体系，公共文化生产、运营体系，公共文化信息体系，公共文化资金保障体系，公共文化人才体系，公共文化创新体系，公共文化指标体系，公共文化评估、监督体系。总之，由于认识问题的角度和研究问题的方法存在差异，国内各相关学者对公共文化基本内容的研究可谓"仁者见仁，智者见智"，但大部分学者认为公共文化服务应包括政策法规、基础设施、资金保障、评价监督等几个要素。

对于公共文化产品与服务存在的意义，章建刚（2006）[③]基于公共经济学视角认为，公共文化服务存在的合法性依据来自于市场失灵。齐勇锋（2005）[④]进一步认为，政府必须提供纯公共文化产品和准公共文化产品。李军鹏（2007）[⑤]从社会公平视角出发，认为公民文化权利是与政治、经济、社会权利同等重要的权利，文化权利的核心是公平性。王京生（2007）[⑥]认为，公共文化服务体系建设的根本目的在于实现公民文化权利，公共文化服务体系建设的主要内容是满足公民文化权利多层次的要求。

3. 公共文化服务体系构建主体研究

在公共文化构建主体上存在着两种主要观点，一种观点认为，公共文

[①] 齐勇锋：《论市场经济条件下公共文化服务事业的改革与发展》，《中国公共文化服务体系建设论丛》2005年第11期。

[②] 苏峰：《略论公共文化服务体系的构建》，2005年11月，文化发展论坛（http://www.ccmedu.com/bbs4-4573.html）。

[③] 章建刚：《公共文化的范畴与提供方式的创新趋势》，《深圳文化研究参考》2006年第2期。

[④] 齐勇锋：《论市场经济条件下公共文化服务事业的改革与发展》，《中国公共文化服务体系建设论丛》2005年第11期。

[⑤] 李军鹏：《论文化权利与文化公平》，载李景源、陈威主编《中国公共文化服务发展报告（2007）》2007年第11期。

[⑥] 王京生：《把公共文化服务体系建设作为民生大事抓紧抓好》，载李景源、陈威主编《中国公共文化服务发展报告（2007）》2007年第11期。

化具有鲜明的公益性和社会教育功能,不能采用市场化的经营管理方式,应由政府发挥主导作用。另一种观点认为,公共文化服务体系建设不能脱离社会主义市场经济体制,需要发动社会力量积极参与,形成多元化的公共文化服务体系供给模式。其中,支持政府主导者主要依托两种观点:(1)认识到市场失灵和社会公正是经济学有关公共责任的规范理由——它们说明了政府应当介入其中;(2)现阶段市场经济发展尚不完善,区域间还存在巨大差异,公民社会尚未发育健全,政府还必须发挥主导作用。支持政府与社会力量共同承担的学者则认为,政府的力量是有限的,无法满足公众多样的公共文化需求,需要发动社会力量和公民个体积极参与,此外,社会力量的介入可以产生竞争,提高公共文化服务的数量和质量。

王大为(2007)[①]认为,公共文化服务应该由政府来举办,政府要加强对公共文化服务事业的领导,切实做好公共文化事业的规划,加强管理,充分发挥公共文化设施的效用,政府要制定政策,促进公共文化事业发展。丁元竹(2012)[②]指出,英国等西欧国家的政府都是通过非营利组织来向社会递送公共服务的;美国联邦政府和州政府以及地方政府,也是直接或间接支持慈善和志愿组织提供各类社会服务的。他们建议可以借鉴西方发达国家的经验,通过法规和政策的制定,鼓励非政府的公共组织与更大范围的公众参与到公共文化服务的管理主体中来,以弥补政府在一定条件下的失灵。但从现状看,无论是人们的观念,还是社会组织的数量、规模,以及更为重要的组织整体功能和作用,都还跟不上市场经济发展的需要。丁煌(2004)[③]从传统文化角度也看到中国的公民社会尚未发育健全,民间没有提供和管理文化服务的能力。因此,他认为,大部分的公共文化服务仍然有赖于政府来提供和管理,提供公共文化服务应该是政府的重要任务之一。周晓丽、毛寿龙(2008)[④]主张公共产品并不一定要由政

[①] 王大为:《公共文化服务的基本特征与现代政府的文化责任》,《齐齐哈尔师范高等专科学校学报》2007年第3期。

[②] 丁元竹、江汛清:《社会精英:一种解决社会问题的新理念》,《社团管理研究》2012年第4期。

[③] 丁煌:《政府的职责:服务而不是掌舵——〈新公共服务:服务而不是掌舵〉评介》,《中国人民大学学报》2004年第11期。

[④] 周晓丽、毛寿龙:《论我国公共文化服务及其模式选择》,《江苏社会科学》2008年第1期。

府主导，对公众有益的产品和服务，包括图书馆、博物馆等，可以由政府、社会以及个人共同参与。政府不应垄断公共文化服务，而应向社会、个人提供参与的机会。王霞（2007）[①]认为，构建公共文化服务体系的主体虽然是政府，但应该把政府、文化管理部门和政府兴办的公共文化事业单位的职能分开。政府和文化管理部门的主要职能是管理、政策的制定，是投资主体之一，公共文化事业单位则是构建的主体。李少惠（2007）[②]认为，政府是公共文化服务体系建设的核心主体，企业是公共文化服务体系建设的竞争参与主体，非政府组织是公共文化服务体系建设的重要主体，社区是公共文化服务体系建设的基本主体。崔吉磊、李少惠（2011）[③]从公共文化服务均等化的视角研究了政府的主体角色，指出政府要始终明确并长期坚持公共文化建设事业以政府为主导的方针，进一步强化国家政府对公共文化服务事业的投资建设责任。

4. 政府公共文化职能问题的研究

我国政府公共文化职能问题的研究起源大多是从文化内涵研究开始的。关于政府文化职能的内涵，学术界主要有以下几种典型的界定：第一，刘长文（1999）[④]指出："政府文化职能也是国家的重要职能。它包括旨在促进全社会的文化、教育、科学、卫生、体育、道德伦理、风俗习惯、社会心理和社会观念等一系列文明和教化的政府行为。"第二，江超庸（2001）[⑤]指出："政府文化职能主要是指政府领导和组织社会主义精神文明建设，满足人民日益增长的文化生活的需要。"第三，朱勤军（2002）[⑥]指出："一般说来，文化职能是指政府的文化管理部门对社会的教育、科学、文化、卫生、体育等事业实施领导、指导和管理的活动。"

---

① 王霞：《论公共文化服务体系的构建》，《南阳师范学院学报》（社会科学版）2007年第11期。
② 李少惠：《公共文化服务体系建设的主体构成及其功能分析》，《社科纵横》2007年第2期。
③ 崔吉磊、李少惠：《公共文化服务均等化视角下政府主体角色的重塑》，《商业时代》2011年第32期。
④ 刘长文：《国家职能新说》，《首都师范大学学报》（社会科学版）1999年第3期。
⑤ 江超庸：《行政管理学案例教程》，中山大学出版社2001年版，第26页。
⑥ 朱勤军：《公共行政学》，上海教育出版社2002年版，第135页。

第四，林国良、周克平（2002）①指出："政府文化职能是指政府对文化的管理。"文化职能的管理方式不一，但不同的管理方式都体现了政府的文化职能。第五，董世明、漆国生（2003）②指出："政府文化职能是指政府指导和管理文化事业的职能。"它是国家行政管理最古老、最重要的职能之一，并且在不同时代，不同国家有着不同的内容和方式。

学术界对政府文化服务职能作了较为深入的探索，普遍认为转变政府文化服务职能，建立科学合理的文化管理架构是当前政府文化职能创新的重大课题。国家计委社会发展司指出，在社会主义市场经济条件下，政府对文化的管理和服务职责应着重做好：制定文化建设和文化发展的战略规划，进行宏观调控，使文化产业协调发展；制定法规和政策，规范文化企业行为，保证其社会主义方向，维护文化市场秩序；为企业提供及时和必要的服务，创造良好的外部环境；通过经济政策和直接投资发展公益性文化事业，扶持贫困地区的文化建设。③郑杭生认为，推进农村精神文明建设应抓好农村基层党支部和村委会领导班子建设，领导干部要转变观念，在农村工作中坚持"三个文明"一起抓，并且应党政齐抓，形成合力。④陈洪博（2002）⑤认为，政府的文化管理职能应适应市场经济和世贸规则的要求，实现三个转变：一是从"办文化"为主向"管文化"为主转变；二是从管理政府文化机构与设施为主向管理全社会文化为主转变；三是以行政手段、直接管理为主向以经济法律手段、间接管理为主转变。同时，要重视并加强培育和发展文化中介组织。孙若风（2006）⑥认为，文化职能是政府职能体系中的基本职能。一个时期以来，它以满足社会公共需要为导向，表现得比以往任何时候都要活跃，其活动范围也比以往任何时候都要宽广。张波、郝

---

① 林国良、周克平：《当代文化行政学》，上海大学出版社2002年版，第4页。
② 董世明、漆国生：《行政管理学》，湖南人民出版社2003年版，第42页。
③ 国家计委发展司：《我国文化事业投入及文化经济政策基本思路》，《经济改革与发展》1996年第7期。
④ 郑杭生：《村民自治面临的社会焦点问题透析——对全国第一个村民自治示范县的追踪考察》，山东人民出版社2004年版，第197页。
⑤ 陈洪博：《关于深化文化体制改革的若干思考》，《深圳：特区理论与实践》2002年第12期。
⑥ 孙若风：《政府文化职能的历史性拓展》，《人民日报》2006年11月28日。

玲玲（2010）[①] 指出公共财政是政府文化服务职能创新的重要维度。

5. 公共文化财政及投入方式研究

在公共文化服务的资金投入方面，大部分学者倾向于立足中国国情，发达地区可逐步采取政府与市场混合提供的方式，但欠发达地区及农村还需要以政府提供为主。[②]

在公共文化财政投入方面，学者们普遍赞同加大投入的观点，但在投入方式上存在不同主张。周晓丽、毛寿龙（2008）认为，在中国公共文化服务领域，长期以来在制度安排上一直存在着公共部门垄断、市场准入壁垒、寻租和公共福利损减等诸多问题。应当重新认识公共文化服务的属性，考虑其生产和供给的可分割性，直接生产与间接生产的可选择性等因素，建立公共文化服务的多种模式。魏鹏举认为，发达国家的文化资助方式日趋社会化、多元化，形成中央与地方、政府与市场、直接与间接结合的混合资助格局，逐渐趋于一种更符合公共经济学的财政资助方式。由于历史的原因，我国现行财政体制存在结构性缺陷，总体上说，还是一个经济投资型财政体制，今后需要逐步向公共服务型财政转变。不过，由于我国与西方国家市场经济发展的程度和制度环境存在差异，我们必须置身于中国国情来学习借鉴西方发达国家相对成熟的经验。齐勇锋（2005）[③] 提出转变公共财政投资机制，强化投资绩效考核和国有文化资产与资源管理，以公共财政投资为主渠道，综合运用多种投融资工具和多种形式的财税优惠政策，广泛吸引社会资本和产业资本进入公共文化服务领域。同时，他还指出利用市场机制改革公共文化服务的资金投入和运行方式，采用政府采购、委托生产、特许经营、公共文化项目外包等方式，提高公共财政的投资效益。张少春（2007）[④] 结合公共财政实际发展情况指出目前的公共财政对构建公共文化服务仍存在一定的制约因素。他认为，公共财

[①] 张波、郝玲玲：《公共财政视角下政府公共文化服务职能创新》，《学术交流》2010年第6期。

[②] 任珺：《公共文化服务体系研究综述（2004—2007年）》，载李景源、陈威主编《中国公共文化服务发展报告（2007）》2007年第11期。

[③] 齐勇锋：《论市场经济条件下公共文化服务事业的改革与发展》，《中国公共文化服务体系建设论丛》2005年第11期。

[④] 张少春：《公共财政与文化体制改革》，《求是》2007年第11期。

政应重点支持公益性文化设施的内容建设、功能建设和公共服务平台建设。改进投入方式,逐步从直接拨款向项目投资、购买服务方面转变,以向公众提供服务的质量和数量确定财政补贴数额,逐步提高具有激励性质的经费投入比例。在调整和优化财政支出结构时应突出支持重点。谭秀阁、王峰虎(2011)[1]对我国31个省、自治区和直辖市的公共文化投入效率进行了实证分析。结果显示,我国公共文化产业整体还不成熟,投入效率整体波动明显,存在很大的效率提升空间。

6. 公共文化绩效管理与评估研究

目前,国内缺乏公共文化领域绩效管理的系统研究。深圳学者对公共文化服务绩效管理的价值目标与使命、公共文化服务领域绩效管理面对的问题和难点以及绩效管理与评估的功能意义、运作方式、发展趋势等方面作了初步探讨,认为评估指标应该包括发展规模、政府投入、社会参与、公众满意度三大类指标,标志着国内公共文化服务绩效管理开始向操作层面发展。[2]

马国贤(2005)[3]从政府文化事业支出入手,对文化机构的绩效预算管理作了一定的分析,他认为文化事业支出的绩效预算管理应体现"为顾客服务"的思想和文化行业的特点,因此投入时应分清不同文化产品,实行不同的财政补贴政策;应体现"花钱买效果"的原则。他还以图书馆与电台为绩效管理案例分析了公共文化服务体系中具体机构绩效管理与评估实施内容与方法。贾旭东(2007)[4]提出了编制公共文化服务指数的思路、原理,并从公共文化服务水平、公共文化服务能力、公共文化服务潜力三个方面建立了指标体系。沈望舒(2005)[5]认为,公共文化服务体系如果兼顾内容形式各个方面,至少有十类指标:公共文化产品(服务)内容指标,社会需求度指标,关于文化资源数量和状态的指标,设计功能

---

[1] 谭秀阁、王峰虎:《基于DEA的我国公共文化投入效率研究》,《发展研究》2011年第2期。

[2] 窦亚南:《两岸三地公共文化服务绩效评估综述》,《科技信息》2007年第11期。

[3] 马国贤:《政府绩效管理》,复旦大学出版社2005年版。

[4] 贾旭东:《公共文化服务指数:思路、原理与指标体系》,载李景源、陈威主编《中国公共文化服务发展报告(2007)》2007年第11期。

[5] 沈望舒:《社会公共需求与公共文化服务指标体系主要内容初探》,《中国公共文化服务体系建设论丛》2005年第11期。

和文化服务载体的文化含量、科技含量指标,公共文化管理运营者职业素质指标,公共文化服务功能的效益指标,实现设计功能、服务对象满意度、合理成本和运行状态指标,公共文化产品(服务)国家或行业技术标准,关于动议、决策、生产、供应、评估、效果、全流程的规范性指标,资金运用的指标。这些指标体系大都属于理论、定性层面,有的尚未在实践中应用。向勇、喻文益(2008)[①]给出了公共文化服务绩效评价的初步模型。焦德武(2011)[②]梳理了国外公共文化体系绩效评价的方式,并提出我国公共文化服务体系绩效评价的思路。从经济发展、社会公正、政府成本、公众满意和社会效益等方面来构建公共文化服务绩效评价体系。朱艳鑫、赵立波(2013)[③]基于DEA的实证研究对公共文化服务绩效进行了研究,研究认为全国公共文化服务需进一步加大投入和扩大产能;西部基层公共文化服务亟待加强,以弥补和东部在公共文化服务绩效上的差距;部分东部文化产业较发达地区要进一步提高公共文化产出供给能力,特别是增加文艺团体和文艺场所的演出活动。王学琴、陈雅(2014)[④]对国内外公共文化服务绩效评估进行了比较分析,指出我国公共文化服务的绩效评估还处于初级阶段,应从绩效评估立法、丰富评估实践、增强数据可获得性、重视评估绩效反馈等方面入手。刘辉(2015)[⑤]的研究表明,政府主导公共文化服务建设面临体制性挑战、内源性挑战和社会性挑战等问题。其中,文化行政部门权力位势的虚弱化、自身能量场衰弱、社会链接力下降等是其深层次原因。杨林、韩科技(2015)[⑥]研究了我国地方政府公共文化服务支出效率与影响因素,指出人均GDP越高

[①] 向勇、喻文益:《公共文化服务绩效评估的模型研究及政策建议》,《现代经济探讨》2008年第1期。

[②] 焦德武:《公共文化服务体系的绩效评价》,《安徽农业大学学报》(社会科学版)2011年第20卷第1期。

[③] 朱艳鑫、赵立波:《公共文化服务绩效评价:基于DEA的实证研究》,《山东行政学院学报》2013年第2期。

[④] 王学琴、陈雅:《国内外公共文化服务绩效评估比较研究》,《情报资料工作》2014年第11期。

[⑤] 刘辉:《个体化存在:政府主导公共文化服务建设面临的挑战及成因——以地方文化行政部门的处境为案例》,《湘潭大学学报》(哲学社会科学版)2015年第39卷第2期。

[⑥] 杨林、韩科技:《基于DEA模型的地方公共文化财政支出绩效评价——以青岛市为例》,《经济与管理评论》2015年第2期。

的省份，公共文化服务财政支出效率越低；同时，公共文化服务财政支出占比越高的地区，其效率越低；政府规模对于地方公共文化服务财政支出效率具有负向影响。

7. 文化法律法规研究

在公共文化服务的制度支撑上，大部分学者都认为目前的文化法制较为薄弱。张庆福、崔智友（1998）① 认为，我国宪法对文化法制建设的基本原则作了全面的规定，地方性文化法规和文化行政管理规章出台也比较多，但文化法律和文化行政法规却十分薄弱。大量调整文化关系的法律，如新闻法、出版法、图书馆法、文化合同法等还未制定。文化法应以保护人民的文化权利为宗旨，是为满足人民群众不断增长的文化生活需要服务的。但目前在文化法制建设实践中，把文化法仅仅看作行政管理法，把文化法制建设的基本点放在文化行政管理上，这是不够的，应更多地考虑如何保障公民文化权利。

中国社科院法学所"文化建设与文化体制改革的法律保障"课题组（2006）② 研究指出，应当大力加强文化法律制定工作，有计划、有步骤地构建中国特色的文化法律体系，要逐步实现宣传意识形态领域的管理由政策和行政命令为主向以法律手段为主、法律手段与传统手段相结合的新型管理方式的转变。

深圳学者（2006）③ 提出，应加强完善公共文化服务的规划和政策法规建设，将公共文化服务体系建设纳入社会经济发展的总体规划；制定专门的法规或措施，加快非营利文化组织和社会文化团体的发展、规范公共文化设施的管理与利用、鼓励文化人才自由流动、强化知识产权保护。

8. 农村（及弱势群体）公共文化服务建设研究

农村文化是公共文化服务中最大的薄弱环节。在对农村及弱势群体的公共文化服务建设研究中，窦维平（2006）④ 认为，在中国目前的现实条件下，农村文化领域还是一个市场无力调节的领域，需要政府提供完善的

---

① 张庆福、崔智友：《加强文化法制建设》，《法学杂志》1998 年第 4 期。
② 王宏宇：《探索中国特色的文化法律体系》，《中国社会科学院院报》2006 年 6 月 27 日。
③ 深圳市文化局公共文化服务体系研究课题组：《深圳公共文化服务体系研究》，《特区理论与实践》2006 年第 3 期。
④ 窦维平：《努力建设农村文化服务体系》，《中国合作经济》2006 年第 11 期。

文化政策与服务，创造一个有利于人民群众文化发展的健康有利环境，通过公共文化基础设施建设，为农民提供市场机制所不能提供的公共文化产品和服务，实现社会的文化公平和正义。李燕（2006）[①]认为，在农村公共文化服务构建过程中，政府担任着不可推卸的责任，但政府提供公共文化服务的方式应该是多元化的，它可以采取免费直接提供、全额出资购买和对公共文化服务给予适当奖励等。李少惠、崔吉磊（2007）[②]认为，长期以来，在农村的公共文化服务建设中，政府大多注重"送文化"，而忽视"种文化"，农村公共文化服务缺少内生机制的培育，以至于缺乏生存和发展的根基。从现实和长远来看，农村公共文化服务的建设单靠政府的力量是不够的，必须走内生与外供相统一的路子。在农村公共文化服务的建设中立足农村，以广大农民群众为主体，充分发掘农村本土文化资源，在外部有效的帮助和引导下，将"送文化"与"种文化"结合起来，使农村公共文化建设走上健康可持续发展的道路。刘文玉、刘先春（2011）[③]研究了农民工公共文化服务的缺失及原因。

与农村文化建设相对应，农民工文化建设是城市公共文化服务体系中最薄弱的环节。"全国农民工文化生活状况调查"课题组（2007）[④]认为，二元经济结构下的农民工群体的边缘化特性，对农民工的文化消费产生了实质性的影响与制约；同时，传统政府公共文化职能的缺失和文化消费供求渠道不畅也是导致农民工文化边缘化的一个重要原因。课题组认为，要解决当前农民工群体文化生活总体上有效供给不足、文化消费意愿不强、供需不对称的现状，必须实现综合治理。李军鹏认为，保障与实现农民工文化权利的重要性体现在农民工是一个庞大且不断扩大的群体，其文化生活的边缘化将影响社会的稳定与和谐。针对农民工的公共文化服务，可以着力改善其文化生活状况，可以逐步积累人力资本和社会资本，这是整个

[①] 李燕：《构建农村公共文化服务体系》，《科学社会主义》2006年第6期。

[②] 李少惠、崔吉磊：《论我国农村公共文化服务内生机制的构建》，《经济体制改革》2007年第5期。

[③] 刘文玉、刘先春：《农民工公共文化服务的缺失及其原因探析》，《兰州学刊》2011年第5期。

[④] 文化部文化市场司、华中师范大学、全国农民工文化生活状况调查课题组：《当代中国农民工文化生活状况调查报告》，中国社会科学出版社2007年版。

社会公共价值与社会团结的基础,是提升整个社会文化水平的关键。深圳、北京、青岛等城市进行的农民工文化服务对策研究中,都强调需建立一套长效机制,并理清农民工文化生活、用工企业生产、文化单位资助、政府鼓励和扶持四者之间的关系,使农民工的文化权利得以实现。

对如何实现农村公共文化服务供给的最大化和最优化,真正满足农民群众的基本文化需求,国内学者还有争议。在国家财政投入不可能大幅度提高的情况下,可以利用市场机制,引入自由选择机制改变农村公共文化服务的供求关系;引入公平竞争机制提高农村公共文化服务的质量和数量。但有学者认为农村文化建设主要是公益性文化,其产品和服务供给制度主要着眼于社会效益,以非营利性为目的,因此质疑农村公共文化服务的供给是否适合由市场机制起作用。还有些学者在农村公共文化服务路径选择上倾向于政府主导与市场调节相结合的方式。

其他相关研究论文及经验总结散见于相关学术会议、各地文化蓝皮书、《中国文化报》、文化发展论坛网及其他地方报刊媒体,总结各地实践经验的居多,对体系框架及运作的理论探讨较少。综上,虽然近几年来,国内学者对公共文化服务的研究成果明显增多,但由于这项研究在我国刚起步,加之我国特殊的国情,公共文化服务理论的研究仍存在一些待解决的问题。

第一,地方性的个案研究较多,系统性的宏观理论研究较少。

从已有研究成果来看,目前国内公共文化服务的理论研究还处于地域性的经验总结阶段,并没有形成整体性的适合中国国情的公共文化服务的系统理论。现阶段,虽然也出现过一些关于公共文化服务的综述性的研究,然而,在学术界出现的一些研究成果多是对某一地区或某一领域公共文化服务建设的情况介绍或经验总结,或是针对某地区在公共文化服务建设实践中出现的具体问题的反思。之所以会出现这种现象,一方面,因为公共文化服务的研究在我国刚刚起步,研究者没有现成的适合本国本地区的本土理论基础,只能在实践中摸索;另一方面,国内缺乏专业的公共文化研究人员,目前国内相关公共文化服务的理论研究者多来自于文化理论学者、公共管理学者以及各政府部门和文化事业单位的管理者,受其学科和原先研究背景的限制,对公共文化服务理论的全盘把握能力较弱。因此,目前在公共文化服务理论的研究领域,还缺少站在系统性高度的公共文化服务理论研究的文章，没有适合中国国情的、可供政府实施的可操作方案。

第二，国内公共文化服务理论的研究水平明显落后于公共文化服务的建设实践。

公共文化服务是一项理论与实践并进的研究课题，但从目前的发展程度来看，国内公共文化服务的理论研究落后于实践的发展，大多理论研究是对实践中细枝末节的修补，而没有真正起到理论的宏观指导和事先预见作用。

第三，西方成熟文化理论与中国公共文化建设实践的初级阶段存在某种程度的不对称。

从20世纪50年代开始，西方国家政府开始加大对文化艺术的扶持力度，相关研究文化的理论纷纷出现。在20世纪50年代中期至70年代初为其创立和兴盛期，这一时期，新兴的文化理论备受青睐，成为西方社会政治分析的主要方法之一。进入70年代以后，文化理论一度落入低谷；80年代后，文化研究出现新的转机；90年代又是一个繁荣时期。发展到今天，西方的公共文化已经初步完成建设过程，进入管理阶段。西方国家关于政府公共文化服务现实的理论研究工具包括公共选择理论、新公共管理理论、新公共服务理论以及治理理论等，其侧重点各有不同。

这些理论多是针对西方国家公共文化发展的较成熟水平而言的。而中国的公共文化服务从实践到理论研究都是刚刚起步，各方面发展还很不完善，加之中国长期处于计划经济体制的束缚之下，有着特殊的历史文化背景，所以，这些相对成熟的文化理论是不能直接拿来指导中国公共文化服务建设实践的。

总之，由于国内学术界对公共文化服务的理论研究还处于起步阶段，对于这一课题的研究还很不成熟，研究人员中相当一部分来自政府宣传部门和文化主管部门，这些人员多从自身知识背景和工作经验出发，研究成果难免存在着观点单一和片面的问题。这些问题虽然在公共文化服务建设初期出现是在所难免的，但也是值得相关学者在以后的研究中加以注意的。相关公共文化服务的理论研究者应进一步综合各学科理论成果，整合理论界和实务界的资源，推动理论结合现实，不断创造有中国特色的公共文化服务理论体系，最终走出有中国特色的公共文化服务创新实践之路。

第三节 选题的理论意义和实践意义

（一）理论意义

理论上，本书旨在研究政府参与公共文化服务建设，如何才能满足公众基本公共文化需求以及提升国家的文化软实力。

站在社会公益的角度，政府代表公众实施公共权力，应该为公共利益服务。但是由于政府的"经济人"属性，政府与公众之间实际上存在着委托—代理问题，政府为了短期利益片面追求经济建设而可能忽略了文化的发展。但是，从根本上讲，文化是一国经济和社会发展的内在动力之一，良好的公共文化服务体系的构建不仅同经济社会的协调发展之间是一种相互促进的关系，而且有助于形成公众共同的核心价值观。

公共文化服务的主要目标在于保障公众基本的文化权利和提升文化软实力，从这两个维度考察政府公共文化服务的供给能力，丰富了公共文化服务体系的研究内涵。并且公共文化本身具有层次性，政府的职责显然不是在所有的层次上都要直接满足需要，如何界定政府在各个层次上的责任是一个重要的问题。

总之，从理论上，本书以保障公众文化权利和提升文化软实力为出发点，研究政府供给公共文化服务的方式、路径，对提升我国公共文化服务供给水平做一些积极的探索。

（二）实践意义

从公共财政的角度考察我国公共文化服务体系的构建，对于提升国家文化软实力、切实维护公民的基本文化权益、促进社会公平等方面都有重要的意义。

1. 传承公共文化，提升国家软实力

当今时代，国家和地区的竞争越来越多地体现在文化力的竞争上，社会的和谐在经济与文化的加速交融与互动发展中得以实现。文化既是一种动力，又是一种资源。经济活动本身就是人类所特有的文化活动，而文化的特性又渗透于整个经济活动之中。作为满足公众基本需求的公共文化在

经济的发展中发挥着基础性的影响,体现出一个国家的基本的竞争力。

2. 维护公民基本权益、满足公民多层次文化需求

公共财政的目的是为了有效满足公众的各类公共需求。在构建公共文化服务体系过程中,满足公众多层次的文化需求是公共文化服务体系构建的重点和难点。有效发挥财政在提供公共文化服务方面的作用,将为保障人民内部各类群体的文化利益和文化诉求,增加公众的发展机会,为满足更高、更广的文化追求提供有利的内部条件。

3. 立足社会公平、促进区域均衡发展

文化服务均等化是基本公共服务均等化的主要内容。运用财政手段,帮助公众都能得到基本的公共文化服务,有利于缓减社会不公平现象,增强经济欠发达地区自我发展能力,缩小区域之间、城乡之间的社会、经济差距。

实践中,本书通过实证分析来研究政府在公共文化供给方面存在的问题、原因及相应的对策,力图给有关研究和决策部门提供一定的参考依据。

第二章 公共文化服务一般理论阐释

公共文化是政府公共服务的一个重要领域，政府应该创造各种条件保障公民文化权利的充分实现。1997年10月27日，中国政府签署了《经济、社会、文化权利国际公约》，并于1998年10月签署了《公民权利与政治权利国际公约》，表明了对公民权利的基本原则和国际标准的认可。2001年2月28日，九届全国人大常委会第20次会议批准《经济、社会、文化权利国际公约》，使之成为中国的法律文件。2002年11月，党的十六大报告把"人民的政治、经济、文化权益得到切实尊重和保障"确定为全面建设小康社会的重要目标。《中共中央关于制定"十一五"规划的建议》也指出，要逐步形成覆盖全社会的比较完备的公共文化服务体系。2007年10月，党的十七大进一步指出，要"完善扶持公益性文化事业"，"坚持把发展公益性文化事业作为保障人民基本文化权益的主要途径，加大投入力度，加强社区和乡村文化设施建设"。2012年11月，党的十八大提出，要"加强重大公共文化工程和文化项目建设，完善公共文化服务体系，提高服务效能"。2017年10月，党的十九大报告指出，要"完善公共文化服务体系，深入实施文化惠民工程，丰富群众性文化活动"。可见，构建公共文化服务体系，让人民共享文化发展成果，已经成为当前政府保障公民文化权益的一项重要内容。

那么，如何才能构建符合公众需求的公共文化服务体系呢？明确公共文化服务体系的研究内涵是首先需要解决的问题。本章旨在对公共文化的相关概念进行明确界定。从文化、公共文化服务及公共文化服务体系的构建逐级界定概念，从而明确本书的研究主题。

第一节 多维视角中的文化认知

一 中国历史传统中的文化概念

据考证,"文化"是中国语言系统中古已有之的词汇。就字面意义讲,"文"的本义指各色交错的纹理。《易·系辞下》载:"物相杂,故曰文。"《礼记·乐记》载:"五色成文而不乱。"《说文解字》载:"文,错画也,象交叉"。在此基础上,"文"还有若干引申含义。(1)各种象征符号,如语言文字等,进而具体化为文物典籍、礼乐制度。《尚书·序》所载伏羲画八卦,造书契,"由是文籍生焉";(2)彩画、装饰、人为修养,与"质""实"对称。《尚书·舜典》疏曰"经纬天地曰文";(3)美、善、德行,这便是《礼记·乐记》所谓"礼减两进,以进为文",郑玄注"文犹美也,善也"。"化"的本义为改易、生成、造化,如《庄子·逍遥游》,"化而为鸟,其名曰鹏"。同时"化"又引申为教行迁善之义。"可以赞天地之化育"(《礼记·中庸》),"九年知类通达,强立而不反,谓之大成;夫然后足以化民易俗,近者悦服而远者怀之,此大学之道也"(《礼记·学记》),讲的都是教化。从词源上看,汉语"文化"一词最早出现于刘向的《说苑·指武篇》:"圣人之治天下,先文德而后武力。凡武之兴,为不服也;文化不改,然后加诛。"此处"文化"一词与"武功"相对,含教化之意。南齐王融在《曲水诗序》中说:"设神理以景俗,敷文化以柔远。"其"文化"一词也为文治教化之意。从这两个用法上看,中国最早的"文化"概念当是"文治和教化"的意思,与天造地设的自然对举,或与无教化的"质朴""野蛮"对举。从社会治理的角度而言,"文化"是指以礼乐制度教化百姓。

近现代学者对文化的概念也作出了很多解释,其中,具有代表性的观点如下。

(1)梁启超:"文化者,人类心能所开释出来之有价值的共业也。"(《什么是文化》)简单地说,凡是人类心能所开创,历代积累起来的,有助于"正德、利用、厚生"的物质的和精神的一切共同的业绩,都叫作文化。

(2)梁漱溟:"文化是生活的样法。"(《东西方文化及其哲学》)

(3)蔡元培:"文化是人生发展的状况。"(《何谓文化》)

(4) 贺麟："文化就是经过人的精神陶铸过的自然。"(《文化的体与用》)

(5) 李鍌："所谓'文化',便是人类群体性生活的累积,智能的开创,除了人类的灾害和战争外,举凡有益人生的共业,如政治、经济、教育、宗教、伦理、道德、学术、思想、艺术、科学等,这些延续性的共业,我们便称它为文化。同时,我们不宜忽略文化的'群体性'和'延续性'。文化的群体性,便是民族文化有本质上的差异;文化的延续性,便是民族文化有道统的继承和开展。这种观念,便如同宋代理学家张载所说的:'为天地立心,为生民立命,为往圣继绝学,为万世开太平。'这种崇高的理想,也就是文化的使命和价值的所在了。"(《中国文化概论》)

(6) 冯友兰："中国文化就是中国之历史、艺术、哲学……之综合体;除此之外,并没别的东西,可以单叫做中国文化。"(《三松堂学术文集》)

(7) 张岱年："狭义的文化指文学艺术;广义的文化包括哲学、宗教、科学、技术、文学、艺术、社会心理、风俗习惯等等。"(《文化与哲学》)

(8) 司马云杰："文化乃是人类创造的不同形态的特质所构成的复合体。"(《文化社会学》)

《现代汉语词典》把"文化"解释为"人类在社会历史发展过程中所创造的物质财富和精神财富的总和,特指精神财富"。1979年版《辞海》对文化作了三重界定。第一,文化,从广义来说,指人类社会历史实践过程中所创造的物质财富和精神财富的总和。从狭义来说,指社会的意识形态,以及与之适应的制度和组织机构。第二,泛指一般知识,包括语文知识在内。第三,指中国古代封建王朝所施的文治和教化的总称。

二 西方社会人文学者的文化概念

词源"文化"一词在西方来源于拉丁文 cultura,原指对土地的耕作和对植物的栽培。15世纪以后,逐渐引申为对人的身体和精神两方面的培养,表示人类开化走向文明的程度。自19世纪70年代初人类学家E. B. 泰勒力图说明什么是文化以来,许多哲学家、社会学家、人类学家、历史学家和语言学家从各自的学科角度出发,试图界定文化的内涵。他们的努力形成了关于文化的解释至少有200多种,每个定义都摸到了"文化"这头大象的某个部位,但迄今没有获得一个公认的精确定义。

E. B. 泰勒1871年出版了《原始文化》一书。他认为:文化是复杂的整体,它包括知识、信仰、艺术、道德、法律、风俗以及其他作为社会一分子所习得的任何才能与习惯,是人类为使自己适应其环境和改善其生活方式的努力的总成绩。① 这里,泰勒所定义的"文化"是"习得"或者是"获得"才能和习惯,显然,对于新生儿来说,他尚未"得"到什么,也就无文化可言。那么一个新生儿在成长进路中,从他的前辈那里"获得"了什么呢?在 E. B. 泰勒看来,他们获取的是:知识、信仰、道德、法律、习惯以及人的行为能力等的综合体,也即是他们的前辈们认为"所有值得传给他们下一代的事物"。这种意义上的文化,正如汤姆·索厄尔(1998)所说的,"文化不是博物馆的藏品。它们是日常生活中工作着的调节机制"。新生儿正是在习得了这些日常生活的"调节机制"的路途中茁壮成长的。

英国人类学家B. K. 马林诺夫斯基发展了泰勒的文化定义,于20世纪30年代著《文化论》一书,认为"文化是指那一群传统的器物、货品、技术、思想、习惯及价值而言的,这概念包容着及调节着一切社会科学。我们亦将见,社会组织除非视作文化的一部分,实是无法了解的。"他还进一步把文化分为物质的和精神的,即所谓"已改造的环境和已变更的人类有机体"两种主要成分。

用结构功能的观点来研究文化是英国人类学的一个传统。英国人类学家A. R. 拉德克利夫·布朗认为,文化是一定的社会群体或社会阶级与他人的接触交往中习得的思想、感觉和活动的方式。文化是人们在相互交往中获得知识、技能、体验、观念、信仰和情操的过程。他强调,文化只有在社会结构发挥功能时才能显现出来,如果离开社会结构体系就观察不到文化。例如,父与子、买者与卖者、统治者与被统治者的关系,只有在他

---

① 对于这种定义,W. H. Kelley(1945)对它提出了批评:(1)定义的方式错误。这种方式永远不能将概念所包含的全部内容都罗列出来。"其他"虽可概括未罗列出的东西,但如果没有特别罗列出来,就容易被人忽略。例如定义中没有列出"语言",而语言是文化中重要的部分。(2)整体一词不合适,文化的组成部分之间是有矛盾的,强调整体就只突出了和谐。(3)人类创造出的文化,不一定是为了改善生活,也有破坏的一面,例如核武器。

们交往时才能显示出一定的文化。

法国人类学家 C. 列维·斯特劳斯从行为规范和模式的角度给文化下定义。他提出："文化是一组行为模式，在一定时期流行于一群人之中……并易于与其他人群之行为模式相区别，且显示出清楚的不连续性。"

英国人类学家 R. 弗思认为，文化就是社会，社会是什么，文化就是什么。他在 1951 年出版的《社会组织要素》一书中指出，如果认为社会是由一群具有特定生活方式的人组成的，那么文化就是生活方式。

当代美国文化人类学家克鲁洪在《文化概念：一个重要概念的回顾》一文中，对 161 种文化定义进行了归纳和总结后，最后给文化的定义是："文化存在于各种内隐的和外显的模式之中，借助符号的运用得以学习与传播，并构成人类群体的特殊成就，这些成就包括他们制造物品的各种具体式样，文化的基本要素是传统（通过历史衍生和由选择得到的）思想观念和价值，其中尤以价值观最为重要。"

美国社会学家戴维·波普诺（David Popenoe）[①] 从抽象的定义角度对文化作了如下的定义：是一个群体或社会就共同具有的价值观和意义体系，它包括这些价值观和意义在物质形态上的具体化，人们通过观察和接受其他成员的教育从而学到其所在社会的文化。文化对于人类来说，就像是本能对于动物一样，都是行为的指南。罗宾·福克斯（Robin Fox）[②] 更进一步指出，文化和本能的性质相通：（1）二者都为某一种族成员所共有；（2）大部分文化行为也像本能一样，是潜意识的，不必通过思考就能学到，因为个人在生长过程中经常在不知不觉间将社会现存的生活方式及习惯保存入脑形成文化密码，由于这些离子的作用人就可以不经过大脑而得出种种行动，这一点上，与动物受到体能的支配一样；（3）后天学习而得。

三 马克思主义对文化的认识

马克思主义主要是从经济与文化关系、意识形态及上层建筑、文化建设等方面来论述文化的。马克思主义文化观认为，文化是一定社会的经济

---

① ［美］戴维·波普诺：《社会学》，李强译，中国人民大学出版社 1999 年版，第 63 页。
② Robin Fox, Kinship and Marriage, Penguin Books, 1967, p. 57–58.

和政治在观念形态上的反映,并影响、反作用于经济和政治,是一定社会主体对过去、现在和未来社会生活的一种自觉认识和向往,它对人起着潜移默化的作用,影响人们的思想和行为。1876年,恩格斯在《劳动在从猿到人转变过程中的作用》中指出,文化借助于意识和语言而存在,文化是人类特有的现象和符号系统,文化就是人化的自然,是人的对象化或对象的人化。

四 现代经济学对文化的解释

现代经济学认为,文化就是一组人群的行为规范的稳定预期和共同信念,如果预期成为一种共同信念,文化便形成了。柯武刚、史漫飞[①](2000)从制度经济学角度指出,文化含有许多人们在实践中习得的内在制度,这些内在制度很难予以清晰的表述,更难以孤立地传递给该文化圈外的人们。于是,文化被定义为共享的价值和一套规则系统,以及一共同体内在社会交往方面的各种更具体的要素。有些规则可能是明晰的,但许多规则是隐形的和非正式的。许多规则要靠符号来支持。文化一般是在一些共同体成员进行新的尝试,而另一些成员则努力保存熟悉的、经受了时间考验的制度的同时,随经验而演化。戴维·L. 韦默(David L. Weimer)(1995)[②]用文化来指代相互依赖的框架的广为共享的复杂结构,即惯例的组合。在此定义下,文化将具有极其多变的复杂性。某个特定的公司可能有一套特殊的惯例,这些惯例形成了公司文化。一个完整的社会可能有一系列的惯例,它们构成了社会文化。为了理解在该社会背景下的该公司,有必要对两者的惯例都有所了解:公司的惯例是在社会共同惯例的背景下形成的。因此,在这个意义上,他认为任何制度都有一个文化,它与周围社会和其他制度以复杂或简单的方式相联系。

一般来说,经济学家将文化分为三种类型[③]。第一种类型为理性限定

---

① [德]柯武刚、史漫飞:《制度经济学:社会秩序与公共政策》,商务印书馆2003年版,第195—197页。

② [美]戴维·L. 韦默:《制度设计》,费方域、朱宝钦译,上海财经大学出版社2004年版,第136—137页。

③ 张维迎:《经济学家看历史、法律与文化》(http://www.qdsf.gov.cn/n241/n609327/n609408/n610176/24915.html)。

规范，阻止人们的某种特定行为的规范，不论这种行为将给人们带来的效用多少，而形成人们的可行行为选择集合。若社会中，大家都去偷盗，则社会肯定趋于毁灭，而文化的存在使得即使没有法律，人们的行为也将受到规范。第二种类型是偏好内生性规范，即某种规则随时间推移改变人们的偏好，如伊斯兰教徒不吃猪肉，天长日久便对猪肉产生了心理上的生理反应，这便是内生偏好。第三种类型是均衡筛选规范，协调人们在多个纳什均衡中某个特定选择，此规范不改变选择本身而改变了选择的结果，例如西方文化中的女士先行、中国传统文化中的尊老爱幼等。

五 本书的认识

从上述研究可以看出，文化也许天然是个模糊概念，其内涵的不确定导致外延的不确定，很难下一个清楚而完全的定义，我们与其追求一个简单而精确的定义，不如从集合的角度来确定一个有弹性的范围。文化的定义虽然众多，但在内容上有许多是相同的。正如《中国文化史三百题》认为的，我们可以把它归纳成三个方面。第一，意识形态。即人们的世界观、思维方式、宗教信仰、心理特征、价值观念、道德标准、认识能力等。第二，生活方式。即人们对其衣食住行、婚丧嫁娶、生老病死、家庭生活、社会生活等的态度，以及在这些方面采取的形式。第三，精神的物化产品。即从形式上看是物质的东西，但透过物质形式能反映出人们观念上的差异和变化。从文化的特性来看，我们也至少可以达成这样几点共识：(1) 文化是一种"自生自发"的秩序；(2) 文化是由"共同价值支持"的；(3) 文化的"式样"有"隐形"与"显形"、"有形"与"无形"、"潜在"与"显在"之区分。

综合这几点，我们可以把文化看成是由价值、信仰、习俗、习惯等相当于内在或者是潜在的规则，和知识、语言、法律、礼仪、符号等大体上处于外化状态的外在制度所构成的规则系统。

第二节 公共文化服务

一 公共文化服务的内涵

把握公共文化服务的内涵首先要从公共文化的本质入手，在内涵方面，公共文化体现在文化的精神品质上，其具有整体性、公开性、公益性、一致性等内在公共性本质，它培养人们的群体意识、公共观念以及文化价值观念上的群体认同感和社会归属感，追求文化的和谐发展与文化整合。

在外延方面，公共文化主要指具有群体性、共享性等外在公共性特征的文化，其特点是以文化站、群众艺术馆等公共文化场所为依托，借助公共图书馆、公共博物馆等公共文化资源，发展群众参与性、资源共享性的文化。公共文化的外延具有一定的层次性。

按照黄楠森在《论文化的内涵与外延》一文中的认识，文化的外延被分成了"科学技术、经济思想和经济理论、政治法律思想和理论、语言文字、道德伦理观念、宗教现象、文学艺术、哲学和社会学说、教育和教育思想、新闻出版事业、公共文化设施、民间文化等十二类。"[1] 公共文化是文化的一种特殊范畴，它以具有公共性的设施活动为基础，既具有表层文化所体现出来的物质形态，又具有中层和深层文化所折射出的精神内涵和人文意蕴。

因此，公共文化的外延可以分为物质层面、制度层面、价值观念层面三个层次。物质层面的公共文化是指公共文化的物质载体和物质表现形式，具体指公共文化设施、公共文化产品等。制度层面的公共文化是指公共文化精神和公共文化意识的制度表现形式。公共文化的价值观念层面是指公共文化意识形态和公共文化精神导向，主要包括理想信念、价值取向、伦理道德、团队精神、习惯传统等，表现为人文知识和人文精神两种形态。

公共文化的本质决定了公共文化服务的性质和方向。一般认为，公共文化服务既是我国政府公共服务职能的新要求，也是我国文化建设的新领域，既是社会发展中的文化诉求，也是政府变革中的文化服务。作为是政府文化战略的构成部分，公共文化服务尽管在全球化时代它的重要性得到明确的彰显，但由于对它的研究刚刚兴起，从概念到理论框架和具体研究方法都缺乏系统的研究成果以作出客观的界定。从政府公共服务的视角出发，公共文化服务是在政府主导下，以税收和财政投入方式向社会整体提供文化产品及服

---

[1] 黄楠森：《论文化的内涵与外延》，《北京社会科学》1997年第4期。

务的过程和活动。这种界定在过去旧的概念基础上增加了政府的公共性,但文化的价值、政府提供公共管理服务的价值,乃至民众大规模文化参与的价值均未能得到充分的反映。从公共经济学和公共产品的视角出发,这种路径将文化视作一种可由政府以不同形式提供的、性质单一的"产品",忽视文化对人类社会、个体以及国家政治体制在内的广泛影响力。

社会的不断进步正在拓展公共文化服务领域,它所反映出的一种现实是在中国社会结构以及国际环境发生深刻改变,社会发展对于制度环境提出更高要求的情况下所创生的一种公共文化服务行为。本书认为,提升国家文化软实力也是公共文化服务的一项主要内容。美国学者约瑟夫·奈(Joseph S. Nye)认为,一个国家的综合国力既包括由经济、科技、军事实力等表现出来的硬实力,也包括以文化、意识形态吸引力体现出来的软实力。把文化看作一种软实力,是当今国际政治中的崭新概念,它表现为一个国家或地区文化的影响力、凝聚力和感召力,是国家软实力的核心因素。

文化认同是文化软实力的核心要素。文化软实力在很大程度上表现为国民的精神状态、意志品格和内在凝聚力。其中,凝聚力是实现文化功能、提高国家文化软实力的内在驱动力,而培养和增强人们对于一定社会核心价值体系的认同则是凝聚力产生、形成的源头[①]。文化认同首先强调个体的文化身份认同,其次是对文化共同体的认同,由此形成国家和社会建构的基础。

而文化竞争是文化软实力的重要体现。文化竞争是文化的形成、发展、转型和国际互动的复合过程,是不同国家追赶、达到和保持文化变迁的世界前沿地位的一种国际互动。在这个过程中,保持着文化竞争的优势,则能够保持社会的持续与和谐发展。

基于以上认识,本书认为,公共文化服务是指由公共部门或准公共部门共同生产和提供的,以保障公众的基本文化权利和提升文化软实力为宗旨,既要为公众提供基本的精神文化享受,也要维持社会生存发展所必需的文化环境与条件的公共产品和服务的行为。

[①] 盛新娣、王圣龙、塔娜:《凝聚力·价值认同·理性论点——一种提高国家文化软实力的思考》,《理论月刊》2009年第3期。

公共文化服务分为提供基本文化产品和服务以及主流文化产品和服务。前者主要指用于保障公众基本需求的、体现公民权利的、无差别的文化产品和服务。具有极强的"公共性"特点，一般无法通过市场机制获得相应的效益。后者是指用于满足公众较高层次需求的、具有异质特征的文化产品和服务，这类文化服务和产品既具有一定的"非排他性"，也具有"竞争性"和"外部收益性"，社会上大多数文化产品属于这一类。公共文化服务不仅能够带给人们丰富多彩的精神生活，而且还担当着凝聚核心价值、促进社会和谐、提升国家软实力和推动文化复兴的重任。

二 公共文化服务的构成

公共文化服务的构成主要包括：

（一）公共文化服务的资助者

公共文化服务的资助者是以政府为主，结合社会力量，筹集资金，决定公共服务生产的数量质量标准，对生产者绩效进行评估和监督，对公众负责。

现代政府既要扮演政治角色，也要扮演管理角色，必须在公正、公平、效率、代表性等相互冲突的价值中寻求均衡。公共文化服务是政府的重要职能，其中服务的提供主要是一个集体选择的过程，是一个政治过程。政府的主要职能在在提供公共文化服务的时候，应强化政府的政治角色，重视民意的汇集和表达，并将公平、公正、回应性作为衡量政府绩效的主要指标。

（二）公共文化服务的生产者

公共文化服务作为公共服务的一部分，并不是只有政府一个生产主体，社会上还有一些志愿性的或属于第三部门的机构，如志愿组织、非政府机构、社区互助组织以及各种社会运动也在负责维持秩序、参与政治、经济与社会事务的管理与调节，并将传统上只属于政府的一部分职责和功能接收过去，将一系列输入资源转化为公共产品和服务。

对于公共文化服务的生产，可以根据其类型和性质的不同进行区别对待。政府可以选择自己生产，也可以通过协调生产、共同生产、合同生产等方式与市场和第三部门合作。或者直接通过非国有化，从一些生产过程中完全撤出。公共文化服务生产者追求的核心价值是效率。

（三）公共文化服务的对象

公共文化服务的对象是公民及其组织。公民的各种直接文化需求，在很多情况下是通过组织汇聚的方式表达出来的，因此，公共文化服务满足的是公民及其组织的基本的文化需求。

公共文化服务的对象包括所要处理的问题和要作用的成员，问题主要涉及的是社会公众，他们作为公共文化服务的对象，既是公共文化服务的消费者、参与者和接受者，又对公共文化服务产生影响和反作用。

（四）公共文化服务的中介者

公共文化服务的生产者、提供者与接受者之间不可能也不应当是简单、直接的相互作用，而是通过一定的载体间接相互作用的。公共文化服务的中介者就是公共文化服务的主体作用和影响客体所依托的内容和载体。它包括三个层面：微观层面的文化产品；中观层面生产、经营文化产品或提供文化服务的个人、组织、行业以及它们之间的关系和文化市场；宏观层面包括整个国家的文化发展、文化产品的总量等。公共文化服务中介者按照形态可以分为"硬中介"和"软中介"。前者如先进的公共文化设施和公共文化建设，后者如各种公共文化政策、文化管理制度等。

（五）公共文化服务机制

公共文化的服务机制主要表现在政府对公共文化服务承担责任的保障。包括资金投入、人员配置、举办文化活动、文化信息建设、公众文化参与等。其中，资金投入和人员配置是公共文化服务的基础，文化活动的举办是公共文化服务的主要内容，文化信息建设和公众文化参与是公共文化服务的保障。

三 公共文化服务的特征

（一）公有性

公有性是指公共文化服务资源（场所、设施、设备等）应该被社会全体成员共同拥有的属性。首先，公共文化服务资源都是历史累积和留存下来的或当代投资建设形成的，为国家和各级地方政府所有的物质和非物质文化资源。其次，公共文化服务单位面向社会提供的应该是公共文化产品。这些公共文化产品的内容必须积极健康，能够体现一定社会的主流意识形态导向和共同价值准则，并符合一定社会在文化上的共同、根本和长远利益。再次，公共文化服务单位应该视公众为积极的顾客，以为顾客提供各种文化服务，满足顾客多种文化需要为至高无上的职责和目标。所有公共文化产品都必须面向社会公众普遍提供，并为社会全体成员所普遍享用。公有性是公共文化服务体系的根本属性，也是公共文化服务体系存在和发展的前提条件。离开了公有性，公共文化服务就无从谈起。

（二）公众性

公众性是指公共文化服务部门应该面向社会公众，普遍提供基本的、无差别的公共文化服务的属性。公共性有三个显著特点：一是服务内容的同质性。公共文化服务单位无论在什么地方，无论在什么时候，都应该向公众普遍提供基本同质的公共文化服务。二是服务对象的全体性。所有的人，性别不分男女，年龄不分长幼，身份不分贵贱，职务不分高低，经济不分贫富，季节不分寒暑，都可以无差别地享有所有的公共文化服务，而不能有任何地域、城乡等的差别和种族、身份等的歧视。三是服务方式的开放性。所有公共文化服务设施，作为公共文化活动场所，都应该无条件地向公众开放，接纳公众参加各种活动，为社会公众提供各种文化服务，同时接受社会公众的管理和监督。公共文化服务的公平均等性突出地体现了社会平等的伦理要求。

（三）公益性

政府提供的公共文化产品和服务不以营利为目的，而是以满足公众基本文化需求为目的的，这就要求公共文化产品和服务应该降低收费或免费供人们享用。公共文化服务的公益性体现着政府公共管理的人文关怀，追求的是社会效益的最大化，体现的是国家政府的公共利益。公共文化服务单位绝不能像市场文化服务单位那样，单纯追求经济利益，而必须把社会效益放在首位，始终坚持公益的原则，实行非盈利的公共文化服务。

（四）多样性

公共文化服务和产品应针对不同群体的不同文化需求，尽量提供多种相应的公共文化服务和产品。这一特点增加了政府提供公共文化服务的财政压力，同时也为公众参与公共文化服务提出了客观要求。

(五）便利性

政府提供的公共文化服务应是近距离的、经常性的服务，使人们可以随时随地能够方便获得。这一特点体现了公共文化服务的公共性，只有能够得到的文化服务才是真正的公共服务。

(六）竞争性

基于文化软实力提升的文化认同和文化竞争是政府供给公共文化服务的又一目的。公共文化服务对内而言，它渗透于社会生活的各个方面，影响着人们的精神世界和行为方式，成为一个国家民族生命力、创造力和凝聚力的重要源泉；对外而言，凭借其独特的扩散性、渗透性，吸引他国追随或认同其信仰和价值规范，是构成综合国力竞争的关键因素。

四 公共文化服务的功能

(一）保障公民基本文化权利，满足公民文化需求

公共文化服务的主要功能之一是对公民基本文化权利保障。相对于政治权利、经济权利等人类其他基本权利，文化权利常常由于其"柔性"特征而导致实际权利的缺失。文化权利的保障与实现，不可能指望国际社会发表一些宣言与公约就能解决问题，文化权利最终还是要在国家和地区的发展进程中逐步得以实现。一国或一地区乃至整个世界发展理念与发展路径选择对文化权利的保护与实现往往具有决定性的意义。

文化公平是和谐社会的重要特征之一。和谐社会是一种和睦、融洽并且各阶层齐心协力的社会状态。文化在经济社会发展中的作用受到广泛的重视。韦伯把新教伦理看成是资本主义社会发展的决定性力量；帕森斯和斯梅尔塞（1956）的功能主义经济社会学理论认为文化对社会具有系统维持功能；诺思认为文化（意识形态）作为一种非正式制度具有节约交易费用的功能，它是资源配置的"第三只手"，在无形中引导人们从事着社会交往活动。文化是社会或民族分野的标志，它使我们的社会有了系统的行为规范，也是社会团结的重要基础，文化在很大程度上塑造了社会中的人。从这个意义上看，社会成员能否公平公正地占有社会文化资源，是社会和谐与否的重要标志之一。

文化的公共性本质要得到彻底实现，必须依赖于国家对公众基本文化权利的普遍确立和承认。① 特别是在文化产品置于市场经济条件下，文化以及文化产品不再局限于某个人或某一团体的"私人"或"俱乐部"领地、被个人或某一团体所垄断，而是大规模地进入普通大众可及的领域，成为被公众接受和消费的公共品时，文化产品的公共性本质才能更加凸显出来。这就需要公共部门通过提供公共文化服务，以现代社会文化的公共性为目标，满足公众对公共文化的需求，从而保障公民的基本文化权利的实现。

（二）提升文化软实力，增强国际竞争力

随着社会物质基础日益雄厚，精神文化因素在人类生产生活中所占比重越来越大、地位越来越重要，软实力逐渐成为与硬实力同样重要的竞争形态，它依靠文化价值观念施展影响、参与国际事务，"通过吸引别人而不是强制他们达到你想要达到目的的能力，而文化正是'软实力'的首要资源，文化竞争力是'软实力'的核心内容"。在这种背景下，文化软实力就成为当代综合国力和国际竞争力的重要组成部分，提高国家文化软实力也就成为当代世界各国重视的一项社会建设内容。

当今世界，文化与经济、政治相互交融，在综合国力竞争中的地位和作用越来越突出。国际政治现实主义学派创始人汉斯·摩根索曾经指出："在影响国家权力的具有定性的三项人的因素中，民族性格和国民士气是突出的因素，因为我们难以对它们进行合理的预测，也因为它们对一个国家在国际政治的天平上有着持久并且经常是决定性的影响。"② 可以说，文化以其价值的整合、导向和认同功能作为一种可资利用的政治资源构成了影响国家稳定的一个重要参数。文化竞争是国际竞争的新的发展态势。第二次世界大战以来，国际竞争正在从军事—经济—科技—文化领域演进，现代化发达国家也从谋求军事霸权、经济霸权到谋求文化霸权，这种变化是世界经济从工业时代向知识经济转型的必然现象。这一阶段的竞争就在于它的文化意义和主体意义，创新是一种文化知识、文化价值以及思维方式、心理结构的革命性飞跃，是人的自觉性、能动性、创造性的本能

---

① 张晓明、李河：《公共文化服务：理论和实践含义的探索》，《出版发行研究》2008年第3期。

② [美]汉斯·摩根索：《国家间政治》，中国人民公安大学出版社2006年版，第175页。

特征的充分发挥，从要素竞争、资本竞争、技术竞争到创新能力的竞争，体现了全球化、现代化发展的一般规律，也体现了人类从经济人、社会人向文化人演进的历史进程。

第三节 公共文化服务体系

一 公共文化服务体系的概念界定

对公共文化服务体系的认识，国内学者普遍认同深圳学者[①]提出的概念。它是"以实现公民文化权利为逻辑起点，是满足社会的公共文化需求，向公众提供公共文化产品和服务行为及其相关制度与系统的总称，是国家公共服务体系的有机组成部分"。但许多学者还是把它与传统的文化事业相等同，也有学者认为应同时包含公益性文化事业和经营性文化产业。事实上，随着公共文化供给主体及供给方式的多元化趋势，公共文化服务体系必然不能用传统概念中简单二元划分的文化事业、文化产业来理解。

本书对公共文化服务体系的界定主要从发展方向、责任和义务等方面来明确公共文化服务体系的基本含义。

（1）公共文化服务体系必须满足人类文化历史发展的需求。民族文化的特色及传承是一个民族、一个国家独立于世界民族之林最基本的条件，保护人类历史文化遗产、弘扬民族优秀文化、发展独具特色的民族民间文化是公共文化服务体系的责任与义务。

（2）公共文化服务体系必须首先满足社会主义先进文化发展的需要。只有保持社会主义社会文明程度的高水平，才能够建设面向现代化、面向世界、面向未来的、民族的、科学的、大众的社会主义先进文化。

（3）公共文化服务体系必须满足最广大人民群众日益增长的文化需求。保证全体公众享受到基本的精神文化产品（服务），保障人民群众最基本的文化权益是对文明社会的基本要求，公共文化服务体系的建立，就是要确保每一个人都能够享受到除生存权外的基本的文化权利，实现其最基本的文化需求。

---

① 陈威：《公共文化服务体系研究》，深圳报业集团出版社2006年版，第4页。

(4) 公共文化服务体系满足对中华复兴的文化需求。在同国际社会的文化交融中，传承中华传统优秀文化，吸收外来先进文化思想，构建符合国家核心价值观、具备国际竞争力的公共文化服务体系，为中华复兴从根本上奠定基础。

二　公共文化服务体系的主要构成

对公共文化服务体系的构成，目前还存在多种理解。已有的研究中，深圳学者（2006）认为体系应包括公共文化产品和服务、文化政策法规及管理体系、公共文化服务提供主体、公共资源配置、绩效考核制度。本书赞同苏峰（2005）提出的公共文化服务体系九大系统。

（1）**公共文化政策、理论体系**。主要提供公共文化政策法规、构建社会公益的价值观念系统。公共文化政策是创造公共文化繁荣的基石，公益意识是促进公共文化发展的基础，价值观念是构建公共文化的根本。国务院颁布实施的《公共文化体育设施条例》，正在制定中的图书馆法等都属于这一体系。

（2）**公共文化基础设施体系**。包括各种文化历史遗存和我国已经建成的覆盖城乡的群艺馆、文化馆、文化站、公共图书馆、博物馆、美术馆、文化广场、公园、文化中心、工人文化宫、青少年宫以及代表国家及各地最高水平的、具有标志性特征的剧院等，是公共文化服务体系的物质保障。公共文化场所是人民群众享受公共文化的最基本的场所，只有形成一个遍及全国各地，合理布局、公平准入的公共文化设施网络，才能实现构建公共文化服务体系的目的。

（3）**公共文化生产、运营体系**。是公共文化服务体系中公共文化产品的生产部门和直接作用于服务对象的服务机构体系。只有这一系统的正常运作，才能保证有源源不断的公共文化产品提供给社会公众。

（4）**公共文化信息体系**。是一个关于公共文化社会信息的收集、分析、发布的系统，通过这一系统的运行，让社会公众直接了解公共文化服务的内容、程序、方式、地点等相关信息，同时还可以直接享受到某些可以信息化的公共文化服务内容。这一体系既包括国际互联网上的公共文化电子政务系统，也包括全国文化信息资源共享工程和正在建设的中国数字图书馆工程，以及网上博物馆、网上艺术馆、网上培训，在上海等地社区开始兴建的"信息苑"等。

（5）公共文化资金保障体系。包括政府的拨款、贴息贷款及融资、集资、社会捐助、赞助、基金等。一个良好的资金保障体系是公共文化服务的血脉。

（6）公共文化人才体系。由参与公共文化服务的专业技术人员、业余文化队伍和支撑公共文化服务体系的管理人员、辅助人员等组成，是保证公共文化服务体系建立、发展和运营的中坚。

（7）公共文化创新体系。创新是一个民族的灵魂，也是任何事业得到发展的前提。在公共文化服务体系里，创新是一个社会的公民是否能够得到高质量的公共文化服务，激发社会整体创造能力，形成整个社会创新意识的基础组成部分。公共文化服务的创新主要包括内容的创新、形式的创新、地点的创新以及服务的创新。

（8）公共文化指标体系。公共文化服务的好坏、是否到位、是否满足了人民群众的文化需求、实现了人民文化的权益需要一套科学、完整的指标体系去衡量。这套体系首先必须是科学的、尽可能量化的、可衡量的，其次它必须涵盖公共文化服务的各个方面。

（9）公共文化评估、监督体系。有效的评估、监督体系可以使政府依据评估的结果对公共文化服务的执行情况进行有效的监督和管制，从而保证公众得到真正的公共文化服务、公共资金、社会捐助等得到了正当、合理的使用等。

（10）外来文化对公共文化的影响、评估与监测体系[①]。在国际化不断深入的今天，外来文化对一国本土文化的影响不可忽视。建立外来文化对我国公共文化的影响、评估与监测体系，可有效地把握文化侵略与文化竞争、文化交融与文化对立、文化创新与文化守旧的尺度，更好地提升我国公众的文化权利及提升文化软实力。

---

① 该体系为本文新增加的，并不包括在苏峰（2005）的体系中。

第三章 政府供给公共文化服务的理论基础

在本章中，我们要明确，政府供给公共文化服务的主要目的有两个：（1）满足公众基本文化权利的需要，这接近于机会的提供；（2）文化认同基础上文化软实力的形成与提升，这属于分享认同机会的提供。本书以此为主线来贯穿全文，形成全文的核心和创新点。

第一节 公共产品理论

一 公共产品理论的基本框架

1954年美国经济学家保罗·A.萨缪尔森（Paul A. Samuelson）在《公共支出的纯理论》（*Pure Theory of Public Expenditure*）中首次提出了公共产品这一概念。他认为公共产品的特征是：任何人消费这种物品不会导致他人对该物品消费的减少。萨缪尔森认为，由于市场失灵的存在，市场经济中存在着不完全竞争、外部效应等生产或消费无效率的情况，必须通过政府干预，由政府提供公共产品以调节经济运行。因而，政府提供公共产品与公共服务具有提高市场效率、实现社会平等和稳定经济三个重要作用。斯蒂格利茨认为："公共产品是这样一种物品，在增加一个人对它分享时，并不导致成本的增长（它们的消费是非竞争性的），而排除任何个人对它的分享都要花费巨大成本（它们是非排他性的）。"[1]世界银行发布的《1997年世界发展报告》也对公共产品这一概念作了明确的说明。《报告》指出："公共产品是指非竞争性的和非排他性的货物。非竞争性是指一个使用者对该物品的消费并不减少对其他消费者的供应，非排他性是指

---

[1] ［美］斯蒂格利茨：《经济学》，中国人民大学出版社2005年版，第147页。

使用者不能被排除在对该物品的消费之外。这些特征使得对公共产品的消费进行收费是不可能的，因而私人提供者就没有提供这种物品的积极性。"[1] 由于公共产品在消费上具有不可分割性、非竞争性和非排他性，从而不可能通过市场由私人来提供，而只能通过集体行动由公共组织来提供，是一种在财产关系上具有共有性的产品。

公共产品的存在给市场机制带来了严重的问题：即使某种公共产品带给人们的利益要大于生产的成本，私人也不愿提供这种产品，因为公共产品的非排他性和非竞争性特征，在公共产品消费中人们存在一种"搭便车"动机，每个人都想不付或少付成本享受公共产品。只好由政府出面担当此职能，但公共产品价值如何确定？边际效用价值论赋予公共产品以主观价值，从而使社会能采用统一的货币尺度去衡量对比公共产品的供应费用与运用效用之间的关系。公共产品理论还提出，遵循效用——费用——税收的程序，税收成为公共产品的"税收价格"，是人们享用公共产品和劳务相应付出的代价，从而将公共产品供应的成本和收费有机地连结起来。依据市场经济和公共产品理论，政府不仅要为市场经济运行提供必要的外部条件，还要在市场经济中发挥填空补充、矫正和调节作用。政府成为公共经济活动的中心，为社会提供越来越多的公共产品和劳务。财政筹集收入和分配支出的活动，不再是一般意义的分配，而是为社会提供公共产品和劳务，进行资源配置和市场需求的调节。

公共产品理论对中国改革的实践有很强的解释力和借鉴作用。中国曾长期实行计划经济，大量产品有公共产品的特征，结果使得本应由市场提供的私人产品生产效率低下，而应由政府提供的公共产品又由于资金限制而供给能力不足，不仅阻碍了经济发展，也使得社会成员的福利受到损失。自从逐渐建立和完善市场经济以来，这一状况得到了改善，但是"什么是政府应该管的，什么是应该由市场自身解决的"以及"政府如何才能管好"依然是长期需要解决的课题。改革开放以来，公共产品理论被引入我国公共政策设计之中，其中，影响最显著的就是推动形成了新时期的公共财政理论及其政策体系，改革传统的财政模式和思路，公共治理

---

[1] 世界银行：《1997年世界发展报告：变革世界中的政府》，中国财政经济出版社1997年版，第26页。

从为政府自我服务转变到为纠正市场失灵服务。公共文化服务的有效提供正是这一转变的要求。

二 公共产品的有效供给

(一) 纯公共产品的有效供给条件

纯公共物品的有效供给条件是效率边际替代率之和（MRSs）等于边际转换率（MRT），根据公共物品非竞争性和非排他性特征，每个人必须消费相同数量的公共产品，对该产品的有效提供就要求他们最后一单位提供的总评价——MRS 之和等于提供他们的增量成本——MRT，因此，对公共产品的群体支付意愿要通过对个人需求曲线的垂直叠加得到（如图 2.1.1 所示）。

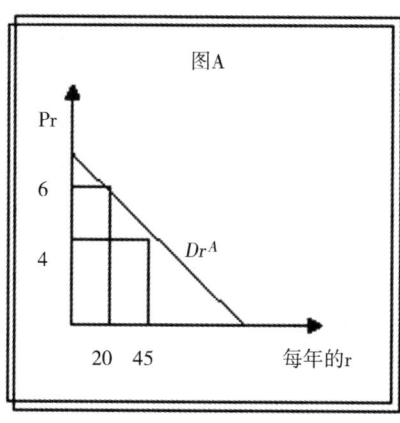

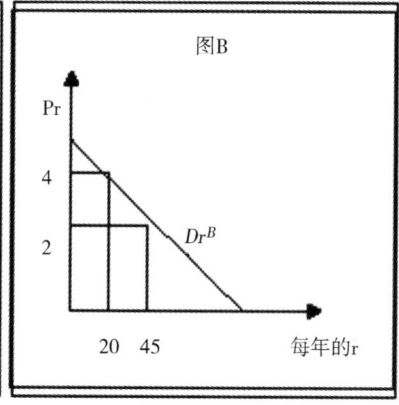

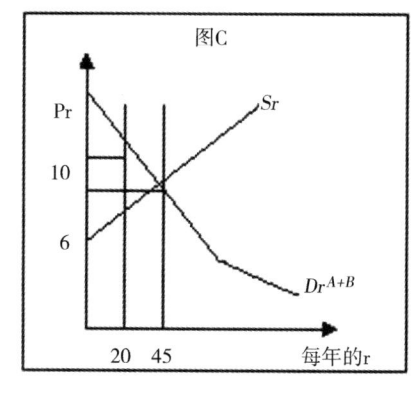

图 2.1.1 公共产品的有效供给

图 2.1.1 中图 A 的 Dr^A 为 A 对某公共产品的需求曲线，图 2.1.1 图 B 的 Dr^B 为 B 对同一公共产品的需求曲线，由于公共产品具有非排他性和非竞争性等特征，因此，对于公共产品，每个人消费的量是相同的，但是人们可以有不同的 $MRSs$，所以，要垂直叠加每个人的需求曲线，才能得出社会对这一公共产品的总需求曲线（图 2.1.1 图 C 中的 Dr^{A+B}）。因此，对于纯公共产品而言，由于存在严重的"免费搭车"问题，即"每个人都想通过某种方式来攫取私利，而这种方式在私人品自主竞争的定价机制下是不可能的"（萨缪尔森，1955 年第 389 页）。所以自由竞争的市场不能实现供求平衡，依靠市场机制不能实现其有效供给，而必须依靠政府干预来完成。

（二）混合产品的有效供给条件

混合产品的价格形成由市场价格（私人价格）与政府补偿价格和规制价格（公共价格）合成。设有两个人 A 和 B，其对混合产品的需求分别为 DA 和 DB。这里的"混合产品"是指第一类混合产品，那么混合产品的价格形成（如图 2.1.2 所示）。

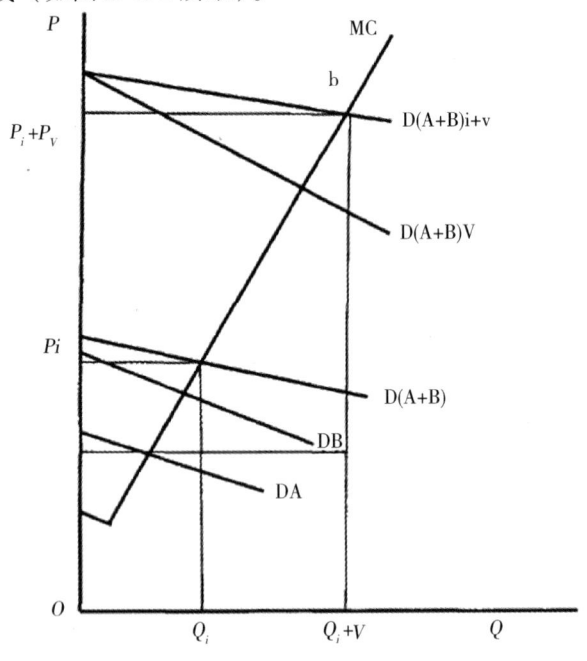

图 2.1.2　混合产品的价格形成

在图 2.1.2 中，Pi 为市场价格，Pv 为政府补偿和规制价格，$Pi + Pv$ 为混合产品的合成价格（总价格）。Pi、Pv 的大小与混合产品的公共性质密切相关，公共性越大，则 Pv 就越大，就越需要政府提供财政的支持、补偿和规制服务，混合产品的价格形成就越表现为公共价格。反之，如果混合产品的公共性越小，而私人性越大，则 Pi 就越大，就越是要依靠市场来进行价格的制定，其价格也就越表现为私人价格。

（三）政府利用市场增加公共产品的有效供给

在公共产品理论兴起的初期，人们认为，公共产品由于具有非竞争性和非排他性特征，因此，公共产品只能依靠政府来生产并提供。随着经济的不断发展，人们逐渐认识到，公共产品依靠政府干预完成，并不意味着全部由政府进行生产和直接提供，在公共产品的有效供给中，仍然存在政府利用市场机制提供公共产品的可能性和必要性。"公共产品需要通过预算支付方式提供，让使用者可以免费得到。然而这并不意味着公共产品必须由政府生产，公共产品可以像大多数私人产品一样，由私有企业生产，只不过产品将被出售给政府。"[①]

（1）公共产品的公共性会因为经济发展水平、技术条件、公共产品的需求弹性、规模经济等因素的改变而发生变化，一些在过去不能由市场提供的公共产品在现实的条件下，有了市场机制供给的可能性。

（2）私人之间在提供公共产品时存在竞争，因为需要通过自己的信用和价值获得与政府合作的机会。

（3）引用市场供给公共产品机制，可有效激励公共部门提高效率。政府能够利用市场增加公共产品的有效供给具有如下的可行性，这是因为随着社会发展和科技进步，公共产品与私人产品之间的界限不再严格界定，政府和私人都能够提供公共产品。同时由于技术变革和管理创新，竞争机制也开始引进到公共产品供给领域。政府改革公共品供给体制，降低准入条件来弥补市场公共产品提供的不足。私人企业努力以良好的信誉获取更多的政府合同，从而为社会提供更多的公共产品。

综上所述，可以得出以下结论：

---

① ［德］马斯格雷夫：《社会科学、道德和公共部门的作用》，商务印书馆 2001 年版，第 273—274 页。

（1）混合产品的收益可以通过市场价格配置来获得部分满足，消费者通过付费才能获得消费权利。

（2）混合产品均衡价格与均衡产量的确定不是最大化收费原则，通常边际成本小于平均成本。

（3）混合产品出现外部效应特征，要求政府必须予以调节，调节力度依据公共性大小而定。

因此，混合产品的有效供给要依据混合产品的公共性大小，由市场和政府共同作用，政府根据混合产品的公共性的强弱，可以选择自行生产提供，采取补贴等形式鼓励市场提供，给予必要的调节，降低市场提供成本，刺激市场提供等多种方式来向全社会提供必要的混合产品。[①]

二 文化的公共性、公共文化与政府的职能

从各种学说对文化的界定，我们可以看出，文化是与公共性联系在一起的。汤普森指出："到19世纪早期，'文化'一词用来作为'文明'的同义词或者在某些情况下作为对照。'文明'一词源自拉丁字 civilis，指公民或属于公民的意思。"[②] 这表明，文化是人们之间的公共生活的一部分，是存在于公共生活领域中的东西，没有公共性就没有文化。联合国教科文组织在2001年11月通过的《世界文化多样性宣言》也强调：文化物品和文化服务是不同一般的商品，"因为它们体现的是特性、价值观和观念，不应被视为一般的商品或消费品"。

因此，对于文化资源和产品而言，传统上人们认为它是一种公共产品，具有以下特性：

1. 消费的非排他性。即当一位消费者消费文化产品时，并不影响其他消费者对文化的消费，其他消费者也可以同时消费。比如当一位听众收听广播时，其他听众也可以同时收听同一个节目。

2. 消费的非竞争性。即当一个消费者消费某种文化产品时，其他人同时消费此种文化产品，并不会增加提供此种文化产品的成本。还是以收

[①] 李霞：《我国教育投资中的政府行为研究》，博士学位论文，西南财经大学，2007年。

[②] ［英］约翰·汤普森：《意识形态与现代文化》，高铦等译，译林出版社2005年版，第137页。

听广播为例，所有人收听同一个节目，并不会增加这个节目的制作成本。

3. 产权的公共性。由于文化产品的消费非排他性和非竞争性，消费者往往不愿为消费付费，即出现强烈的"搭便车"行为，使文化产品的供给者难以收回自己的成本。也正是在此意义上，传统理论认为文化产品的产权属于公共产权，应该由政府提供文化产品。

4. 产权的难以交易性。拥有产权就要通过交易获取收益，但是，文化资源和产品的消费非排他性和非竞争性，使其拥有者难以向消费者收费，从而使产权难以交易。

5. 持久的外部效应。文化产品是精神产品。精神产品与物质产品的的一个根本不同之处就在于，精神产品具有强烈的、持久的外部影响，即外部效应。物质产品消费之后，其物质形态就逐步消失了。而精神产品消费之后，虽然其物质形态消失了，但其精神影响仍然要持续较长时间。

公共文化产品与一般公共产品相比本质不同，一般公共产品满足的是社会公众的一般物质需求。公共文化产品（服务）更多地表现为精神的、非物质的状态，具备了很强的意识形态属性。既然是精神文化产品，也就决定了在向社会成员提供一般性文化娱乐服务的同时，还必须要肩负起培育公众道德、提升精神境界、引领文明新风、推动社会进步的使命和任务。这使得我们不能像对待一般的公共产品那样从其经济学属性进行研究，而应该更多地考虑其社会属性和人文属性。作为一种理念表达，文化不是私人的事情而是公共性意识，其制约作用体现在社会生活的一切方面。从这一点来看，文化领域本身是一个公共领域，通过这个公共领域，我们可以进行人格的培养、知识的再生产和社会的整合，从而客观地影响着社会群体的生存和发展。而文化产品和服务一旦被公众普遍认可、服务于全体社会成员时就成为社会共同的文化财富，尤其是在一些涉及国家文化形象、国家文化话语权的领域，首先应该强调公共性和公益性。

对政府来说，应该以公众易于接受的方式，提供社会各个阶层普遍喜闻乐见的文化产品，传播广大群众共同需要的思想内容，培植全民族的共同价值观和共同理想，而这一职能只能由政府才能承担。此外，由于市场本身追求的是利润最大化，无论它运行得多么正常和高效都无法产生出满足社会公众需要的公共文化产品。因此，纳税人和所有公民的文化利益就体现在政府所提供的公共文化产品和文化服务的数量和质量上，体现在政府通过公共文化财政制度矫正市场带来的文化产品分配和服务上的缺陷，以达到公平。

三　保障公众的基本文化权利是政府的基本职责

文化产品的公共利益表现为公众对文化产品和服务的多层次、多样化、整体性的精神需求，只有集体行动，有组织地供给方式才能保障大多数人的文化利益。政府往往需要动用公共管理手段（如政府采购、提出指导目录等）才能够一方面保障弱势群体的利益，一方面引导产业持续发展。

联合国《经济、社会和文化权利国际公约》（中国政府于 1997 年 10 月 27 日签署该公约，2001 年 2 月 28 日中华人民共和国第九届全国人民代表大会常务委员会第 20 次会议表决通过了批准这项公约的决定）作为最有影响的国际人权文书之一，在第十三条和第十五条明确规定了"人人有权"享有的文化权利，特别是第十五条提到的"参加文化生活；享受科学进步及其应用所产生的利益；对其本人的任何科学、文学或艺术作品所产生的精神上和物质上的利益，享受被保护的权利"等三项重要的文化权利，确立了文化权利的原则，构成了文化权利的基石。

如果说文化权利与政治权利、经济权利同样受到保障，是和谐社会建设的重要内容的话，那么，只有文化产业和文化事业都从保障"文化权利"这一基点出发，先进文化建设才能够真正落实到"以人为本"的基础上。

除了国际条约的规定，一些学者也对文化权利的种类进行概括，值得关注的有：

挪威人权研究所 A. 艾德认为，在《国际人权法案》所包含的人权制度下，文化权利构成了一个具体范畴，包括参与文化生活权、享受文化成果权利、作为精神和物质利益受保护的权利、文化创造权和国际文化合作权。

墨西哥 EL Colegio 研究所 R. 斯塔温黑根认为，文化权利包括"个人获得累积文化资本的平等的权利""个人自由创造自己的文化作品的权利及所有人享有自由利用这些创造品的权利""每个文化群体保留并且发展自己特有的文化的权利"①,也就是文化发展权、文化创造权、享受文化成果权和文化认同权。

福布里尔大学研究文化权利的团体"福布里尔小组"提出的文化权利包括:文化认同的权利、参与文化生活的权利、接受教育和培训的权利、信息权、文化遗产权、自由研究、创造性活动和知识资产的权利、参加文化策略的制定、执行和评估的权利。②

艺衡、任珺、杨立青在《文化权利:回溯与解读》一书中将文化权利归纳为四种:享受文化成果的权利、参与文化活动的权利、开展文化创造的权利、对个人进行文化艺术创造所产生的精神上和物质上的利益享受保护的权利。

当代中国文化发展随着社会的整体变迁达到特定的阶段,逐渐形成了公民文化权获得应有尊重的必要环境。公共文化发展过程中"人本"意识的上升,也使得政府的文化职责得以进一步的明确,从建立公共文化服务体系的角度看,本书认为,政府应保障公民文化权利的范围主要有:

1. 政府有责任、有义务为公民提供基本的公共文化产品和服务。税收是政府提供的包含了文化等公共服务所获得的报酬,也是公民向政府购买文化等公共产品和服务的价格。政府向纳税人和所有公民提供文化服务,不是政府对纳税人和公民的给予,而是政府履行收取税金后的义务。

2. 国家应尊重和保障公民文化享有权与文化发展权,尊重个人享有和发展自己文化倾向的权利。任何人包括少数群体、弱势群体的成员都有表达他们的文化特征和发展他们的文化传统的权利。在某些情况下,国家对他们的这些文化权利可以作某些方面的限制,但不能从根本上予以剥夺。

3. 国家应尊重和保障文化选择权。文化具有差异性,一个社会的传统文化难免不与其他文化产生冲突,而这种文化冲突往往就表现为人与人之间的冲突。文化特性可能是这些冲突的根源。必须对各种文化权利及其相应义务在法律上予以规定。

---

① [挪威] A. 艾德:《经济、社会和文化的权利》,中国社会科学出版社2004年版,第98—103页。

② [美] 雅努兹·西莫尼迪斯:《文化权利:一种被忽视的人权》,《国际社会科学杂志(中文版)》1999年第4期。

4. 国家应尊重和保障文化参与权,应提供设施和条件保证公民的文化参与。文化只有通过一定的载体才能表现为某种客观存在。人们参加各种文化生活,首先就必须具备一定的物质条件。所以,国家应建立一些执行和倡导文化参与的机构,如文化中心、博物馆、图书馆、剧场、电影院以及传统的手工与艺术;国家应当保护个人能平等利用文化设施,尤其是一些基础教育设施。

5. 保护个人在科学、文学或艺术作品上的精神和物质利益。文化权利作为一项基本人权,应是人人可以享有的权利。既然是要保障人们的文化权利,就应兼顾到不同个体、不同群体及不同种类的文化利益。

公民文化权利实现的条件离不开政府的作为,政府文化职能的设定因应文化权利的实际需求,这也是政府转型自身的一个特征。

四 文化软实力提升中政府的主导性地位

(一) 文化安全及文化多元化趋势对政府主导地位的要求

国家文化安全是指国家维护主流价值体系的文化体制与机制的正常运转,以及国家文化主权与文化利益的维护。一般情况下,处于弱势文化地位的国家将成为强势文化软实力俘获的对象,国民核心价值观受到影响和渗透,与文化相关的政治、经济利益,文化的创新能力,民族文化的自信心乃至意识形态的自主性,无不全方位地产生出巨大的隐忧。

国家文化安全就是国家之间文化软实力的比较优势,是指国家为了防止异质文化对本民族文化的渗透和侵蚀时,保护本国人民的民族传统、价值观念、意识形态、行为方式、社会制度等不被重塑和同化,免受外来强势文化威胁和危害而呈现出来的状态。其中,民族文化、意识形态和价值观念的安全是国家文化安全最核心的内容。国家文化安全是国家之间文化软实力的比较优势,是民族文化身份认同的必然要求,更是提高国家综合安全度的重要保障(陈宇宙,2008)[1]。

在全球化时代,文化的差异性引发了大规模的文化跨国、跨地域的流动。文化的交流是推动人类文明发展的一种十分重要的历史进程,文化交流增进了国家间的理解,但是与此同时,文化交流也成为国际政治中一国

---

[1] 陈宇宙:《文化软实力与当代中国的国家文化安全》,《天府新论》2008年第6期。

政府为达到其外交目的而运用的一种特殊政策工具。这种现实要求政府在客观上应突出民族国家的文化身份，保护民族文化的原创力。

（二）网络时代政府公共文化管理的特殊性与必要性

政治统治的能力与信息技术支持下对包括文化要素在内各种资源的利用关系更为密切了。借助网络的力量，文化的影响力作为一种势力，能够在更广阔的空间内发挥作用。

信息社会中权力运用的构成进一步发生了变化，发展中国家的人们遭受着来自发达国家形式更为隐蔽的权力支配。通信技术革命已经建立了新颖、复杂的说服工具，使用这些工具构成了发达国家至关重要的权力资源。发达国家的信息技术能力在网络空间中更有可能削弱其他国家政府的技术能力，而导致后者政治权威的流失，至少可以削弱其文化权力的基础。

（三）未来社会国际竞争的需要

一个国家或民族强大与否，不仅取决于经济实力，同时也取决于文化的影响力。作为软实力重要组成部分的文化力对硬实力的发展有着不可忽视的能动作用，成为增强综合国力的重要力量，文化竞争已成为综合国力竞争的一个突出方面。各国政府都认识到文化力量的社会常态的调控器作用，为维护本国社会的稳定与发展，在文化竞争中针锋相对，当仁不让。

第二节　文化竞争理论

国家竞争的存在是经济发展的必然趋势。早期的竞争理论是从区域分工的角度来研究国家竞争的，认为国家之间竞争的实质是国家自然资源、劳动力、消费市场等具有比较有效的要素的竞争。制度学派基于外生性展示了国家竞争研究的新视角。诺思（1981）[1] 认为，国家有两个基本特征：服务、收入最大化、面临其他国家或潜在统治者的竞争。因此，国家为了实现统治者的租金最大化和全社会总产出最大化，具有动力进行制度变迁。柯武刚、史漫飞（2000）[2] 进一步发展了这一思想，指出，"全球

---

[1] ［美］诺思：《经济史中的结构和变迁》，上海人民出版社1994年版。
[2] ［德］柯武刚、史漫飞：《新制度经济学》，商务印书馆2003年版。

化已经导致了'制度（或体制）竞争'，推动内在制度和外在制度演化的因素，不仅有对国际贸易和要素流动的被动反应，而且还有为更好地竞争市场份额和动员生产要素而对制度进行的主动调整。现在，制度系统对成本水平影响极大，以致成了国际竞争中的重要因素。结果，各国政府也在不同程度上直接相互竞争"。按照制度竞争论的观点，国家竞争的实质是国家制度竞争或国家制度选择。

波特的国家竞争力理论进一步丰富了国家竞争力的理论构成体系。波特认为，国家竞争力是一国产业创新和升级的能力，国家竞争力决定于该国有无一些独具特色的具有竞争优势的产业或产业群，取决于四个基本因素：（1）生产要素状况；（2）需求状况；（3）支持性产业和相关产业的状况；（4）企业战略、结构与同业竞争状况。政府的作用不是直接影响产业竞争优势的，而是制定有关的制度和政策，通过对四个基本因素的影响来间接实现的。波特竞争理论为国家竞争提供了一个全面的分析框架。基于公共文化服务的文化竞争理论也可由此展开。

一 世界多元文化并存下的文化竞争

全球化的背景下，世界各国利益彼此联系，相互依赖性加强，一方面给民族国家和地区创造了更有利的发展条件；另一方面也使得原本独立的政治、经济、文化发展体系变得脆弱起来。在文化方面，文化融合和文化竞争的并存和互动构成了文化全球化发展的动力和主线，在引发了文化矛盾、文化冲突的同时，不断推动着文明的融合和经济全球化的发展。

各国为寻求新的经济增长点而展开文化竞争，为弥补文化资源短缺而展开文化竞争[1]，为维护本国文化安全而展开文化竞争。一国在向别国推销文化产品、文化服务的时候，更重要的是在推销一定的文化价值观。文化价值观是民族文化、精神的核心，是民族向心力、凝聚力的支撑点。当前，全球文化价值的竞争突出地表现在东方文化价值观与西方文化价值观的竞争和冲突。[2]人们发现"亚洲经济奇迹"的创造除了善于利用发达国

---

[1] 刘彦武：《论世界经济转型背景下的文化竞争》，《四川行政学院学报》2007年第4期。
[2] 田丰：《文化竞争力理论》，中华企业文化网（http://www.sinoec.net/Article/Corevalues/Spirit/Article_42559.html）。

家的先进技术和管理经济以及政府在经济发展中发挥主导作用等因素外，文化价值也是一个重要的动力源。但是在经过20世纪90年代的亚洲金融风暴后，人们开始反思亚洲文化价值的内在不足，认为这是导致金融风暴的深层次原因之一。可见，全球化时代的经济竞争更多地依赖于文化价值观的内在属性，更适应于现代化进程的文化价值观有助于更好地激发民族意志，更能取得世界主导竞争地位。

当代人类社会既是一个全球化的过程，也是一个本土化意识越来越强烈的时代。文化全球化引起了世界各种思想文化的相互碰撞：有吸纳有排斥，有融合也有斗争。而本土化则主要追求自身文化竞争优胜性，更多地表现在文化竞争的方面。有竞争就有比较、对抗和胜负。从文化竞争的角度看，两种情况值得注意：(1)先进文化取代落后文化；(2)强势文化抑制弱势文化。前者是符合历史发展潮流的，后者则在这一过程中制造了障碍。先进文化是符合时代发展方向和人类愿望的文化，对人类文明进步发展起着重要的导向作用。而强势文化中尽管也含有人类文明进步的成果，但是以其强大的经济、政治力量为基础抑制弱势文化的发展，从而进一步恶化了后者的生存环境。从竞争的角度看，优胜劣汰是自然法则，但从发展的角度看，处理世界各民族文化间的差异以及竞争问题上，必须坚持平等原则。

平等是国际关系和各项事业发展的基础，平等最基本要求是相互尊重。每个民族和国家都有自己特定的文化形态和文化个性。这种特有的文化，是民族精神的结晶，是民族及国家凝聚力的基本源泉，是一个民族生存与发展的支点。一个民族若失去了自己的文化，就失去了心理认同的基础，从而面临消亡的危机。因此，在当今世界文化发生多元交融情势下，一方面强调文化的多元性；另一方面在平等的基础上倡导多元文化相互竞争，促进彼此的交流融合。

二 与国家振兴并行的文化振兴战略

迈克尔·波特（Porter，1990）在《国家竞争优势》一书中指出，政府部门通过政策选择，能够削弱或增强国家竞争优势[①]。在我国市场化改

---

① [美]迈克尔·波特：《国家竞争优势》，李明轩、邱如美译，中信出版社2007年版。

革逐渐深入的条件下，我国选择的文化发展战略逐步形成了适合国家整体发展战略目标的指导思想和体系结构，即在国家主导下构建公共文化服务体系，提供公共文化服务，推动公共文化事业的发展。

随着向"服务型政府"的逐渐转变，政府以服务为核心重整公共文化管理职能的内容和结构，并以此为基础，制定了国家文化发展战略。对公共文化服务的研究成为政府职能实现有效转变的前提之一。我国的文化事业发展经过30年的改革历程后进入到了一个战略规划阶段，这一推动力量来自国内外两个方面：（1）从国际发展环境看，全球化的浪潮迫使任何一个国家在制定文化政策时，都无法忽视国际环境的变化；（2）从国内社会发展情况看，社会富裕程度的不断增加使得对于文化生活的消费将进入另一个需求高峰期。

《文化建设十一五规划》（2006）提出，要在未来5—10年中推动实施五大发展战略，即"文化创新战略""公共文化服务提升战略""文化产业跨越式发展战略""中华文化'走出去'战略"和"人才兴文战略"[1]。五大发展战略聚焦文化事业发展最为紧迫的五个方面问题。公共文化服务的有效供给是当前政府实施文化战略的重要举措之一，依靠新全球化时代信息技术的不断发展，构建起一个对内积极保护与开放文化遗产，推动文化共享，鼓励文化原创，对外开展文化交流，传播文化理念，塑造文化形象，最终达到凝聚核心价值，加强文化认同，提升国家软实力，树立积极的国家形象以营造一个有利的国际环境的目标[2]。

这里需要着重指出的是，我国的文化振兴同一般意义上的"文化侵略"是有明显区别的。前者是致力于保障国民文化权利，提升文化软实力目标，后者则是以对外输入特定文化价值观，以达到一定的政治经济目的为主。文化侵略是一个特定的概念。纵观世界文明发展史，文化特性已经成为一个具有双重危险的全球性问题：一方面存在着文化均一的威胁，即世界最终可能获得单一的相同的文化；另一方面存在着文化和心理分裂的危机。这种双重危险有其更强烈、更具挑战性的表现形式，其中的一种

---

[1] 《文化建设十一五规划》，中国发展门户网（http://cn.chinagate.cn/economics/2007-02/02/content_2365589.htm）。

[2] 俞楠：《"文化认同"的政治建构——当代中国公共文化服务战略研究》，博士学位论文，华东师范大学，2008年。

行为方式（也可能是无意识的）在别人看来无异于"文化侵略"，这一行为对于国与国之间的文化融合和了解便是一种威胁。与此同时，几乎所有发展中国家都在经受文化分裂的痛苦。有些国家不加选择地抛弃了一些有价值的自身文化传统，而依赖于他国的文化模式，当这些模式同它们固有的生活方式格格不入时，其固有的文化便逐渐成为一种松散、迷失的状态。

三 文化竞争的时机选择

文化竞争是国际竞争的新的发展态势。"二战"以来，国际竞争正在从军事—经济—科技—文化领域演进，现代化发达国家也从谋求军事霸权、经济霸权到谋求文化霸权，这种变化是世界经济从工业时代向知识经济转型的必然现象。美国学者迈克尔·波特（Michael E. Porter）、杰弗里·萨克斯（Jeffrey D. Sachs）把经济发展阶段划分为四个阶段：（1）在低收入水平，属于"要素驱动"阶段。增长主要依赖于土地、非熟练劳动力、初级产品；（2）在低收入向中等收入水平过渡时，开始进入"投资驱动"阶段。增长主要依赖于资本投资，包括对基础设施的大量投资和吸引外资；（3）在从中等收入向高收入水平过渡时，开始进入"技术驱动"阶段。增长主要依赖于投入，开始从技术进口经济向技术生产经济转变；（4）在高收入阶段，属于"创新驱动"阶段，主要依赖于知识创新和技术创新，包括很高的社会教育水平以及迅速向新技术转移的能力。第四阶段与前三个阶段的根本区别，就在于它的文化意义。从要素竞争、资本竞争、技术竞争到创新能力的竞争，体现了全球化、现代化发展的一般规律，也体现了人类从经济人、社会人向文化人演进的历史进程。我国目前正处于经济转型的关键时期，增强文化竞争力无疑会有助于推动这一进程。而且，当前国际国内的经济社会发展也给我国积极参与世界范围的文化竞争创造了时代条件。

首先，当代中国社会结构的变迁，新兴阶层的出现以及城市化步伐的加快，为文化竞争的发展带来新的机遇。中产阶级的兴起代表着国家经济社会的繁荣与进步，这是文化发展所必需的历史条件。他们是维系社会稳定的重要的社会力量，而文化竞争意识的变迁则与中产阶级的兴起有着直接的关系。"这个阶层不但成为推动文化消费，发展文化产业的重要力量,而且将会表现出推动中国文化大发展大繁荣,参与提供公共文化服务的更大意愿。"① 同时,人的自我意识会随着社会的发展进步而不断地成长,出于对人的价值的尊重而不断发掘人的创造能力,会更加积极地促进文化意识的发展,进而会形成对国家经济和政治发展的新动力。

其次,发达国家的文化竞争已经展开,国际竞争逐渐向文化软实力的竞争转变。20世纪中期以后,在全球化、科学技术进步和知识信息产业化的共同推动下,全球文化发展出现了新的发展格局和趋势。西方各发达国家纷纷把文化纳入到国家公共政策中,制定文化发展战略,以一种自觉的国家意识来推进本国的文化发展。80年代末期以后,发达国家的文化意识又一次发生重大转向,从服务和满足人的发展转变为充分发掘人的潜力并尊重人的创造力,以新兴文化产业的发展带动国家经济的腾飞。

再次,信息革命导致推动了文化竞争的发展,文化资源的数字化能力成为全球化时代国家竞争的新领域。信息技术的迅猛发展已把经济发展推进到了文化发展阶段,各种产业的发展与文化将融为一体。数字化信息技术的发展可以在虚拟现实空间中再现真实的历史地理信息,并且能够与博物馆、图书馆、档案馆的文字资料、文物图像实现链接,甚至辅以不同领域中专家学者的咨询与解说。文化资源的数字化已经成为全球普遍的趋势,各种国际信息技术集团和传媒集团已经开始着手整合世界各国的数字文化资源,为占领新的全球文化市场进行准备。因此,将民族文化资源整合为信息数字化内容成为具有战略意义的文化竞争的主体部分。当然,产业竞争并不是文化资源数字化唯一的目标,它服务于民族文化在全球化时代的延续这一更为重要的使命。而这个理念在联合国教科文组织所开展的具体项目中得到了明确的彰显。1992年,联合国教科文组织开始推动"世界的记忆"项目②,在世界范围内实现濒危文献遗产的数字化,以便永久性地保存和最大限度地让公众公平地享用,并保证它的广泛传播。中国1996年启动了国家数字化图书馆工程,开始了文化资源数字化进程。

最后,作为世界贸易组织的成员国,中国有义务向国际资本开放公共

---

① 章建刚、陈新亮、张晓明:《构筑新的公共文化服务体系》,《学习时报》2007年12月26日。

② 中国民俗摄影协会:《人类的记忆》,岭南美术出版社2004年版。

服务领域。但这对我国的文化事业发展既是一个机遇，更是一种严峻的挑战。文化领域的开放对于文化弱势国家明显具有不利的影响，在文化强势国家的战略意图面前，提高本国文化竞争力已是不容选择的要求。

第三节 文化认同理论

一 文化认同的内涵

认同（identity）是主体对自己身份、角色、地位和关系的一种定位，一种认识和把握，也可以说是一种自我意识。它对于国家建构以及在维持社会政治秩序中的作用在20世纪末期引起了国内学者的注意。例如刘泽华（1991）[1]就认为，一定政治秩序的形成和维持，一方面要依赖外在强制力量的约束；另一方面又须依靠政治共同体内在成员在观念和意识上的认同。张汝伦（2001）则把认同视为政治学意义上"形成国家，建立国家和现代化、民主政治过程的政治资源"[2]。

关于"文化认同"，它所回答的是"我们是谁"的问题。亨廷顿曾指出，不同民族的人们常以对他们来说最有意义的事物来回答"我们是谁"，即用"祖先、宗教、语言、历史、价值、习俗和体制来界定自己"，并以某种象征物作为标志来表示自己的文化认同，如旗帜、十字架、新月形，甚至头盖等等。亨廷顿认为"文化认同对于大多数人来说是最有意义的东西"。总之，"文化认同"是人们在一个民族共同体中长期共同生活所形成的对本民族最有意义的事物的肯定性体认，其核心是对一个民族的基本价值的认同；是凝聚这个民族共同体的精神纽带，是这个民族共同体生命延续的精神基础。因而，文化认同是民族认同、国家认同的重要基础，而且是最深层的基础。在当今经济全球化的时代，作为民族的认同和国家的认同的重要基础的文化认同、价值认同不仅没有失去意义，而且成为综合国力竞争中最重要的软实力。

《中华文化辞典》把文化认同解释为一种肯定的文化价值判断，即指文化群体或文化成员承认群内新文化或群外异文化因素的价值效用符合传

---

[1] 刘泽华：《政治文化化与文化政治化》，《天津社会科学》1991年第3期。
[2] 张汝伦：《经济全球化和文化认同》，《哲学研究》2001年第2期。

统文化价值标准的认可态度与方式。经过认同后的新文化或异文化因素将被接受、传播。一个国家的人民往往共同分享和维持着他们国家文化特质的理想、信仰、梦幻、价值、观念、思想记忆等,正是这些表现他们文化核心的集体意识,指导和规范着这个国家和人民在处理国际事务中的言行及态度。[①] 在一个相对稳定的环境中,文化认同对社会秩序的规范表现得更为平和而隐蔽。文化认同表现在方方面面,政治、经济、伦理、宗教、语言和观念,凡是同人的活动有关的一切领域几乎都是文化的领域,因而都有个文化认同的问题。[②]

二 文化认同的作用

文化最初都有一个产生地点,然后又有传播过程,而传播过程又形成不同的传播路线和新的文化生成地点。由此,文化认同过程既是空间性质的,也是时间性质的,更确切地说是人类在时空系统中互相塑造的过程。任何文化认同都交织着新与旧、过去与现在、外来与本土以及实在和象征。传统的族群认同是以血缘和地缘为纽带形成的归属感形式,共同的生活实践使他们具有了共同的生存利益,形成了共同的生活习惯、规则和文化。然而,任何时代的文化认同都是多重而复杂的,古代中国不仅以自己的文化影响了四周民族,而且在这种交流中也接受了许多外来文化。在多重文化认同中,有些是核心性的认同,有些是外围性的认同。一般来说,最容易改变的是外围认同,而核心文化认同是最稳固、最持久的。

国家文化利益不外乎物化的文化利益层面、政治的文化利益层面,以及精神的文化利益层面。"一个民族如何在文化多元化的趋向下继续保持身份上或文化上的认同就成为一个重要问题。"[③] 民族主义并不是人类社会与生俱来的特质,而是随着历史的发展,经历了一个从无到有、从沉睡到觉醒的萌生过程:自氏族社会以来,文化认同始终是维持共同体生存和发展的重要纽带;在广义的全球化进程中,与异文化的接触、交往和冲

---

① 朱威烈:《国际文化战略研究》,上海外语教育出版社2003年版,第18页。
② 陈刚:《全球化与文化认同》,《江海学刊》2002年第5期。
③ 顾红亮:《民族精神与和谐社会的文化认同》,《华中科技大学学报》(社会科学版)2005年第3期。

突，促成了民族共同体的自觉和民族意识的形成。① 但是民族认同是由特定的历史过程决定的，其文化建构非常复杂，因为树立新的文化认同的过程与价值、伦理、道德的重构是相关的（徐迅，2000）。"民族认同往往锁定在一些特定历史事件和历史人物身上。这些历史事件和人物被提炼为文化符号，既发挥认同的对象物的功能，又诠释一个民族的品格。"② 民族认同不仅仅有一种抵抗优势文化挤压的心理功能，更能为民族的发展方向和生活原则提供正当性依据。③

文化认同不是中性的现象，它是带有价值观选择和好恶倾向的活动。这种价值观往往以某种象征而与不同的民族、历史、传统和观念联系起来，成为集体动员的符号和标志。文化认同往往不是单一文化形式，而是多重利益话语的拼接物。任何文化认同的要求，反映的都是权力、利益、欲望、追求的动力和意志。不同的认同方向，反映了不同的利益基础。有了认知才能有认同。文化认同，尤其是对外来文化价值的认同，足以瓦解一国的政治制度，一个民族的凝聚力；反之，本国人民对自身文化的强烈认同，既是该国自立于世界民族之林的伟大精神力量，又是使民族在激烈的国际竞争中立于不败之地的内在因素。因此，"文化软实力"概念不仅彰显灵魂与旗帜在国家兴亡中的独特作用，而且诠释着保持、发展、提升文化认同和共识，对于国际竞争力的重要意义。

三 全球化时代下中国文化认同危机与公共文化服务体系的构建

全球化时代中国出现了新的文化认同危机。迅猛发展的经济全球化给我们带来了一种新的世界主义的感觉，对各地区和各民族的传统、历史、价值观，即国家认同得以形成的资源构成致命的打击，这种现代社会中出现的对传统等级社会中身份的"身份解构"（de‑identity）、表现为对各种价值判断形式中的身份的怀疑和拒绝（吕芳、殷存毅，2005）④。文化认同的形成是一个历史的过程，但是在全球化时代，它的解构速度却不断

---

① 钱雪梅：《论文化认同的形成和民族意识的特性》，《世界民族》2002 年第 3 期。
② 徐迅：《民族、民族国家和民族主义》，载李世涛主编《知识分子立场——民族主义与转型期中国的命运》，时代文艺出版社 2002 年版。
③ 张汝伦：《经济全球化和文化认同》，《哲学研究》2001 年第 2 期。
④ 赵汀阳：《认同与文化自身认同》，《哲学研究》2003 年第 7 期。

加快。在国际关系研究中,相对于政治、经济、军事而言,文化、规范与认同是较为隐性和富有弹性的范畴。在冷战结束后以及全球化时代,文化、规范和认同在国际关系中的作用倍受关注。从文化的维度,通过文化、知识、规范、利益、认同等概念可以推演出解释和预测国家行为和国际关系的新的结构范式。认同理论就是在承认国际社会物质结构的前提下,重点强调由文化传统、价值观念及行为规范构成的社会结构对国家行为的决定性影响,并着重研究行为主体与社会结构之间的互动关系。①

文化认同危机是在国家层面及国家间的竞争中产生的。文化概念进入国际关系领域后,涉及文化如何在个人、国家以及全球层面上对国际关系产生影响、发挥作用以及造成后果等问题。② 由于"任何国家的对外战略不仅需要可支配的物质资源作为支撑性条件,同样需要意识形态的支持和道统诠释赋予的合法性"③,文化成为国家竞争的重要战略资源。西方国家特别是美国,名义上说想用它们的价值观改造全世界,实际上它们从来都是希望其他文化部分地接受西方文化。西方希望其他文化承认西方文化的主导地位,却遏制其他文化学习西方文化的竞争逻辑从而争取自己的文化主导权。西方文化是力图把其他文化附属化、边缘化和残缺化。在西方强势文化的压迫下,发展中国家的文化也越来越呈现出多面性和不稳定性,许多文化已经变成本土文化和外来文化的拼接物。人们不得不接受新的游戏规则,但同时希望保持自己文化的自主性。因此,从某种意义上讲,文化认同是冷战后意识形态的新形式,文化竞争就是意识形态竞争的新表现。

因此,"建构认同"是一个务实而具体的话题,但就其策略而言也难以达成一种一致的意见,文化认同的建构始终是一个复杂的过程。从一般意义上而言,全球化时代中国文化认同的建构应当调整文化心态,加强文化自觉意识,继承文化传统,实现文化创新,保持文化张力,进行文化整合。④ 现代社会的文化认同应该是一种新的"建构性认同"方式,即不

---

① 乔卫兵:《认同理论与国家行为》,《欧洲》2001年第3期。
② 刘永涛:《文化与外交:战后美国对外文化战略透视》,《复旦学报》(社会科学版)2001年第3期。
③ 张骥、桑红:《文化:国际政治中的"软权力"》,《社会主义研究》1999年第3期。
④ 贺彦凤、赵继伦:《全球化时代中国文化认同的建构》,《马克思主义与现实》2007年第1期。

是静态地对历史或现实的文化价值的认定，而是以一种积极的、参与的、建构的方式，通过对什么是"好的"共同体文化的开放性讨论，比较各种文化价值的意义，在一种动态的过程中逐步构建共同体的文化认同。[1] 认同的建构也就是规范的建构，对于最终的国家建构这一目的来说意义重大。但是，要想在大范围内创造和维持这种统一的高层次文化，需要一个集中的权威机构，由它来创造各种机构和制度并整理、开发、储备这种文化，同时大规模动员资源以确保这种文化在整个人口中传播。这种权威机构就是现代民族国家。"在未来现代化条件下，国家与国家的生存竞争，很大程度上要取决于国民个人的价值认同，即所谓'人民满意不满意'。其中既有共同利益的实现，也有个性化要求的满足。人民的满意越全面，国家的软实力就越强。"[2] 因此，在新时期下，以政府为主导的构建公共文化服务体系不仅承担了满足公众文化需求的责任，同时，对于应对多元文化渗透下的中国文化认同危机有着重要的意义。

中国的和平发展已经成为目前世界最具影响力的历史性进程。中国的文化认同既影响到中国的进一步发展，也会对全人类的存在境遇和发展方向产生效应。我们应该提升中国文化上的软实力，吸收世界各民族的优秀文化成果，丰富、优化自己的多重文化构成，同时坚持自己的核心文化特性，保持自己文化生成的自主能力和创造活力。

第四节　公共文化供给的福利分析

福利经济学是西方经济学家从福利观点或最大化原则出发，对经济体系的运行予以社会评价的经济学分支学科。福利经济学的主要特点是：以一定的价值判断为出发点，根据已确定的社会目标，建立理论体系；以边际效用基数论或边际效用序数论为基础，建立福利概念；以社会目标和福利理论为依据，制订经济政策方案。

---

[1] 许纪霖：《文化认同的困境——90年代中国知识界的反西化思潮》，《文化与哲学》1996年第5期。

[2] 姜奇平：《软实力的后现代意义：认同的力量》，《信息空间》2004年第8期。

"福利经济学"最初是由英国经济学家霍布森（J. A. Hobson）在20世纪初提出的。他认为经济学的中心任务在于增进人类的福利。所谓福利，是指人们的各种欲望或需要所获得的满足和由此感受到的生理幸福或快乐。而社会福利无非是社会成员个人福利的总和。[①] 庇古（A. C. Pigou）在其《财富与福利》和《福利经济学》中，建立了完整的福利经济学体系。伯格森和萨缪尔森等人对社会福利函数作了进一步论述，形成了福利经济学的社会福利函数论派。他们认为，社会福利是社会所有个人购买的商品和提供的要素以及其他有关变量的函数，这些变量包括所有家庭或个人消费的所有商品的数量，所有个人从事的每一种劳动的数量，所有资本投入的数量等。社会福利函数论者通常用多元函数来表示，同样，社会总福利的内涵也应该扩大化，它实际上等于外显的物质总福利和内含的精神总福利之和。

一　公共文化供给的成本收益分析

衡量一种经济行为好坏的标准是它对社会福利水平的影响，这一经济行为所产生的收益大于成本，则社会福利水平上升，就应该实施；反之，收益小于成本则社会福利水平下降，就不应实施。

（一）公共文化服务供给的收益

1. 人力资本的提升

人力资本是指存在于人体之中的具有经济价值的知识、技能和体力（健康状况）等质量因素之和。这一理论有两个核心观点：一是在经济增长中，人力资本的作用大于物质资本的作用；二是人力资本的核心是提高人口质量，教育投资是人力投资的主要部分。

知识经济时代，人力资本作为经济增长的发动机，在构建和提升国家核心竞争力中发挥着重要的作用。掌握人力资本的开发规律，建立充满生机与活力的人力资本价值提升机制，对当代中国社会的科学发展有着重要的意义。政策性的人力资本开发在于满足社会的公共利益和需要，而公共文化服务通过对公共文化基础设施的提供，文化服务和产品的生产，以及对公众文化消费的引导，不断实现我国人力资本的"保值"和"增值"，

---

① A. C. Pigou, *The Economics of Welfare*, China Social Sciences Publishing House, 1999.

对我国综合国力的提升奠定基础性作用。

2. 共同价值观的形成

文化的作用在于使社会秩序合法化。文化可以独立存在，但要与社会结构相整合。一种文化在地域性的种族环境影响下一旦形成，便具有很强的持久性，它构成了一个民族的根本性心理结构，是该民族得以延续的根本精神支撑。而时代对一种文化的影响常常是表面的，表现为一些变化盛衰的时尚，并不构成对这一文化的根本改变。[①] 政府公共文化服务的提供便是在战略思维引导下所采取的行动。文化认同通过影响人的自我认同，进而影响人的政治态度。

对于形成一种普遍的文化认同而言，政府需要的是一种文化动员。大规模的文化参与更有可能形成一种集体的文化认同，也才有可能为这种集体的文化认同转化为政治认同奠定基础。兴建大量的文化设施是进行这种动员的前提，也是满足文化需求的一种必要的基础性投入。只有政府才能保障对文化设施这一类公共品的投入，政府之所以愿意承担这样的公共责任，将财政资源投向文化领域，除了是对民族文化的传承负责，应对国际竞争格局之外，也在于获取政治认同及合法性的愿望。

3. 文化软实力的提升

随着社会物质基础日益雄厚，精神文化因素在人类生产生活中所占比重越来越大、地位越来越重要，软实力逐渐成为与硬实力同样重要的竞争形态，它依靠文化价值观念施展影响、参与国际事务，"通过吸引别人而不是强制他们达到你想要达到目的的能力"，而文化正是'软实力'的首要资源，文化竞争力是'软实力'的核心内容"。在这种背景下，文化软实力就成为当代综合国力和国际竞争力的重要组成部分，提高国家文化软实力也就成为当代世界各国重视的一项社会建设内容。

提升文化软实力是我国公共文化服务供给的目标之一。提升文化软实力，就是提升文化的吸引力、影响力、控制力。推进文化事业和文化产业大发展，正是目前最迫切而重大的战略任务。

（二）公共文化服务供给的成本

公共文化服务供给的成本可从两个方面考虑。

[①] 河清：《进步论：中国文化复兴的紧箍咒》，载曹天予主编《文化与社会转型》，浙江大学出版社2006年版，第267页。

第一，社会发展的角度。是增加经济投入，加速经济增长，还是加大公共服务，特别是公共文化服务的供给，来保障公众的文化权利，逐步提升国家的文化软实力，这是政府面临的一个选择。在政府资源一定的时候，加大公共文化服务供给的力度，是以减少经济投入为成本的，尽管从长期来看，两者利益追求是一致的，但是，短期内却充斥着矛盾。尤其是，当各级政府的政绩考核是以经济增长为主要标准的时候，矛盾就更加突出。因此，对政府的有效激励是公共文化服务得以有效供给的外生条件。

第二，公共服务的供给角度。公共文化服务属于政府公共服务的一种，当经济总量一定的情况下，增加对公共文化服务的供给，必然以减少其他公共服务为代价。因此，在政府在公共文化支出安排时要权衡文化服务同其他公共服务合理比重。

综上，从短期来看，公共文化服务供给的收益和成本比较有一定的模糊性，尤其是当某一地区的经济发展还处于为保障公众温饱水平而努力的时候，成本大于收益。而超过这一阶段，追求经济发展的质量和公众生活质量时，收益远远大于成本。当然，从中长期看，人类进行经济活动的最终目的是要将所创造的物质财富和精神财富内化为个人收益。按照马斯洛的需要五层次理论，随着社会的发展，人们会更加注重对个人精神收益的追求。而我国现在已经进入小康社会，公共文化服务供给的收益大于成本已是不争的事实，在此阶段，应大力发展公共文化服务事业，保障公众的文化权利，提升国家文化软实力。

二 公共文化服务供给的福利改进

福利经济学认为，社会福利首先取决于所有社会成员的个人福利（或者个人效用）的大小，如果所有社会成员的个人福利都增加，那么社会福利也就增加。帕累托标准是福利经济学中最重要的福利标准之一。帕累托认为，因为某一很小的变动当且仅当所有人的福利都增加了，该状态就是好的；当且仅当所有人的福利都减少了，或者部分人福利增进的同时部分人福利减少了，这两种状态就都是不好的。[1] 约翰·希克斯提出了

---

[1] 厉以宁、吴易风、李懿：《西方福利经济学述评》，商务印书馆1984年版。

"帕累托改进"的思想,即不减少一方的福利时,通过改变现有的资源配置而提高另一方的福利。帕累托最优状态是人们追求的终极目标,而帕累托改进则是人们实践中通往帕累托最优的有效途径,因此,"帕累托改进"成为一个被广为接受的福利标准。

在公共文化服务供给中,或者由于政府不了解公众的需求,或者由于特殊利益集团的压力,政府供给公共文化服务时可能会影响到一般公众的社会福利。例如,在资源分配上,政府将公共文化资源更多地倾向高收入阶层,如兴建豪华文化基础设施,而在普通群众偏好的文化活动提供较少时,中低收入阶层的文化福利就转移给了高收入阶层。按照福利经济学理论,如果让收入增加的人拿出一部分来"弥补"收入减少的人,则每个人的收入仍然可以增加。这种情况被称为"潜在的帕累托改进"。卡尔多补偿检验标准认为,如果受到损失的人可以被完全补偿,而其他人的福利仍然比原来有所提高,那么这一政策就是好的、可取的。如果能让从公共文化服务供给中享受更多好处的群体,能够补偿福利受损的群体,那么,就会实现一种"帕累托改进",从而增加社会福利。否则,另一种解决问题的思路就是资源向中低收入阶层倾向,而使得高收入阶层的福利受损,只要前者得到的收益大于后者损失的收益,从公平的角度看也是合理的。

三 政府供给公共文化服务的效率分析

公共福利的提高与否,社会公平的实施与否,取决于公众的满意度。而公众的满意来源于公共选择的过程。在公共选择领域,可按照选择过程推理出可接受公共文化服务规模、结构的可能性及其条件。政府公共文化服务的供给直到公众对公共财政支出水平的偏好相同时为止,在这个全体一致同意的均衡点上也就意味着实现了公共文化服务供给的均衡,或者说实现了政府公共文化服务供给的"帕累托效率解",也就是公共文化服务政府适度的供给范围、规模、比重。

公共选择中的均衡理论本来是通过调整纳税人的各自税收份额来解决最优税收结构和相应最优公共支出水平的问题。在这里同样可用来解决政府公共文化服务供给的最优规模、最优范围以及最优比重等相关问题。均衡状态下的政府公共文化供给效率解无疑是政府履行资源配置职能时所应追求的最佳目标。这意味着政府依据公共偏好作出了效用最大化的选择。

这个选择的产生条件包括：（1）社会中存在一个无所不能的政府，在这个政府中有一个博学而仁慈的统治者。这个统治者可以无所不知而且大公无私。在确定最优政府公共文化供给时，他完全了解人们对公共文化服务的需求偏好以及愿意为其支付的价格。同时，他还知道全体公众的效用函数。（2）公众都愿意真实地显示自己对公共文化服务的需求偏好。（3）在公共文化服务的供给中，公共文化服务和产品的供给成本由纳税人来分摊，所有的人都能够精确地计算出各自从公共品的消费中所获得的收益，并按其受益的多少来自觉地分摊公共品的生产成本。（4）政府计划者能够设计出一种不存在效率损失的最优的公共文化服务供给规模和结构，并据以向社会公众征收税收。（5）非政府机制失灵。市场机制、自愿协商联合机制、合约机制以及民间自愿机制等在公共文化服务和产品供给中普遍存在失灵，只能由政府机制替代而且也只有政府替代才能增进公共福利潜力。

然而，在现实经济社会中要满足公共文化服务供给效率解的各项条件是极其困难的甚至是根本不可能的。也正是因为如此，才出现了政府供给公共文化服务过程的低效率性以及活动结果的非理想性。这样的政府失灵有可能导致公共文化服务的提供不处在一个合理的规模、范围和比重之中。这也因为：（1）在现实经济社会中很难找到一个无所不能的政府，以及从这个政府中也很难找到一个理想中的统治者。即使不存在由政府"经济人"所引起的政府失灵，或者说即使政府处处全心全意地为人民服务，也不可能组建一个万能的政府。这是因为任何一个政府都是由各种各样的人群组成的，在政府各个部门从事各种公共品供给决策的人实际上与一般的人并没有什么区别，他们同样会受到信息、知识、经验等方面的限制。这些人即便是在主观上想着提高公共决策水平、管理水平以及配置和使用公共资源的效率，也难免会出现力不从心的情况。（2）经济人理性行为的存在。在集体选择的逻辑中的确存在一些超然脱俗、毫不利己、专门利人的人，但也要看到在集体博弈中，在个人发现隐瞒自己对公共品需求的真实偏好，能够给其带来好处时，不少人可能就会采取隐瞒的策略以尽可能地少分担公共品生产的成本，或者多从公共品的消费或使用中得利。（3）政府经济人与政府失灵。现实社会中的政府实际上也只不过是一个广义经济人，它与一般的经济人事实上并没有什么区别。如不顾公共品的消费者的实际需要单纯追求预算最大化和自身利益最大化、信息丢失、相互推脱责任、设租甚至受贿和贪污等，加之政府在公共资源配置决策过程中所受到的信息约束以及激励不足等，政府失灵也就难以避免。(4) 非政府机制在公共品供给中不一定必然失灵。新自由主义思潮中的制度学派、公共选择理论等就认为在不存在交易费用的条件下，以追求私利最大化为目标的个人会自发地联合起来通过协商谈判方式来有效地解决公共产品供给问题。即使存在交易费用，只要没有政府的过度干预，市场机制也能够通过产权明晰来实施公共文化服务供给的效率解，而且，市场失灵的原因往往不是出自市场内部，而恰恰是来自政府的干预。

第五节　政府扩大公共文化服务支出时机选择理论

前文我们已经从经济学、法学、政治学的角度阐述了当前政府构建公共文化服务体系的理论基础，指出提供公共文化服务是政府公共治理过程中重要的一环，而且由于其外部效应的延伸性，某种程度上，我们可以把提供公共文化服务上升到关系到国家意识形态的战略地位来认识。但是，从根本上说，公共文化服务也是政府应履行的公共服务中的一个环节，如何处理公共文化服务与其他公共服务的关系，是特定时期政府决策必须要考虑的事情。本节我们试图构建一个理论模型，来说明不同时期公共文化投入在政府支出结构中的地位，指出在当前我国国民经济快速发展、构建和谐社会、致力推动科学发展的大环境下，政府应保障公共文化投入优先增长的战略地位，更好地实现公共文化服务所能承担的职责。

一　模型说明

由于公共文化投入与人力资本的相近性，以及非公共文化投入（物质投入）与实物资本的相近性，本模型借鉴罗默（Paul Romer）和韦尔（David N. Weil）(1992)[①]的人力资本与增长模型中人力资本与实物资本的变化关系，描述公共文化投入与非公共文化投入的变化关系，进而构建

[①] [美] 戴维·罗默：《高级宏观经济学》，苏剑、罗涛译，商务印书馆1999年版。

公共文化投入优先增长模型，从理论上证明当物质经济发展到一定高的程度，公共文化投入优先增长是符合社会的发展规律，顺应社会和谐发展的需要。

设 k 表示单位实物资本投入量的收益变化率，h 表示单位人力资本投入量的收益变化率。资本投入的收益是指促进社会生产力提高，创造社会财富。依据人力资本与增长模型可知，实物资本的变化率 k 与人力资本的变化率 h 满足如图 3.5.1 所示的关系：

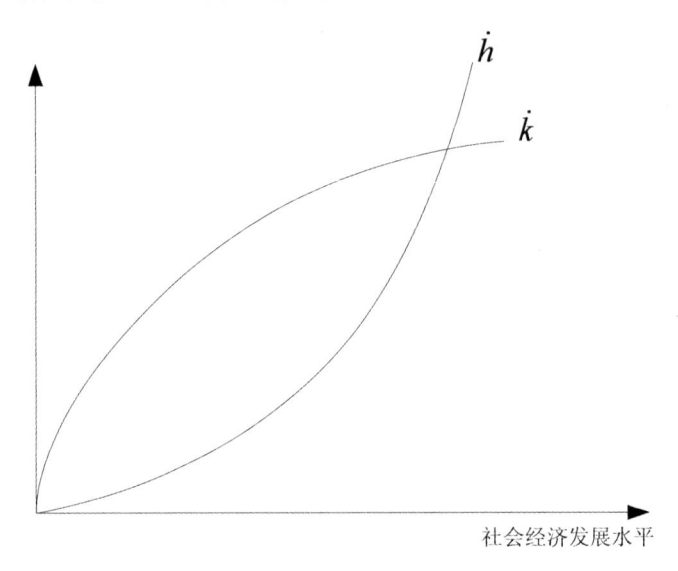

图 3.5.1　实物资本与人力资本投入的收益变化率

（注：根据索洛模型、罗默的人力资本增长模型自行整理得到。）

而公共文化投入的目的是提高人们的素质，促使人们的精神生活愉快，进而促进社会生产力的提高。所以在现实中公共文化投入效果的主要表现形式是人力资本的提高。而非公共文化投入（物质投入）的目的是促进经济增长，在现实中非公共文化投入（物质投入）效果的表现形式即图 3.5.1 中所指的实物资本投入收益。这样，显然公共文化投入效果的变化率与非公共文化投入效果的变化率的关系与图 3.5.1 类似。设 w 为单位时间公共文化的投入量，q 为单位时间非公共文化的投入量（物质资本），则公共文化投入 w 所得收益为 $f(w)$，其收益变化率为 f'，非公共文化投入 q 所得收益为 $g(q)$，其收益变化率为 g'。则 f' 与 g' 的关系如图

3.5.2 所示。

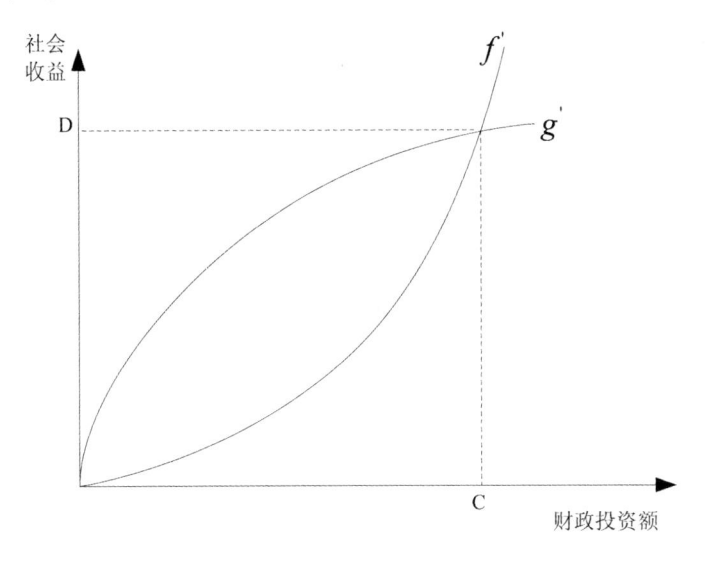

图 3.5.2　公共文化投入收益的变化率与非公共文化投入收益的变化率关系

这里 D 代表经济发展到一定程度时的社会收益,在我国代表小康水平时的国民生产总值或社会财富,C 代表社会收益为 D 时的国家财政支出额,即公共文化投资支出或非公共文化投资支出的数值。

图 3.5.2 中,设经济发展水平为 y,国家财政支出额为 x,由图可知,存在下列关系：

$$\begin{cases} f' < g' & x < C \text{ or } y < D \\ f' = g' & x = C \text{ or } y = D \\ f' > g' & x > C \text{ or } y > D \end{cases} \quad (1)$$

这说明,当经济发展水平较低 $y < D$,或国家财政支出不足满足人们的物质生活需求 $x < C$ 时,公共文化投资的收益率小于物质资本投资的收益率;当经济发展到一定程度,经济发展水平较高 $y > D$,或国家的财政支出已经满足了人们的物质生活需求 $x > C$,此时,人们对精神生活的追求超过了对物质生活的享受,但是这时的国家财政支出还无法满足人们日益增长的精神需求,此时公共文化投入的收益率大于物质资本投入的收益率。

这里讲的公共文化投入的收益,指公共文化投入促进人们素质的提高，精神生活的愉快，进而创造社会财富，促进社会生产力的提高。物质资本的收益主要是促进社会经济的发展，提高社会的经济发展水平，进而促进社会生产力的提高。

模型假设如下：

（1）假设在人类历史发展过程中，公共文化投入比物质资本的投入要出现的晚；

（2）在单位时间内，公共文化的投入量 w 与物质资本的投入量 G 之和为定量，即在该时间内，国家的财政支出为定量，设表示该时间内国家的财政支出，则有

$$w + G = \pi$$

这样，根据图 3.5.2 所得，单位时间社会公共文化投入量所带来的社会收益（提高社会生产力）为 $f(x)$，单位时间物质资本投入量所带来的社会收益（提高社会生产力）为 $g(x)$，则它们的变化关系如图 3.5.3 所示。

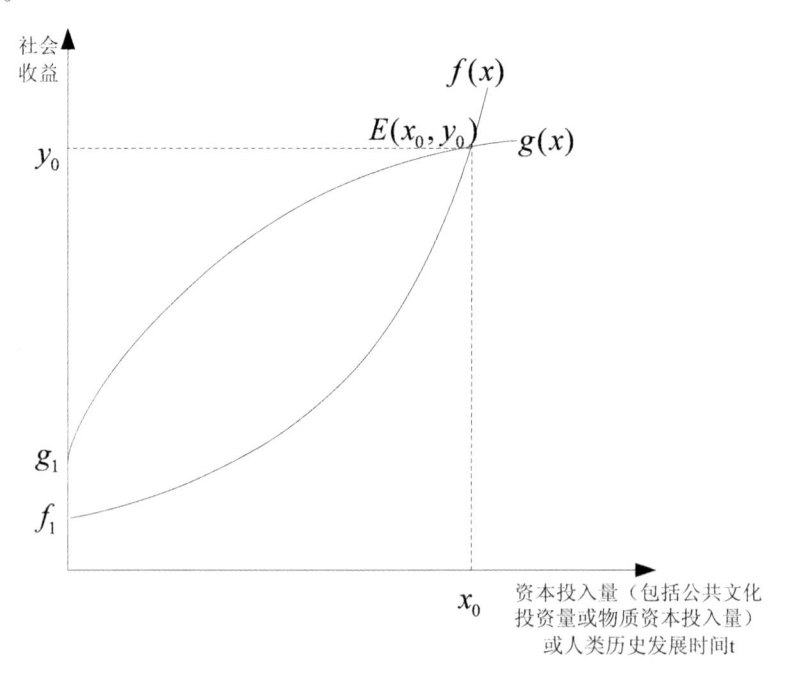

图 3.5.3　单位时间社会公共文化投入量所得收益与物质资本投入量所得收益的关系

注：假设 $f(x)$、$g(x)$ 是连续可导的，在下文中，均假设 f、g 是连续可导的。

图 3.5.3 中，横轴表示资本投入量，而社会资本投入表示一定的社会经济发展水平，社会经济发展水平又与人类历史的发展趋势是一致的，人类发展时间越长，经济发展水平越高，所以横轴也可以表示人类历史的发展进程，即时间 t。

根据假设 1，公共文化投入比物质资本的投入在时间上要出现的晚，所以 $f(x)$ 与 $g(x)$ 在纵轴上的截距满足 $g_1 > f_1$，而 $f(x)$ 与 $g(x)$ 的交点 $E(x_0, y_0)$ 则表示发展到一定阶段时的社会经济发展水平，x_0 表示在社会发展时间 t_0 时的资本投入量，y_0 表示资本投入量 x_0 时的社会收益。

由图 3.5.3，显然有，

$$\begin{cases} f(x) < g(x) & x < x_0 \\ f(x) = g(x) & x = x_0 \\ f(x) > g(x) & x > x_0 \end{cases} \quad (2)$$

（2）式的含义与（1）式一致，当社会经济发展水平较低时，单位公共文化资本投入所创造的社会财富水平小于社会物质资本投入所创造的社会价值，而当社会经济水平超过一定值，即经济较发达时，社会公共文化投入所创造的社会财富大于社会物质资本投入所创造的社会财富。

二 模型构建

在公共文化投资优先增长策略下，设第一年社会对公共文化资本投入量为 x_1，相应所得的社会收益为 $f(x_1)$，设该年得国家财政支出为 π，则该年的物质资本支出为 $\pi - x_1$，相应所得的社会收益为 $g(\pi - x_1)$。此时，该年的社会总收益 R_1 为：

$$R_1 = f(x_1) + g(\pi - x_1) \quad (3)$$

在一般资本投资策略下（不在公共文化投资优先增长策略下），设第 i 年社会对公共文化资本投入量为 x_2，相应所得的社会收益为 $f(x_2)$，由于该年的国家财政支出为 π，则在此策略下，该年的物质资本支出为 $\pi - x_2$，相应所得的社会收益为 $g(\pi - x_2)$。此时，该年的社会总收益 R_2 为：

$$R_2 = f(x_2) + g(\pi - x_2) \quad (4)$$

由于公共文化投资优先增长策略下，公共文化投资量大于其他策略下的公共文化投资量，所以假设 $x_1 > x_2$，则 $\pi - x_1 < \pi - x_2$，根据图 3.5.3，有

$f(x_1) > f(x_2)$，$g(\pi - x_1) < g(\pi - x_2)$ (5)

由（3）式、（4）式得，

$R_1 - R_2 = f(x_1) + g(\pi - x_1) - [f(x_2) + g(\pi - x_2)]$

设 $F(x) = f(x) + g(\pi - x)$

则，$F(x_1) = f(x_1) + g(\pi - x_1)$

$F(x_2) = f(x_2) + g(\pi - x_2)$

所以，$R_1 - R_2 = F(x_1) - F(x_2)$

由于 $f(x)$、$g(x)$ 是连续可导的，所以 $F(x)$ 也是连续可导的，根据拉格朗日中值定理，存在 $\zeta \in [x_1, x_2]$，有，

$$R_1 - R_2 = F(x_1) - F(x_2)$$
$$= F'(\zeta)(x_1 - x_2)$$
$$= [f'(\zeta) - g'(\pi - \zeta)](x_1 - x_2) \qquad (6)$$

显然，$x_1 - x_2 > 0$。

三 模型分析

下面分情况讨论 R_1、R_2 的大小。

1. 当经济发展水平比较低，即为图 3.5.3 中，资本投入量小于 x_0 时（或图 3.5.2 中，资本投入量小于 C 时），此时国家的财政支出无法满足人们的物质生活的需求，此时为了保证经济的发展需要，物资资本投入量不能无限小，假设此时物质资本投入量不得小于 $\pi - x^*$，则 $\pi - x_2 > \pi - x^*$，即 $x_2 < x^*$。这时，公共文化支出投入量不能无限大，公共文化投入量的上限为 x^*。并且，为了保证经济的增长速度，在公共文化资本投入量小于 x^*（物质资本投入量大于 $\pi - x^*$）这个范围内，保证物资资本投入量的收益增长速度大于公共文化投资支出的收益增长速度。($f'(x)$、$g'(\pi - x)$ 画在同一坐标系中，x^* 即为 $f'(x)$ 与 $g'(\pi - x)$ 的交点，它们的关系如图 3.5.4 所示。）此时，存在，

$0 < x_2 < x_1 < x^*$，$\pi - x^* < \pi - x_1 < \pi - x_2 < \pi$，

根据图 3.5.2，可以得到图 3.5.3 如下，将 x_1、x_2、$\zeta \in [x_1, x_2]$ 表示在图 3.5.4 中。

从图 3.5.4 中可看出，$g'(\pi - \zeta) > f'(\zeta)$

所以，$f'(\zeta) - g'(\pi - \zeta) < 0$

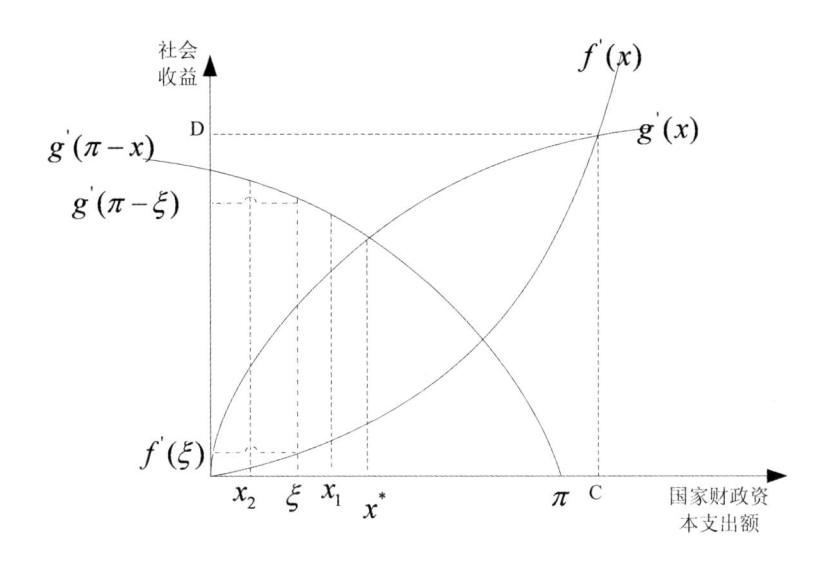

图 3.5.4　经济发展水平较低时 $f'(x)$、$g'(\pi-x)$ 与 x^* 的关系

根据（6）式，有

$R_1 - R_2 = [f'(\zeta) - g'(\pi-\zeta)](x_1 - x_2) < 0$，即，

$R_1 < R_2$ (7)

这说明，当经济发展比较低下，国家财政支出还不能满足人们的物质生活需求时，公共文化优先增长策略是不适合经济发展的，此时人们更加注重物质资本的投资。

2. 当经济发展水平比较高，即为图 3.5.3 中，资本投入量大于 x_0 时（或图 3.5.2 中，资本投入量大于 C 时），此时国家的财政支出虽然满足了人们的物质生活的需求，但此时却无法满足人们的精神生活需求。此时为了更好地满足人们的精神生活追求，公共文化的投资量不能无限小，假设此时公共文化资本投入量不得小于 $\hat{x}$，则 $\hat{x} < x_2 < x_1 < \pi$，即 $\pi - \hat{x} > \pi - x_2 > \pi - x_1 > 0$。这时，物资资本投入量不能无限大，物资资本投入量的上限为 $\pi - \hat{x}$。并且，为了保证满足人们的精神生活需求，在公共文化资本投入量大于 $\hat{x}$（物质资本投入量小于 $\pi - \hat{x}$）这个范围内，保证公共文化资本投入量的收益增长速度大于物资投资支出的收益增长速度。($f'(x)$、$g'(\pi-x)$ 画在同一坐标系中，$\hat{x}$ 即为 $f'(x)$ 与 $g'(\pi-x)$ 的交点，它们的关系如图 3.5.5 所示。）此时，存在，

$\hat{x} < x_2 < x_1 < \pi$，$\pi - \hat{x} > \pi - x_2 > \pi - x_1 > 0$

根据图 3.5.2，可以得到图 3.5.5 如下，将 x_1、x_2、$\zeta \in [x_1, x_2]$ 表示在图 3.5.5 中。

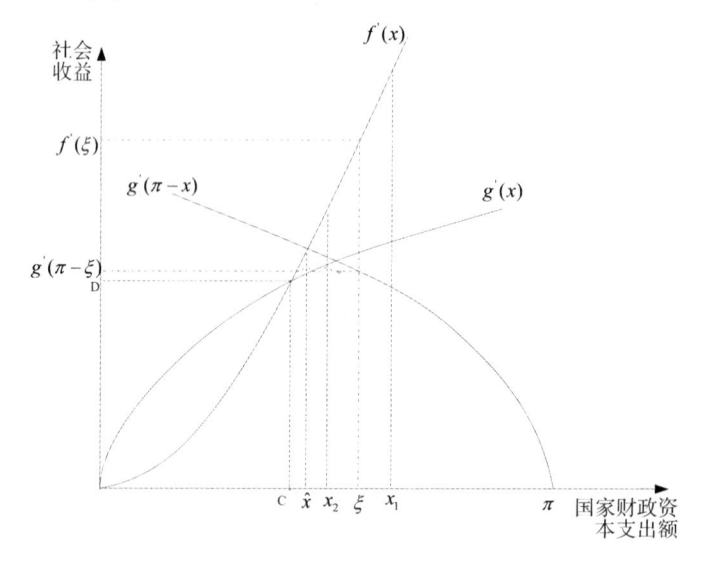

图 3.5.5　经济发展水平较高时 $f'(x)$、$g'(\pi-x)$ 与 $\hat{x}$ 的关系

从图 3.5.5 可看出，$g'(\pi-\zeta) < f'(\zeta)$

所以，$f'(\zeta) - g'(\pi-\zeta) > 0$

根据（6）式，有

$R_1 - R_2 = [f'(\zeta) - g'(\pi-\zeta)](x_1 - x_2) > 0$，即，

$R_1 > R_2$ （7）

这说明，当经济发展比较高，国家财政支出虽然满足了人们的物质生活需要，但是还不能满足人们的精神生活需求时，公共文化优先增长策略是适合经济发展的，此时人们更加注重精神资本的投资。

第四章　国外公共文化服务供给的经验及借鉴

公共文化服务在以"公平""正义"理念的维护以及提倡社会和谐宽容为基本的价值取向的同时，通过为公众进行大规模的社会教育，为社会的稳定发展提供了知识资源与智力支持。在这方面，发达国家的实践经验对我国的公共文化服务的创新和发展有着较强现实意义。

第一节　西方公共文化服务理念的形成与现行制度

发达国家文化管理体制的形成和发展，大致经历了三个阶段：

（1）第一阶段：无政府管理阶段（19世纪初到第二次世界大战前）。这一阶段基本上没有专门的文化管理部门和文艺政策，公共文化发展处于自发状态；

（2）第二阶段：现代管理体系的确立阶段（20世纪50年代至80年代中期）。1959年法国历史上第一个中央文化管理机关——"法国文化部"的成立，视为文化管理被纳入现代政府行政的标志。这一阶段为了适应社会发展的需要，直接发育出了西方各种公共文化管理组织、机构、模式、制度或政策；

（3）第三阶段：文化管理的调整、改革阶段（20世纪80年代末至今）。这一阶段的明显特征是应西方"新公共管理""政府再造""服务型政府建设"等管理思潮以及文化在公众生活以及国际竞争中地位上升的现实需求，西方各国不同程度地进行文化管理体制的改革和调整，包括部门、机构的设置，政策、法规等的调整。公共文化管理逐渐向更强调服务理念的"公共文化服务"转型，即政府更多以提供公共文化服务为主要职责，以满足公民文化权利为出发点和最终目的。

下面，我们主要对西方国家公共文化服务理念的形成和现行制度进行介绍。

一 西方社会工业化发展与公共服务理念的形成

20 世纪 20 年代以前，西方社会的工业化、城市化急速发展。一些新兴工业化城市里的中产阶级开始通过一系列的文化活动，将属于这个阶级的文化和价值观展示在公众面前，进而扩展他们的社会影响力[①]。但是经济发展的同时也造成了社会贫富悬殊拉大、大量贫民涌入城市的现象。失业问题和贫困问题造成了社会的不稳定。受 19 世纪民主运动的影响，人们从新的"权利"观当中看到了自己平等享用社会资源的机会和希望。英国失业工人甚至为此在 1860—1867 年发动了几次颇有影响的暴动[②]。为了弥合由于资本主义工业化的发展造成的社会"断裂"，西方国家的政府开始将提供公共服务作为应对策略。

从 1929 年经济大萧条开始，美国等国家开始构建公共服务体系，将社会救济、义务教育、医疗保障、建立公益大学和公益文博系统、政府资助公益文化活动等逐步纳入公共服务体系[③]。"二战"以后，由于福利国家的出现，文化平等、文化民主概念特别兴盛，西方国家政府开始加大对文化艺术的扶持力度，支持公民广泛的艺术创作与文化参与。20 世纪 70 年代时，文化产业被视为"动态经济与社会转变的推动力"，文化的功能性研究受到了更多的关注。20 世纪 90 年代后期，文化发展的基本诉求在于公众文化权利的实现以及国家对文化主权的保护。这种服务理念贯通于西方国家政府提供公共服务的活动当中。政府运用民主程序合理配置公共资源，强调公共产品和服务的公共化属性，保障公民基本的经济、社会和文化权益，从而稳固了社会发展的基础。下面，我们以西方国家公共图书馆在这一时期产生与发展的历程来考察这种服务理念的形成。

现代意义上的公共图书馆形成于 17 世纪后半叶的英国。此前，图书馆仅向有限的社会人士提供服务。在工业革命中强大起来的国家面临着一

[①] 王蓓：《十九世纪后期英国工业城市改革与中产阶级公共文化——以伯明翰、曼彻斯特、里兹为例》，《求索》2006 年第 5 期。

[②] 王婴：《社会工作与社会政策的发展历程与启示》，《江苏社会科学》2002 年第 3 期。

[③] 吕方：《构建公共文化服务体系：当代中国发展的新基石》，《学海》2007 年第 6 期。

系列社会发展需要,例如普及教育、营建社会的公共领域(public sphere)、建设城市社区等。尽管平等、包容应该是公共图书馆与生俱来的立场,但是,直到19世纪末,公共图书馆的平等包容性才与社会和谐联系起来[1]。20世纪末工党政府执政后实施的新政治理念被归结为一种"社区主义"(Communitarianism)或"新社区主义"(Neo-communitarianism)的施政哲学。这种施政哲学强调社区生活、社区价值观和社区关系(相对于个人生活、个人价值观和个性而言)在社会发展中的作用,强调培育包容、互信、互助、相互理解的社区关系(Communal relations),也是受这种思想的影响。1997年执政以后,新工党就把社会包容(Social inclusion)确定为核心执政目标,而且从一开始就把公共图书馆视为重要的"社会稳定器",把图书馆职业视为实现其执政目标的重要伙伴。公共图书馆的使命与时代发展所倡导的公平、正义理念相统合,以尊重个人的尊严、自由、平等,尊重科学、理性和真理为职业理念的主要内涵,使现代图书馆职业从一开始就具有崇尚理性和知识、维护个人获取知识的平等权利、追求知识资源的最大利用等精神,也使图书馆成为"西方现代性建设计划的重要组成部分"[2]。

1999年,时任英国文化大臣的史密斯在评价公共图书馆的社会和谐作用时说:"本届政府的最高目标之一就是解决社会排斥。文化领域的很多机构都可以为这个目标作出贡献,但很少有机构可以和公共图书馆的位置相比。"[3] 其他一些经验证据也显示了公共图书馆在社会和谐中的价值。例如,英国的《社会趋势》统计资料显示,访问公共图书馆始终是英国公众最喜欢的活动之一[4];公共财务与会计工作注册研究所的统计显示,英国公共图书馆访问量在仅2004—2005年度就增长了300万人次[5]。不同

---

[1] 于良芝:《公共图书馆存在的理由:来自图书馆使命的注解》,《图书与情报》2007年第1期。

[2] Alistair Black, *A new history of the English Public Library*: *Social and Intellectual Contexts*, 1850—1914, London: Leicester University Press, 1996, p. 95, 载于良芝《未完成的现代性:谈信息时代的图书馆职业精神》,《图书馆杂志》2005年第4期。

[3] OCMS, *Libraries for All*: *Social Inclusion in Public Libraries*, London: OCMS, 1999, p. 3.

[4] Office for National Statistics, Social Trends, London: Office for National Statistics, 1999, p. 34.

[5] CIPFA (The Chartered Institute of Public Finance and Accountancy), More Visits to Public Libraries (http//www. cipfa. org. uk/press/press_ show. cfm? news_ id = 26181).

阶层、不同背景的公众对公共图书馆的经常光顾使它们成为无可置疑的社区中心。继英国之后，欧洲其他国家也开始关注公共图书馆在社会包容中的作用。2004年在欧盟重点考察的公共图书馆贡献中，社会包容就是其中一项。

二 当代西方国家公共文化服务的制度创新

20世纪后半期，西方社会"新公共管理"与"新公共行政"等思潮引发了大规模的政府改革活动，同时，也"波及西方国家的公共文化领域，从文物遗址、博物馆、档案馆等国家文化遗产到歌剧、芭蕾舞、戏剧等民族艺术遗产，乃至公共广播电视等公共文化传播媒体和国家艺术文化中心等公共文化活动场所，西方国家的各类公益性文化服务部门都不同程度地被卷入其中"[①]。这场运动从理念、手段、技术的层面，深刻地改造了政府生产和提供公共服务的行为，政府文化服务职能也随之进行了调整。

20世纪70年代以后，西欧传统的公共文化观念遇到了各方面的挑战。在政府角色方面，政府身兼制定文化政策、经营和管理文化项目及设施之职，承担过量的职能；在财务方面，国家难以持续承担巨额的文化开支；在体制方面，政府管理体制出现了过分僵化、官僚架构过度扩张的问题；在公共文化观念方面，人们重新发现了市场的力量，文化领域既提供公共品，同时又具经济效益，新的文化需求、形式不断涌现，而政府力量有限，不如腾出更多的空间，让民间参与文化事务。以美国为代表的一些国家在文化管理活动中表现出放松管制、私有化、权力下放等特征。在加强政府财政责任的同时，引入市场机制和社会力量，采取政府与非政府公共服务机构分权的形式，改善公共文化服务供给范围并提高效率。对政府公共文化管理职能进行改造，将国有公共文化部门的经营权分散给社团、企业或者私人，使国家公共文化行政管理和公共文化经营管理之间实现制度组织的分离。随着公共文化服务内容的不断扩展，民间和商业机构参与到更多文化服务领域中来，如社区中心、图书馆等基本公共文化设施的经

[①] 陈鸣、谭梅：《当代西方国家公共文化服务制度改革中的若干问题》，载李景源、陈威主编《中国公共文化服务发展报告（2007）》，社会科学文献出版社2007年版，第317页。

营管理、推广教育;数字媒体艺术、社区艺术等新兴文化活动及服务、文化创意活动的资金提供、建造维护、经营管理、推广等;历史建筑及古迹的维护、经营管理和推广,以及活化城市建筑等。

一些发达国家成功的经验表明,建立起政府与社会共同治理的结构,完善公共服务型文化行政管理体制,是一种提供有效的公共文化服务的模式。这种灵活的"共同治理模式"的制度选择是以实现资源配置效益最大化为目标,对发达国家公共文化服务模式产生了影响。直接体现在除了政府部门以及私营部门参与之外,还引入大量的NGO、NPO共同参与公共文化服务活动。在分权管理模式下,政府履行职能时就可以作出自由的选择:社会能自发形成需求并通过市场(包括通过非营利机构)加以满足的,国家就不干预;不能自发形成需求并得到满足而需要进行干预的,国家能间接干预就不直接干预;非干预不可时,能委托专业团队操作的,就不自己直接上手;甚至当一定要有专业团队的时候,除非必要不直接指定人选,而是通过竞争机制进行遴选等。[1]

从总体上看,分权化管理是现代西方国家政府公共文化管理职能的明显表现。这种表现当然与其公民自治的传统有关,但同时也和文化本身的公共性有关。

第二节 国外公共文化服务供给的模式

20世纪中叶以后,西方发达国家的公共文化服务体系成为引导创新、推进经济社会发展的一种力量。世界各国由于历史、国情和公共管理哲学的差异,形成了不同的公共文化服务模式,主要分为三种[2]:(1)以美国、加拿大、瑞士等为代表的"市场分散"或"民间主导式"模式;(2)以英国、澳大利亚等为代表的政府与民间共建的"分权化"模式,政府以"一臂之距"与民间建立伙伴关系,进行文化资源的分配、文化事务的管理和文化服务的提供;(3)以法国、日本等为代表的"中央集权"或可称"政府主导"模式。

---

[1] 肖河:《梳理中外公共服务理论和实践》,《北京日报》2007年10月2日。
[2] 毛少莹:《发达国家的公共文化管理与服务》,《特区理论与实践》2007年第2期。

一 政府主导型公共文化服务模式

1982年,联合国在《世界文化发展十年规划》中指出:"要对构成21世纪特征的重大世界挑战作出回答,就必须在发展中强调两个重要的目标——发展的文化尺度和人的文化生活。"制定公共政策,推动文化发展是各国政府应有的重要责任。在相当长时间里,文化政策制定的核心理念是国家直接干预、政府主导决策,政府是公共文化产品与服务的主要决策者和提供者。

一直以来政府被认为是公共服务当然的供给主体,但在发挥作用的方式和手段上可以是多元的。具体来说,在政府主导型公共文化供给模式中,政府主要扮演的是政策制定者、资金供应者和生产安排者的角色。

第一,政策制定者。制度的建立和培育是政府行为最重要的结果(赫伯特·西蒙,2001)①。为有效提供公共文化服务,政府首要的责任是制定并不断完善公共文化的法律、法规体系,将公共文化建设和管理纳入法制化的轨道。其次,政府应有能力执行贯彻既定方针政策,并使之有确切的约束力。最后,政府应制定辅助提供公共文化服务的配套措施,激励社会力量对公共文化服务事业提供支持。通过对法律和制度安排的努力,作为政策制定者应该产生这样的效果:使公共文化服务不因领导人的偏好而改变,也不因公众的瞩目程度的变化而削减。

第二,资金供应者。政府作为资金供应者,并不一定是资金的唯一提供者。在不同发展时期,政府应根据经济形势和发展目标决定对公共文化的投入规模,保证公众的基本文化权利的实现,并逐步加大对公共文化的投入,在一定时期实施公共文化投入优先发展战略。同时,政府还要承担起资金筹集者的责任,通过政策引导,多渠道、多形式地筹集社会资金来发展公共文化事业。

第三,生产安排者。政府可以通过以下制度选择来履行自己的职责:(1)经营自己的生产单位。主要是由政府机关或公共企业在系统内进行生产,通过征收税款,提供经费预算,并由公共机构进行管制。一般数量相

---

① [美]赫伯特·西蒙:《今日世界中的公共管理:组织与市场》,《经济社会体制比较》2001年第5期。

当有限，主要用于提供纯粹的公共文化物品和服务，如国家图书馆、国家文献中心等。(2)与私人公司签约，委托生产。政府和公共文化服务机构可以根据公众的要求，制定服务的标准，委托有资质的社会机构生产一定的公共文化产品，然后由政府统一进行供给。(3)特许经营。政府通过出让一定期限的公共文化服务的经营权吸引私人部门参与公共文化服务基础设施的建设，并强化审批和市场监管，满足社会公众的公共文化需求。

"二战"以后，随着西方国家由自由型向福利型的转型，国家的立法和行政机构开始更为主动地干预国内的社会文化经济活动。于是，一些国家文化行政组织相继产生。政府主导型模式从中央到地方政府均设有文化行政管理部门，有的是垂直领导关系，如法国；有的则不是，如日本。各级政府文化部门对文艺团体进行有限的资助并提供比较完善的公共文化服务，不仅以非营利的组织性质实现公共文化服务的普惠宗旨，而且通常以无偿的方式担负着向公众提供公共文化服务的任务。

这种模式的优势在于可以充分发挥政府动员资源的能力，在较短时间内为公众提供基本的公共文化服务，保障公众的文化权利。但是，随着经济水平的不断提高，公众对公共文化需求将呈日益活跃和增长趋势，由政府主导的公共文化资金的供给模式将逐渐呈现力不从心状态。公共文化支出往往局限于一些定向的公共文化服务部门，造成了公共文化资金供给的不平等。美国国家艺术基金会主席达那·吉奥亚（2004）[①]认为政府主导型公共文化服务模式是一种简单的管理方式，但不是一种高效的管理方式，政府干预过于强化。这种模式尽管具有指挥统一、组织系统简单、可操作性强的优点，但具有供给需求不完全对称的缺点。由于信息不对称和精英文化的传统价值观主导，国家对于基层文化的资助体现为一种在精英价值观主导下的"喂食"式文化供给方式，国家供给与民间需求之间存在一定的差距。

二 市场分散型公共文化服务模式

市场分散型的公共文化服务模式，政府主要以政策法规营造良好文化

[①] [美]达那·吉奥亚：《美国国家艺术基金会任重道远》，2004年12月，国家能源局(http://www.nea.gov/news/news03)。

生态，鼓励各类文化团体或机构自我生存。公共文化服务大量由非政府组织（NGO）或非营利机构（NPO）开展。中央和地方政府都没有正规的文化行政主管部门，政府财政对文化的投入主要通过各类准行政机构进行分配，以美国、加拿大、瑞士等为代表。

由于公共服务的特性，企业或私人组织和机构在公共文化服务中所占的比重较小，但是却有着较大的生产能力与市场竞争能力，在文化基础设施的建设及某些具体文化物品和服务的供给中具备政府无法比拟的优势。在公共文化服务的供给中，政府与市场供给之间不应仅仅是管制与被管制关系，而是以公共利益为核心的合作伙伴关系。

公共文化服务市场化主要表现在以下几个方面：（1）决策与执行分开。政府更多是行使决策职能，对公共文化服务的数量和质量进行决策和监督，而具体的执行职能可由市场或社会力量提供；（2）以市场竞争打破政府垄断，实现多元化的公共文化服务供给。非政府组织、私营企业、公共部门加入到服务提供行列；（3）建立起以市场具体运作为依托，以政府宏观管理为维系的公共文化服务运行机制，实现公共机制与市场机制的有机结合。①

因此，私人或市场生产和提供公共文化服务，并没有使公共文化服务丧失其公共性。市场提供公共文化服务可以采用以下几种模式来进行：

1. 公共生产，市场提供。即由公共部门直接组织文化物品和服务的生产，由市场主体按照营利的原则提供文化物品和服务。这些产品通常有较强的外部性和营利性，采取公共生产方式有助于保证文化产品内容和质量的可靠性，采用市场提供方式则有助于借助于市场主体的力量占领文化市场。

2. 非公共生产，混合提供。即由私人部门或者公私部门联合进行文化产品生产，再由政府部门、市场主体或者二者联合以有偿方式向社会提供。

3. 非公共生产，市场提供。即由私人部门或者公私部门联合组织公共文化产品生产，政府或公共部门提供必要的指导、协调和服务，之后由

---

① 程樟国、韩艺：《西方公共服务市场化的启示与反思》，《江西社会科学》2004 年第 4 期。

市场按照商业性文化的原则向社会提供产品或服务。

这种模式下，政府的职责是完善法律法规，培育市场机制，以政府监管代替直接生产，制定合理的公共文化服务进入和退出机制，制定行业标准，提高公共文化服务提供的有效性，满足不同层次的社会公众的公共文化需求。

西方国家在公共文化服务市场化提供的方面已经探索了一些新的发展模式。例如公共文化托管制和公司制度。公共文化托管制度是一种由公益性文化财产信托法律关系而建立的商业信用制度。它由委托人将其艺术文化财产委托给某一公共文化托管董事会，并由该组织代为保管、维护和经营，通常由信托证书、政府法令等条款规定相关的托管事宜，包括受托者和受益者的权利与义务。公共文化托管制度在当代西方国家已经成为一种较为普遍的公共文化服务制度。公共文化服务的公司制度——公共文化有限责任公司是一种在现代公司制基础上创立的公共文化服务制度，它创导了一种非营利组织采取营利性经营服务的新路子。例如，1973年建立的大英博物馆有限公司，从事有关博物馆教育方面的图书出版、零售、批发、许可等事务。

市场分散型公共文化服务模式与西方发达国家自由经济的传统是一脉相承的，对自由发展理念的追求及对政治干预的排斥形成了不是由政府主管的公共文化服务模式。该种模式对市场经济的成熟程度、公民社会的发展以及公民对文化权利的意识有着较高的要求，因此，在发展过程中保持着较为明显的"西方化"。其优势主要是通过多元化的提供主体来满足不同层次的公众文化需求，通过非政府组织的有效运作来避免政府直接提供所带来的效率损失。但是，这种主要依赖非政府组织提供公共文化服务的形式不利于国家统一价值观的形成，不利于贯彻政府的文化战略。例如，20世纪90年代美国发生的"文化战争"，争论在文化艺术上的"正统"地位。在每年春天的国会活动和预算听证会上，政治和宗教保守派就会攻击国家艺术基金会和国家艺术协会的艺术家们。[1]

---

[1] Roberto Bedoya, 2004. *U. S. CULTURAL POLICY：Its Politics of Participation, Its Creative Potential*（http：//npnweb. org/wp - content/content/files/CulturalPolicy. pdf）.

三 "一臂之距"公共文化服务模式

"一臂之距"公共文化服务提供模式（Arms' Length Principle）指的是政府文化主管部门对文化建设、发展和管理只进行宏观政策指导和财政拨款，而不直接插手具体的文化事务和文化经费的分配。政府与具体的文化事务之间保持一定的距离。政府设立一级中介机构，这类机构一方面负责向政府提供文化政策建议和咨询；另一方面又接受政府委托，决定对被资助文化项目的财政拨款，并对拨款使用效果进行监督评估，但是，必须向政府、议会和公众说明和解释他们作出的决定。这类中介机构属于准自治的非政府文化组织，其"非政府"性表现为其成员并非由政府官员构成，而是由各文化艺术领域的专家组成；其"准自治"性表现为这些专家由政府任命，行政经费来自于政府的年度拨款。这种公共文化服务模式首先在英国产生，现在许多西方国家都接受了这一模式，如澳大利亚、芬兰等国。

国家对文化拨款采取间接管理模式，这种管理模式通常要求国家对文化采取分权式的行政管理体制。"一臂之距"原则具有"垂直"和"水平"的两种分权向度。

1. 垂直分权

"垂直分权"涉及中央政府与其所属行政部门和各级地方政府的纵向分权关系：一方面，中央政府将文化政策制定和实施的主要权力以及部分文化拨款的责任交给其所属的文化管理部门；另一方面，它还要求各级地方政府行使相应的权力或承担相关的责任。例如，丹麦对剧院的资助实行"一半对一半"的政策，即国家对院团资助与地方政府的资助比例是1∶1，即国家拨款给一个院团多少钱，地方政府就必须配套与国家拨款数额相等的经费。

在垂直分权的管理体制下，政府在横向上对文化进行集中统一管理、扩大政府文化主管部门管理范围和权限的同时，在纵向上加强对文化进行分权管理，将政府文化管理权限下放到地方政府和非政府公共文化管理机构。通过这种横向上集权、纵向上分权的文化管理改革，探寻政府在"不能不管"和"不能多管"之间的平衡。

2. 水平分权

"水平分权"是指各级政府与文化方面的非政府公共组织的横向分权

关系。文化方面的非政府公共组织是介于政府与具体文化单位之间的文化中介机构，它有两个特点：（1）它是代理政府具体管理文化的准政府组织。接受政府委托，为政府提供文化政策咨询和政策设计，策划文化政策实施方案，还负责把政府的部分文化拨款落实到具体文化单位。（2）独立与政府之外，是非政府、超党派的独立中介组织。这类组织成员多由艺术方面和文化产业方面的中立专家组成，虽然接受政府委托，却独立履行其职能，避免过多受到政府行政干预，从而使文化发展尽可能保持其延续性。

"一臂之距"的文化管理原则在一些英联邦国家得到推广。比如，加拿大1957年建立了国家文化理事会；澳大利亚则于1968年建立了文化理事会体制。20世纪80年代以来，文化理事会这类组织在英联邦以外的国家也开始出现，如我国香港地区有"香港艺术发展局"，台湾地区有"财团法人国家文化基金会"等法定组织，负责政府文化投入的分配。这项制度还得到了联合国教科文组织的大力支持，它也是西方发达国家在最近20年以来日益兴盛的公共管理的一个有机部分。但是，由于历史、政治和经济方面原因，"一臂之距"原则在各国的接受程度是不同的。接受度较强的如澳大利亚，政府积极提升澳大利亚理事会的规格，强调它在政策咨询、文化拨款、开发文化产业和建立文化产品国际营销结构等方面的主导作用，强化其行政和财政功能。接受度较弱的如德国，尽管设立了艺术理事会，但其对政府文化政策的制定缺乏实质性影响，国家对文化的管理权主要还是集中在各级政府及其所属行政部门，艺术理事会仅是表达、协调各具体文化单位或行业协会利益的论坛性机构。德国的文化管理权主要还是集中在各级政府及其所属行政部门。基本法第30条规定：管理文化和教育的权限归联邦州所有[1]，从财政支出情况看，德国各级政府在文化基础建设方面的支出也占到90%以上。[2]

比较前两种公共文化服务模式，"一臂之距"原则的优势在于：减少

---

[1] 参见郭原奇《德国文化外交的治理机制与地方文化资源的利用》，《中共济南市委党校学报》2014年第1期。

Kurt – Juergen Maass – Kultur – und Aussenpolitik, Nomos Verlagsgesellschaft Baden Baden, 2005, p. 197 – 198.

[2] Bernd Wagner, *Kulturpolitik in der Bundesrepublik Deutschland*, Deutsches Musikrat, 2012.

了政府机构的行政事务;政府机构不直接与文艺团体发生关系,有利于监督,避免产生腐败;有利于政府部门和非政府部门的合作,满足公众多层次的文化需求;有助于避免党派政治倾向对拨款政策的不良影响,保证文化经费由那些最有资格的人进行客观公正的分配。

综合以上三种公共文化服务模式,我们可以用表 5.2.1 总结其特点:

表 5.2.1　　　　三种公共文化服务提供模式的比较

模式 项目	政府主导型	市场分散型	"一臂之距"
管理部门	政府文化主管机构	非政府组织	政府文化主管机构
决策部门	政府文化主管机构	准行政机构	中介机构
主要资金来源	政府拨款	社会资助、政府拨款	政府拨款、社会资助
运行体制环境	集权	分权	分权
实施特点	各级政府文化部门对文艺团体进行有限的资助并提供比较完善的公共文化服务	政府主要以政策法规营造良好文化生态,鼓励各类文化团体或机构自我生存	政府与民间"建立伙伴关系",进行文化服务的提供
政府在公共文化服务提供中的作用	强调控型	弱调控型	次强调控型

第三节　西方发达国家公共文化服务发展的经验及借鉴

一　美国

(一)美国的公共文化管理机构——史密森学会

美国政府并没有设置专门的文化管理机构,而是由史密森学会(Smithsonian institution)作为美国研究联邦政府公共文化服务关键性的非营利机构承担了政府的文化职能[①]。由英国科学家史密森(James Smithson)捐建的"史密森学会"性质为非营利组织,却代表国家向访问者提

---

① 沈望舒:《北美国家公共文化服务专业化职业化融在细微处》,《北京日报》2007 年 6 月 26 日。

供优质而免费的文化服务。

1846年史密森学会成立时的宗旨是"为了知识的增长和传播"。1871年后,美国政府作为受托方,将学会转变为全国文化艺术珍品收藏中心,集收藏、研究、对外文化交流等服务功能于一身的非营利文化系统。经过150多年的发展,史密森学会已经成为一个庞大的系统。它从初建时一个以从事自然科学研究为主的机构,发展为一个从事艺术、自然科学、人文科学研究和服务的学术群体。史密森学会的董事会是高层决策机构,由9个非官方人士(大学校长、知名学者、承担募资任务的企业界人士),8个官方人士(副总统、首席大法官或司法部长、3位参议员、3位众议员)担任董事。董事会秘书长作为最高行政管理秘书,负责学会的一切事宜。目前学会的预算中约70%的经费来自联邦政府,30%为基金会利息、社会捐助、私人礼品和商务行为收费。2005年学会预算11亿美元,联邦政府拨款为6.6亿美元。学会所属的机构不断增加和完善,成为一个覆盖领域十分广泛的研究和服务机构。学会目前拥有19家博物馆[①]、9所研究中心和1个动物园,是全球最大的博物馆系统和研究联合体[②]。它总共收藏逾1.42亿件世界各个国家包括自然史标本、科学物证、物件、文物、艺术品等的藏品,每年的参观者超过1000万人次,2005年达到2400万人次。学会拥有6500名全职员工和5000多人的志愿者队伍。它绝大部分的博物馆都免费向公众开放。

在学会的专业领域发展史当中,巨大的文化收藏、广博的专业信息、相关专家学者的完备联系网络、长期与政府在文化方面的合作,形成了美国关于国家级公共文化服务项目对该学会的依赖。凭借这种公共文化服务模式,史密森学会给美国人民带来的是一种持久而普及的素质教育。博物馆对公众的教育被置于举足轻重的地位。各个博物馆都有很强的公众教育部(Education Department),专门组织对公众的直接教育。这种对公众的教育大体分三个层次[③]:(1)针对那些对某一特定的博物馆或某个展览有

[①] 学会系统的主体部分是它的现代博物馆系列,从国家历史博物馆、国家自然博物馆、国家美术馆、国家雕塑馆、国家美洲艺术博物馆、艺术和工业大楼,一直到反映现代科技尖端的国家航空航天博物馆,几乎包容了整个美国文化从历史到当代的全部面貌。

[②] 王丹红:《竭尽全力增加和传播知识》,《科学时报》2007年2月14日。

[③] 秦大树:《美国史密森研究院及其有关特点》,《中原文物》2001年第4期。

特别兴趣或有较强专业知识的人,学会有专门的机构,组织经常性的讲座;(2)针对一般性的观众和爱好者,为帮助他们了解有关的文化、艺术和专业知识进行全方位的服务;(3)对少年儿童的启蒙教育。学会的研究中心负责科学文化的交流和普及[1]:下设有国际学者中心、表演艺术中心,为世界科学文化和儿童服务;经常组织全国性的巡回展览,向各地博物馆、大学、文化组织、公共中心以及欧洲、亚洲、非洲和南美许多国家分发展品;设立全国性的学会,在海内外发展会员;设有自己的出版社,每年发行120种书籍、专题论文和有关音像资料,出版杂志月刊;还拥有自己的新闻服务机构,为全国1500家日报和周刊提供馆藏展品特写,为全国100家无线电台提供每周半小时的连续广播,为全国150家电视台提供每次3分钟的连续节目——把科学文化与新闻媒介结合的结果,不但向公众普及了科学文化知识,更重要的是激发了人们对它的热爱和关心。"各式各样的礼物从世界各地源源不断地送来:从鲜红色的伦敦双层公共汽车直到新墨西哥州八年级的一个班组捐赠的六元零八美分"[2]。这种捐赠某种程度上也代表着公众文化的认同感。

(二) 美国文化管理的"无为而治"原则

美国的文化管理是一种"无为而治"的管理方式。例如,在文化政策制定方面,美国没有一个正式的官方文化政策文件。在行政体制上,美国也没有文化部或者类似的政府部门,始终坚持一种"无为而治"的文化政策[3]。美国法律规定,艺术应独立自主发展,创作自由受法律保护,但是,政府可以通过经济手段决定对其作品是否支持或引导的态度,这是当今美国政府虽不具体管理文化事务,但却能控制和影响本国文化发展的原因[4]。

政府对文化产业进行宏观调控的重要途径和手段之一,是建立和健全艺术基金制度,正如美国国家艺术基金会和国家人文基金会的设立。1965

---

[1] 廖奔:《华盛顿 D.C. 的史密森尼博物馆群落》,《中华读书报》2002年8月21日。
[2] [美]埃米莉·多莱、佩·奥拉·多莱:《史密森——美国国立博物馆》,孙珊译,《世界文化》1982年第2期。
[3] 端木义方:《美国传媒文化》,北京大学出版社2001年版,第56页。
[4] 连晓鸣:《社会·企业·政府:美国文化产业考察》,载陈立旭等《解读文化和文化产业》,浙江人民出版社2003年版,第124页。

年，国会的一项法案规定了它们制定和推行国家支持美国艺术、人文科学和从事美国文化传统的全面政策，同时又限定美国联邦政府的任何部门和官员都不能干涉、控制艺术团体的经营活动。根据这项法案，每年由国会拨款给两个基金会，由基金会用于资助非营利文化团体或单位。当然，政府艺术基金会对非营利性文艺团体和个人的资助数额较小而更多地具有象征意义，大量的文化项目则要靠私人企业捐助或私人捐赠进行。美国联邦税法规定，非营利的文艺组织（盈利所得不准用于成员分红）可以享受免税待遇。同时，个人和企业向此类组织捐赠，也可相应减免税赋。这使得政府有可能用较少的资助换取较大的公共效应①，使得公益性文化事业和商业性文化活动都能相得益彰，共同发展。

在文化经济的发展政策上，美国从来都是把流行音乐、电影、电视这些大众消费性的文化娱乐业作为产业看待，均按照商业方式管理和操作运行，投资人也可根据市场需求投资文化项目，使得这些文化产业能够不依靠政府而生存和发展。而这里美国政府发挥的重要作用是，充分利用其国际政治经济优势来支持美国的文化商品占领国际市场。一直以来，美国都在积极推动贸易和投资领域自由化，为其文化商品输出提供保障。

（三）美国"内放权、外扩张"的文化政策②

一般而言，美国政府不直接经营文化事业或文化设施，而是培育、支持民间的非营利艺术机构（NPAO），通过对政府直接拨款、鼓励慈善机构、企业和个人捐助等多种形式，对这些机构及个人给予有力支持。同时，政府倾向于资助社区基层的文化项目和中小型文化单位、个体艺术家，注重资助能让民众广泛参与的文化艺术项目、活动，强调文化艺术团体与其他非文化领域社会组织之间的合作等。可以说，美国文化发展策略是一种"开放性"的市场策略，即政府通过提供宽松的外部环境和严格的法律保障，使文化艺术活动在市场经济和民间社会中成长。

美国政府主要采取三种方式对文化发展进行间接的管理和规划③：

1. 利用国家和私人的基金会，对文化事业进行资助。政府通过各种

---

① 每年私人企业给文化企业的捐助是政府资助的10倍。
② 卢娟：《国外政府文化资助模式及对中国的启示》（http://www.mcprc.gov.cn/gsjpd/zcfg/t20080225_51849.htm）。
③ 刘轶：《它山之石：美英法韩等国的文化政策》，《社会观察》2004年第4期。

形式的税收优惠政策对文化艺术进行间接的资助。20世纪初,私人基金会开始积极参与对公共文化艺术的资助。1950年后,福特基金会投入大量基金,资助不同类型的文化艺术活动和公共设施建设,仅20年间,福特基金会一共投资近4亿美元。1965年美国政府成立国家艺术与人文基金会,该机构主要负责利用联邦政府的资源,对文化艺术进行直接的资助。[1]

2. 通过政策优惠,包括税收优惠,提倡私人对文化事业进行捐赠。在传统上,美国的博物馆、图书馆等机构的经费绝大部分来自私人的捐赠。一方面是因为美国国民具有这样的捐赠传统;另一方面是缘于各项对捐赠者有利的政策也吸引着他们乐善好施。

3. 通过各种法律和税收政策,鼓励文化产业的发展。美国政府虽然没有文化部门,但却对文化产业给予了全力的扶持。只是这种支持并非自上而下实现,而是自下而上来完成,政府只提供了宽松的市场运营环境、公平的市场竞争和严格的法律保障。美国的文化产业多采取多方合资、多方经营、多方管理的模式,鼓励非文化部门和外来资金的投入,甚至大力吸引外国资本的参与,政府也鼓励文化产业的跨国化经营。当然,他们也注重文化产品是否合乎法律的规范,一旦发现文化产品与国家法律背离,便迅速加以监管或取缔。[2]

二 英国

(一) 英国的公共文化政策

英国在政治体制上属于中央集权体制,但它同时也是文化管理分权化观念的倡导者。文化新闻体育部作为政府机构,起着协调政府其他部门和社会各界力量共同推进英国公共文化服务发展的作用。它代表英国政府,全权负责制定并实施国家文化政策,掌管政府拨款并下发到各领域的非政府组织。1999年,文化新闻体育部在英格兰8个行政区分设地区文化联合公会(Regional Cultural Consortium),目的是"把所有与文化有关的力

---

[1] 卢娟:《国外政府文化资助模式及对中国的启示》,中华人民共和国文化和旅游部(http://www.mcprc.gov.cn/gsjpd/zcfg/t20080225_51849.htm)。

[2] 卢映川、万鹏飞等:《创新公共服务的组织与管理》,人民出版社2007年版。

量组织起来,确保文化在地区发展过程中的重要地位,也保证国家文化政策在英格兰各地得到落实"[①]。地方政府被认为是实现文化新闻体育部战略目标的主要力量,其与中央政府签署的地方公共服务协议(Local Public Service Agreements),以完成包括公共文化服务在内的服务为目标。

英国的文化政策由政府和准政府机构共同制定。[②] 准政府机构(志愿性组织)与国家所构成的这种协作关系,可看作是进一步推动国家和社会合作,提高民主参与水平的一种重要举措。各种准政府文化机构,如英格兰文化艺术委员会、工艺美术委员会、博物馆和美术馆委员会等,各地区文化行业协会,社会中介机构和文化经纪人,彩票发行机构,以及各文化产业(或称创意产业)集团等在内,与各级政府通力合作,共同推动公共文化建设。一个典型的案例就是伦敦市文化服务机构之间以及文化服务机构与非文化服务机构之间的协调合作,[③] 包括中央政府、国家文化机构、彩票分配机构、伦敦政府办公室、伦敦政府协会、区域文化机构、伦敦的文化协作文化战略组、伦敦各区镇的文化组织和文化从业者、创作业、商业界、慈善机构、教育和培训部门、健康部门、自愿服务机构、交通、警察、消防等,以及国家有关政府部门、国家文化经纪公司、文化赞助者、地方文化行业协会、地方文化经纪公司、伦敦的自治市镇,以及其他文化组织的参与者和文化产业。这种广泛协调合作机制,让伦敦的公共文化服务体系得到充分的完善。

1993年英国政府以《创造性的未来》为题正式发布了"国家文化艺术发展战略"。这是英国有史以来第一次以官方文件形式颁布国家文化政策,表明推进文化发展成为英国自觉的国家意识,而由此引导社会创新也就成为英国公共文化服务体系的重要内容。这份文件包含着许多重要的公共政策思想,但其核心主题思想是:以文化艺术来培育、涵养社会的创造性,以这种创造性来开创英国的未来。[④]

---

① 任明:《英国公共文化体系及其特点》,载叶辛、蒯大申《2006—2007年:上海文化发展报告》,社会科学文献出版社2007年版。
② 范中汇:《英国文化》,文化艺术出版社2003年版,第27页。
③ 薛亮:《英国公共文化艺术发展概况》,2007年9月18日,浙江文化信息网(http://www.zjcnt.com/Article/2007-09-18/97922.shtml)。
④ 吕方:《构建公共文化服务体系:当代中国发展的新基石》,《学海》2007年第6期。

英国的公共文化服务建设有着明确的发展目标，政府竭尽所能要将文化最终落实到每一个人身上，建立起一个覆盖完备的公共文化服务体系。因此，它非常注重公共文化产品和服务供给的有效性，特别是确保各种社会群体都能享受到政府提供的公平的公共文化服务。

（二）英国的"一臂之距"文化管理模式

在英国的文化政策中，分权化文化管理观念被形象地表述为"一臂之距"原则。"一臂之距"原则最先用在经济领域，被挪用到文化政策上是指国家对文化拨款的间接管理模式，但这种管理模式同时要求国家对文化采取一种分权式的行政管理体制。"一臂之距"原则具有垂直和水平两种分权向度。"垂直分权"涉及中央政府与其所属行政部门和各级地方政府的纵向分权关系，一方面，中央政府将文化政策制定和实施的主要权力以及部分文化拨款的责任交给其所属的文化相关部门；另一方面，它要求各级地方政府行使相应的权力或承担相关的责任。"水平分权"是指各级政府与文化方面的非政府公共组织的横向分权关系。这类组织是介乎政府与具体文化单位之间的一级中介机构。它们通常接受政府委托，为政府提供文化政策咨询和实施方案，甚至负责部分文化拨款，是具有代理政府具体管理文化的准政府组织；同时这类组织往往由文化艺术方面的中立专家组成，虽然接受政府委托，但却能独立履行职能，从而尽可能使文化发展保持自身的连续性，因此也具有非政府、超党派的含义。

（三）对英国公共文化服务体系的特征归纳

杜新山（2005）[①] 用"专""宽""浅"三个字集中对英国公共文化服务体系进行了非常形象的特征归纳。

"专"是指所有的文化事务均由一个专门独立的政府文化主管部门管理。"对文化集中统一管理，避免了各部门间在发展文化过程中相互牵制、甚至相互推诿扯皮的现象，在总体上有利于协调和统一文化政策"。

"宽"是指只要涉及文化的事务都交由政府文化主管部门管理。实践证明，这种"大文化管理体制"有利于推动文化和经济的相互融合，以文化这个引擎带动相关产业或行业的发展。

[①] 杜新山：《探寻"管"与"不管"的平衡——英国文化管理体制借鉴》，《南方》2005年第6期。

"浅"意味着政府文化主管部门对文化建设、发展和管理只进行宏观政策指导和财政拨款,而不直接插手具体的文化事务和文化经费的分配。政府与具体的文化事务之间保持一定的距离。这就是英国著名的"一臂之距"管理原则。

英国在事实上形成的是国家艺术理事会分配文化资源、中央文化部门适度集权、政府与民间分权共建的综合型公共文化服务模式[①]。文化新闻体育部直接管理55个非政府公共文化管理执行机构,8个非政府公共文化管理咨询机构和5个非政府公共文化管理法人机构。这些机构代表政府管理文化活动,有权决定对文化艺术组织机构和文化艺术工作者应该如何给予和给予多大的支持,同时向政府、议会和公众解释这种决定的理由。其管理机构的领导班子由政府任命,行政经费来自于政府的年度拨款。因此,非政府公共文化管理机构不可避免地要受到政府的制约。

三 法国

(一) 政府主导公共文化发展

法国政府对文化的发展和管理的重视在欧洲国家中应该说是最为突出的。自17世纪末以来,波旁王朝对文化艺术的管理和资助模式就成为了它的传统。直至今日,法国依旧基本采用政府赞助的模式。第二次世界大战以后,法国在欧洲国家中最早设立国家文化部,负责协助文化的发展。法国政府对文化事业一向非常重视,每年文化部的财政预算均占国家财政总预算的1%。除此以外,法国地方各级政府还要投入两倍于国家预算的资金,用于发展本国文化。

法国的文化服务政策自古以来就具有强烈的潜在目的性,强调国家的伟大和重要性,因此"文化"一词既是一种民族性象征,也是一种特殊的国家表述。由于这种法律传统,政府和中央官僚机构在文化特别是高雅文化的生产过程中发挥主导性的作用,由此导致了文化艺术的高水平的公共支出。在文化发展方面,法国不太信赖市场的作用,对"一臂之距"原则也抱消极态度,而更相信国家扶持和庇护的神通,强调国家应加强对文化的宏观管理。《法国文化政策》开宗明义指出:"法国文化政策的历

---

① 陈威主编:《公共文化服务体系研究》,深圳报业集团出版社2006年版。

史可上溯到16世纪的皇室庇护传统,从那时直到今天,法国文化政策一直具有这种皇室扶持传统:即提高文化知识和文化艺术,逐步完善国家文化行政管理结构和文化预算。"法国政府采取了一系列补贴和资助、贴息贷款、减免税收、基金、人才培训、鼓励私人投资等政策。法国政府每年用于文化的支出主要用于:修造和修缮大型文化设施,划拨政府相关部委及地方政府的文化开支,支持文化艺术生产,资助公益性的文化事业等。

(二)地方政府的作用明显

1980年代密特朗总统主持制定了地方分权法令。但是他没有简单地下放文化权力,反而增加了文化部的预算,在各大区设立大区文化局,作为国家文化部的派出机构,吸引地方民选政府与中央政府共同进行文化建设、共同资助文化事业,中央政府从中赢得政治上的利益。1980年代以来,高中和地方艺术院校、地方的图书馆、文献档案馆、博物馆、剧场等公共文化服务设施的修建、维护和管理权限从中央下放到地方。希拉克总统上任后宣布了两项重要决定:在他任职期间,不在巴黎建设大型文化工程;把文化经费提高到国家预算的1%。文化部也宣布了两条重要措施:今后10年中,政府2/3的文化投资用于外省;重要的文化设施大部分建在外省。其运作方法是,如果某地修建的图书馆、博物馆等设施在建筑上符合《图书馆法》《博物馆法》等规定的标准,遵守学术规则,聘用符合专业素质要求的工作人员,中央政府就会依法提供资金支持。其投资比例为:中央政府投入50%,地方政府投入45%,其他机构投入5%。中央政府的资金支持和学术监督既保证了地方文化事业的发展水平,也调动了地方政府在文化事务方面的参与范围和投资积极性。法国的大区、省、市、镇政府都有支持文化事业发展的财政预算。法国一万以上人口的城市在文化事务方面的总开支在40亿欧元以上,省一级地方政府文化事务开支在10亿欧元左右,各大区文化事务开支达3.65亿欧元。

法国文化署受文化部外交部领导,主要负责对外文化交流。地方在文化上的总投入比中央政府多五倍,地方举办的文化活动也比中央多五倍。如今,不少城市成为国家级甚至世界级文化机构的所在地。比如里昂、圣艾蒂安和格勒诺布尔的现代艺术博物馆、阿尔勒的国立摄影学校、马赛的国立高等舞蹈学校、尼斯的马蒂斯展览馆等等。法国有2000多个文化艺术节,连一些很小的镇也有自己的艺术节。法国是一个名副其实的"以文化立国"的国家。

四 澳大利亚

（一）立法

联邦议会和州议会制定一系列法律，以法律形式保证了文化艺术机构的法律地位和运作程序，也明确了政府及社会对于发展文化艺术的责任和义务。澳大利亚通过立法的手段从根本上保障公益性文化事业的健康发展。在法律的规范下，政府部门的职能更多地着眼于依法进行宏观管理和资金扶持。政府任何一项具体的扶持行为都是法律确定的政府责任的履行，任何一笔预算的拨付都依法有据，政府的角色在法律的框架内不缺位也不越位。在澳大利亚，主要依靠财政拨款支持的公共文化服务单位数目是有限的，而且具体到哪几家都需要通过法律的形式确认。

（二）公共文化管理体制

澳大利亚主要是三级文化管理体制：（1）政府，包括中央政府和地方政府及所属文化行政管理部门。（2）与各级政府对应的、作为准自治非政府公共组织的艺术理事会。（3）各种行业性的文化联合组织，如电影协会、旅游委员会、广播标准理事会等机构。

澳大利亚艺术理事会由各文化行业内的专家组成，理事会成员由政府任命，任职后获得独立的法律地位。艺术理事会的任务包括：（1）向政府提供文化政策建议咨询。当政策通过立法程序以后，他们还要制定各种实施方案，注重调动专家参与决策过程。除艺术理事会外，还有8个非政府政策咨询机构。（2）对艺术成果进行"同行评议"，对艺术创作和文化发展状况进行专业性的常规评估。（3）依据专业评估，部分代理政府对文化优先项目给予财政拨款。同时，对拨款效果进行监督和评估。

在澳大利亚，发展公益性文化事业，要坚持政府主导，但并不意味着政府对公益性文化单位统包统揽，要注意将公共文化服务的公益属性与公共参与相结合，调动社会多元资源。以澳大利亚的各家公共博物馆为例，法律明确规定了政府公共财政的相关责任，但在政府投入一定的情况下，博物馆需要谋求多种资金来源渠道。公共文化服务机构的董事会中，有作为政府出资人的代表（除若干政府官员外，通常是一些可以代表公共利益的社会贤达和专业人士），也有其他出资方或利益相关方的代表。这种多元化的资金来源和利益构成，保证了非营利单位在提供社会普遍公共文化服务的同时，保持经营管理上的绩效与活力。这种模式的成功运作首先要归功于法律对政府和其他社会角色的明确分工和定位。

澳大利亚各博物馆、美术馆、科技馆等提供的公益性文化服务灵活务实，管理专业高效。以悉尼歌剧院为例，政府并不派人直接管理歌剧院，根据悉尼歌剧院信托基金法案，歌剧院由专门的信托基金理事会具体负责管理。歌剧院为非营利组织，作为公益性团体接受政府重点扶持，并享受有关税收优惠和接受社会捐赠。在为公众提供专业高效的优质服务的同时，歌剧院还需要不断养护和维修，一直以来庞大的运营费用约有40%左右来自歌剧院自身的创收以及社会捐赠等。歌剧院的自创收入主要包括演出场地出租费、与演出公司的票房分成、旅游服务、附设商业设施（餐饮、纪念品商店、咖啡厅等）的创收等。

政府管理不直接介入具体的文化单位，而是通过派员参加理事会或董事会这样的机构来宏观指导，由理事会或董事会挑选专业的经营管理人员，以达到一定的经营服务目标作为考核标准，这是澳大利亚管理公益性文化单位的通常做法。在这样的运作方式下，公益性的社会服务功能与专业的运营管理相得益彰。

（三）财政支持

政府对各类文化机构和各种文化艺术项目提供财政支持，主要用于公共文化艺术机构经费开支，也包括支持艺术家个人，或是非政府的一些规模较小的文化艺术机构的运行。在经费安排上主要采取两类办法：第一是直接投入，如对州立的7个文化艺术机构在经费上按年度项目所需予以拨款。第二是对个人、非政府的文化机构予以一定的资助。按照项目申报、项目审核与专家评估，通过规定的程序后给予相应的财政支持。澳大利亚政府对于文化的投入主要由联邦财政和州财政承担，文化机构的运作除向政府申请外，经营收入和社会的捐赠、赞助也是重要的经费来源。澳大利亚还通过税收减免等措施鼓励企业和个人向文化机构提供商业赞助。澳大利亚的文化组织登记制度规定，任何企业和个人如果向已登记的文化组织提供赞助，即可免纳相应数额的收入所得税。同时，澳大利亚政府成立了澳大利亚人文基金会，专门为企业与文化机构提供咨询，尽力牵线搭桥。另外，澳大利亚政府还设立了商业艺术基金，进一步加强企业界与文化机构的合作，达到互利互惠的目的。

五　西方发达国家发展公共文化服务的借鉴

西方发达国家公共文化服务的发展是其国家政策成文或者不成文的体现，在近一个世纪的时间里完成了从体制成长到制度完善，再到理念成熟的过程。对于发展我国的公共文化服务而言，从战略、服务理念和管理方式三个层次上都有着重要的借鉴意义。

第一，战略层次。西方国家公共文化服务的提供及其体系的构建服务于国家文化战略思想。政府文化职能的履行在于保障提供高品质的文化服务，同时引导公民大规模的文化参与，使其将参与文化活动视为一种"生活方式"的习惯。

第二，服务理念层次。人的价值的不断提升所换来的社会发展，是实现稳定的社会效应的关键。西方国家公共文化服务体系事实上正是因为秉持了"人本"理念，才更加有效地履行了推动社会稳定发展的使命。公民文化权利是现代公共文化管理进行制度设计、模式选择和政策制定时的基本价值取向。"人"是文化的创造者，文化的价值最终仍要服务于人，这种服务的内涵在社会变迁的同时不断得以提升。从20世纪90年代后，西方国家公共文化服务体系的价值指向和社会功能发生了质的变化，从50年代以来作为保障和实现公民基本文化权益、权利的公共产品和公共服务的价值指向，转变为在保障和实现公民价值文化权益、权利中来引导、鼓励社会公民在各文化艺术领域中创造性表达，进而激活和支持整个国家创造性的国家战略目标[1]。这种尊重"人本"的意识为国家的跨越式发展思路提供了重要启示。

世界文化的发展趋势以及英美的经验表明，在经济发展与社会进步的互动关系中，政府的公共服务，尤其是公共文化服务不仅关系到社会发展的底线保障，而且关系到国民基本文化素质的不断提高，关系到人类社会公平正义等基本价值理想的守护和认同，更关系到由国民的文化素养、文化价值观念和文化参与所培育和引导着的人类创新精神这一系列社会存在与发展的根本性问题。当代文明世界中一个社会要实现以人为本、全面协

---

[1]　吕方：《构建公共文化服务体系：当代中国发展的新基石》，《学海》2007年第6期。

调可持续发展,就必须要构筑起公共服务,尤其是公共文化服务这种基础性的保障体系。

第三,管理方式层次。西方国家的文化政策已经发生过两次转型:第一次是从国家单方面的文化提供与传播到一种多元格局的形成;第二次则更加侧重公共行政与管理观念上的转变。文化的经营责任从政府机关转移到了私人机构,但"国家仍有主导权"[1]。政府作用的发挥是构建并维系公共文化服务体系稳定运行的前提,同时以一种开放的结构和制度安排,允许民间社会的力量参与文化管理过程。"共同治理"(governance)成为现代公共文化管理一种可选择的普遍模式,公共文化管理中政府、市场、社会的三方合作,体现出服务的公共性特征。美国历史性地形成了由企业或企业集团办文化,而不是让政府垄断经办文化事业的传统。民间的"捐献文化"对于社会的良性发育形成了促动,在文化事业筹集资金的比例当中,社会资金部分也占有相当比重。专业化、职业化模式使公共文化服务、大型设施建设在保证可以基本稳定地配置到相关领域最佳文化资源的前提下,发挥政府与社会两大经济来源的积极性。

在具体措施上主要是:(1)明确责任主体与高效服务提供主体。政府是公共文化服务明确的责任主体,而在提供服务方面,发达国家往往通过鼓励大量的非政府、非营利组织,即所谓的第三部门,通过合作、协调及对共同目标的确定等手段促进公共文化服务的市场化和社会化,以形成政府与社会共同提供公共服务的多元供给主体结构。(2)提供丰富的、能满足不同阶层基本文化需求的公共文化产品和服务,如图书馆、美术馆、博物馆、文化馆等提供的文化服务和产品。(3)制定合理的文化政策法规以及科学的公共文化服务管理体系。发达国家往往通过建立各类文化咨询委员会、召开文化政策听证会、公布咨询文件等方式,吸纳专家及公众参与公共文化服务的决策和文化产品、服务的提供。

---

[1] 参见[澳]大卫·索罗斯比《文化经济学》,张维纶等译,台北典藏艺术家庭股份有限公司2003年版,第183—185页,转引自任裙《公共文化服务体系研究综述(2004—2007年)》;李景源、陈威主编:《中国公共文化服务发展报告(2007)》,社会科学文献出版社2007年版,第81页。

第五章　新中国成立以来的公共文化服务政策及其演变

文化是一定社会政治、经济在观念形态上的反映。新中国成立以后60多年间，中国社会的各个方面都发生了深刻的变化，为了适应这种形势的变化，我国政府不断地探索和调整文化政策，并取得了一些有益的成果，有力地支持了我国经济、政治等方面的建设。但由于我国的社会主义建设是一种"摸着石头过河"的探索性过程，我们有过"左"倾错误思想的指导，也有过拨乱反正的经历，随着市场经济的不断深入发展，我国的文化政策逐渐趋向于理性和稳定。回顾历史，不仅可以总结经验教训，而且对于当今建设有中国特色的社会主义文化也有重要的现实意义。

第一节　传统时期的公共文化服务供给

新中国成立后，我国的文化体制一开始基本上是借鉴苏联的文化体制模式。文化部门实行自上而下的垂直领导的管理格局。这种文化体制一直从中央延伸到基层。1949年10月，最高行政机构政务院成立了"政务院文化教育委员会"，把文化和教育活动统合到一个机构管理。文化部自上而下形成了一个严密的组织体系网络，通过行政隶属关系，直接管理全国的文化工作。省、市、县一般不单独设立文化厅、局，只设文教厅、局，并对文教机构的编制及工作任务作了具体的规定。随后，政务院发布了《关于调整省、市人民政府文化行政机构的决定》，实现了文化管理与教育管理的分离，成立专门的文化部门管理和开展文化活动，进一步明确了文化行政机构的职责，并将其列入政府机构序列。

在计划经济体制以及自上而下的"条条"管理为主的治理结构下，

国家剥夺了地方政府的自治权和社会的自主发育,实现了新中国成立之初国家对整个社会的严格控制与高度整合。这种治理体制形塑了新中国成立以后我国的"全能型体制"。虽然文化部门是作为一个服务性的社会组织来定位的,但实际上兼具两方面的政府职能:一方面他们是公共产品和公共服务的生产者和提供者;但他们同时也是社会与政治控制的组织者,承担相当程度的社会组织、管理及意识形态传播功能。

一 传统时期公共文化政策演变

这一时期,我国对文化事业的政策可以分为三个阶段来分析。

(一)新中国成立初期十年(1949—1956)

这几年在新中国的历史上,是一个比较特殊的历史时期。在这段时间里,我国迅速完成了国民经济的恢复,并积极地为向社会主义的过渡做准备。因此,它具有过渡性特点。作为政治、经济在观念形态上的反映,这一时期的文化政策也必然带有过渡性的特点。在1949年9月21日中国人民政治协商会议第一届全体会议通过的《共同纲领》中,对文化政策作出规定:"中华人民共和国的文化教育为新民主主义的,即民族、科学、大众的文化教育。人民政府的文化教育工作,应以提高人民文化水平,培养国家建设人才,肃清封建的、买办的、法西斯主义的思想,发展为人民服务的思想为主要任务。"[①] 从这一规定来看,在文化领域里,政府实施了"破"与"立"并举的文化政策。"破"就是指要清除封建的、买办的、法西斯主义思想在文化领域里的残余部分,"立"就是要创立科学的、现代化的、符合广大人民消费需求的新文化。

由这一时期我国的实际情况所决定,政府为了缓解财政压力,1949年12月,中央人民政府新闻总署决定对报纸实行企业化经营的方针。中共中央在转批这次会议的通知中要求"条件好的公营报纸争取自给""多登有益广告""废除予取予求的单纯报销制"。1950年,中宣部转发了《关于报纸实行企业化经营情况通报》,肯定了报纸实行企业化经营的成效,明确指出,报纸的"企业化经营方针是正确的,可以实现的"。

---

① 中共中央党校党史教研室选编:《中共党史参考资料(七)》,人民出版社1980年版,第25页。

1952—1953年，由于新民主主义社会向社会主义社会的过渡，文化政策也随之发生了调整：首先，逐步实施个人和私营企业从事文化经营的社会主义改造。其次，采取公私合营的方法来壮大国营文化单位的实力。在1954年8月中宣部下达的文件《关于统一和加强国营、地方国营、公私合营报社、杂志社出版社企业管理的指示》中，明确提出有关新闻出版的企业实行成本核算，克服浪费资源，要提高经营管理水平。新民主主义社会时期，文化经济政策的探索促使我国的文化经济获得了初步发展。

可以看出，在这个阶段内，政府对文化事业的发展也处于初步的探索状态。而对有些行业，如报纸行业政府并没有完全介入，在一定程度上让市场的力量来发挥作用。同时由于特殊的历史背景，这一阶段我国的主要任务是发展经济，巩固刚建立的新中国，因此，文化事业的财政支出占国家财政总支出的比重较低。例如，在"一五"时期文化事业费用为4.97亿元，而同期国家财政总支出为1345.6亿元，文化事业财政支出占国家财政总支出的比重为0.37%。同时，文化事业的基建投资为2.58亿元，国家基建投资为531.19亿元，文化事业基建投资占国家基建投资的比重为0.49%。尽管文化事业及基建的投入不高，但相对于旧中国极其缺乏的公共文化事业而言，在这段时间内，我国的公共文化还是得到了快速的发展。1949年全国仅有文化馆（站）和群众艺术馆896个，公共图书馆55个，博物馆21个。到1956年我国文化馆（站）和群众艺术馆为2584个，公共图书馆375个，博物馆67个。我国的公共文化事业得到了快速发展，群众的文化生活得到了丰富。在经过几年的努力后，我国初步形成了新民主主义的文化体系，并为进行大规模的社会主义文化建设准备了条件。

（二）社会主义建设十年（1956—1966）

这是我国全面建设社会主义的十年，也是我国在曲折中摸索前进的十年。在这十年的时间里，我国对社会主义时期的文化政策进行了一些有益的探索。

"百花齐放、百家争鸣"是这一时期提出的重要文化政策。1956年4月28日，毛泽东在中共中央政治局扩大会议的总结发言中正式提出："艺术问题上的百花齐放，学术问题上的百家争鸣，我看应该成为我们的方针。"1956年5月26日，中共中央宣传部部长陆定一应中国科学院和中国文联的邀请,在中南海怀仁堂为首都1000余位科学工作者、文艺工作者作了题为《百花齐放　百家争鸣》的讲话,系统阐述了党中央提出的"百花齐放,百家争鸣"政策。他指出:"中国共产党中央现在着重提出了'百花齐放,百家争鸣'政策,就是要我们在文艺工作和科学工作方面,也把一切积极因素都调动起来,更好地为人民服务,为繁荣我国的文学艺术而努力,为使我国的科学工作赶上世界先进水平而努力……'百花齐放,百家争鸣',是人民内部的自由在文艺工作和科学工作领域中的表现。"①

"双百"方针制定和执行之后科技、文化各领域所呈现出的活泼生动局面说明,"双百"方针是符合社会主义文化发展客观规律、适应社会主义文化建设任务目标的文化政策。它极大地调动了广大文艺工作者的热情和积极性,这是文化在新中国成立后的第一次快速发展。

在当时的历史背景和条件下,随着社会主义改造基本完成,高度集中的计划经济体制决定了国家对文化经济实行统包统揽的经济政策。具体地说,工商业社会主义改造基本完成后,文化经济的产权制度和管理制度发生了深刻的变化:几乎所有的文化部门如新闻、书报刊、广播、电视、电影、文艺出演、文物、博物图书馆、档案馆、群众文化服文化研究等全部都归国有;国家对文化从业者实行固定的工薪制,被赋予了"国家干部"身份;文化经济的事业化发展取代了文化产业。从1949年到1965年,国家文化部、国家版权局、新闻出版总署、国家文物局、国务院办公厅等单位为规范文化事业的发展颁布了各类政策、法规、决议等80余条。这些政策和规定几乎涉及新闻出版行业产、供、销的方方面面。这种包揽全局式的政策和规定在1949年后发展初期经济比较落后的情况下起到一定积极作用。

但令人遗憾的是,随着1957年之后"反右派"斗争的扩大化,"双百"方针的贯彻执行受到了干扰。在这种双向力量的对比中我国的文化事业虽然还是得到了一定的发展,但是增速明显放慢,有的甚至出现倒退。这一点从图书、期刊、报纸的发行量来看尤其明显,1958年,我国图书出版为45495种,期刊出版为822种,报纸出版为491种。而到了

---

① 《陆定一文集》,人民出版社1992年版,第501—502页。

1966年，我国图书出版为11055种，期刊出版为191种，报纸出版为49种。而从全国的文化机构数来看也具有类似的趋势。

（三）"文化大革命"十年（1966—1976）

从1966年起，我国进入了一段颇具争议的历史时期，即"文化大革命"。在这十年间，政府颁布了10余条相关文化政策，主要有1966年1月3日文化部《中央转批文化部党委关于进一步降低报刊图书报酬的请示报告》、1972年12月7日文化部《关于图书版本记录的规定》、1973年4月21日文化部《全国图书统一编号方案》、1973年4月21日国务院《批转外贸部、轻工业部关于发展工艺美术生产问题的报告的通知》等。从内容上看，这一时期政府扶持和发展的文化政策几乎被严格管制的政策手段所替代，统包统管在这一时期变得更加明显。"八亿人民八场戏"，文化经济在这种管制下几乎绝迹。经过10年的"文化大革命"，我国的文化事业在政府统包统揽下受到了严重的束缚，文化事业的进一步发展受到了阻碍。

然而，从当时的文化事业财政投入或文化事业基建投资来看，财政对文化事业的支持力度还是有所增加的。"三五"时期和"四五"时期文化事业的财政投入分别为10.36亿元和15.36亿元，占各个时期财政总支出的比重分别为0.41%和0.39%。同时，文化事业的基建投资在"三五"时期和"四五"时期分别是0.4亿元和2.38亿元，占各个时期国家基建投资的比重分别是0.11%和0.27%。但是，能真正为人民群众服务的公共文化机构规模相对"文化大革命"前大为缩小。

二 传统时期公共文化政策的特点

（一）文化政治性色彩明显

新中国成立初期，党和国家的首要任务是彻底夺取政权、建立和巩固政权，这一时期通过各种途径实现高度的社会整合是新中国成立初期的首要任务。这一时期，文化是作为党和国家进行政治动员、政策宣传、社会整合的工具，过度强调文化的意识形态特征和政治整合功能，赋予文化的内容以强烈的政治性，忽略了文化的社会性质，而使文化部门成为阶级斗争的政治工具。

(二) 统包统管的公共文化服务供给

新中国成立后形成的高度集中的计划经济体制，使政府掌握着全部的社会资源，并按照行政指令对各种资源进行计划配置。这种制度安排禁止了私人和其他社会团体举办农村公益性文化事业。文化事业单位按照政府的指令或计划进行文化生产，政府成为文化管理和文化产品生产的唯一主体。把文化产品的生产和供给、满足人民群众的文化需求完全作为党和政府的职责。在社会缺乏自主性的计划体制下，文化服务的规划、生产和管理职能都由从中央延伸到乡村社会的文化部门来统一承担。因此，这种严格的科层制文化供给模式往往无法摆脱行政的干预，国家往往强调文化服务的计划性和管制性，而忽视其满足公众精神文化生活需求的社会属性。

政府承诺对文化组织和文化机构物质、资金、人员、信息及技术的全部供给，公民的全部文化活动在福利的意义上说都具有公共性质，国家建立了科教文卫体等一大批基础设施，并向公民提供了相对均等的公共文化服务。但由于发展缓慢，社会总供给严重不足，因而这时的公共文化服务是较低水平的，在农村或偏远地区更是捉襟见肘。

(三) 低效率的文化资源配置

在计划经济时期，政府以单位进行资源集结和发展社会经济，建构了一个国家体系的"大工厂"，而文化部门只是这个"大工厂"中的一个生产车间。在各个专业分工的基础上，组建了文化行业系统，如文化系统、广播电视系统、新闻出版系统、文物系统等，按照计划组织模式确立了党委与政府、政府与行业、行业与基层单位的基本组织框架。这种模式不仅是一种低效率的资源配置模式，还是一种低效率的生产方式。将文化生产的决策权集中于组织内的最高层，在实践中，由于上级决策所必需的信息不充分、信息传输过程中失真，以及上级与下级之间"信息不对称"，使得文化管理和决策的效率不高。由于艺术生产的不可测量，无法使成员的报酬收益与劳动贡献直接挂钩，所采用的固定工资制"是一种抑制劳动者工作努力鼓励劳动者增加闲暇特别是在职闲暇，减少有效劳动供给的'养懒人'的收入分配机制"[①]，因而在文化生产过程中存在广泛的"搭

[①] 胡汝银：《低效率经济学集权体制理论的重新思考》，上海三联书店、上海人民出版社1997年版。

便车""偷懒""寻租"等机会主义行为，抑制了文化工作者的积极性、主动性和创造性，也剥夺了社会力量办文化的权利，导致文化服务主体单一，文化内容结构失调，不利于满足农村居民的精神文化生活需求。

此外，传统文化建设注重文化的思想教育功能和国家意识形态属性，注重用主流意识形态教育人民群众，抵制和消除异质文化的影响。这种文化建设，只看到防止消极文化的负面影响，忽视了公民文化创造的主体地位和文化消费的自主选择权，在文化建设中缺乏战略考虑。

第二节 改革开放初期的公共文化服务供给

1978年以后，我国公共文化服务提供的一个重要任务就是厘清政府与市场之间、政府主管部门与直属单位之间的关系。随着市场配置取代计划调配成为社会资源主要配置方式，政府作为文化组织直接资源供给者的角色将大大地弱化，开始扮演实施社会第二次分配的仲裁角色。

一 改革开放初期的公共文化政策演变

十一届三中全会的召开，无论对于中国的经济发展或者是文化的发展而言，都是一个重要的转折点。随着工作重心向以经济建设为重心转移和改革开放政策的实施，国家对文化事业统包统揽的模式受到了巨大冲击。为了适应改革开放和市场经济发展的要求，文化事业亟待改革、急需发展。在这样的背景下，党中央和国务院十分重视文化经济政策的调整、改革和完善。这一时期的文化政策调整可以细分为两个阶段。

（一）文化事业的恢复时期（20世纪70年代末—80年代初期）

这一阶段的文化政策主要是以文化事业的恢复和复苏为目的。1978年12月，十一届三中全会的召开，实现了我国工作重点由"以阶级斗争为纲"向"以经济建设为中心""改革开放，推进社会主义现代化建设"的转变，这既是经济政策的调整，也为文化政策的转型开辟了广阔的空间。

在1979年9月，叶剑英同志在庆祝中华人民共和国成立30周年大会上的讲话中，第一次正式使用"社会主义精神文明"的概念。从此以后，建设高度的社会主义精神文明就成为社会主义现代化建设的重要目标之一。同年10月，中国文化艺术工作者第四次代表大会在北京召开，对文化政策作出重大调整，"不再继续提文艺从属于政治这样的口号"，"党对文艺工作的领带，不是发号施令，不是要求文学艺术从属于临时的、具体的、直接的政治任务，而是根据文学艺术的特征和发展规律，帮助文艺工作者获得条件来不断繁荣文学艺术事业，提高文学艺术水平，创作出无愧于我们伟大人民、伟大时代的优秀的文学艺术作品和表演艺术成果"。[①] 这标志着"社会主义新文艺复兴"的开始。1980年，中共中央发出《认真学习贯彻第四次全国文代会精神的通知》，总结中华人民共和国成立30年来文艺战线的经验，明确新的历史时期文艺工作的任务，为新时期我国社会主义文艺复兴创造积极的政治和社会条件，成为我国市场经济条件下文化领域与政治领域相对分离的标志之一。1981年1月29日，《中共中央关于当前报刊新闻广播宣传方针的决定》明确提出了文艺"一定要坚持为人民服务，为社会主义服务的方向"。[②] 从此，"为人民服务，为社会主义服务"作为新时期文艺工作的基本方针被确定了下来。

同时，这一阶段文化政策的目的主要是摆脱"文革"的枷锁，恢复到"文革"前的文化体制上去。如1978年8月18日，新闻出版总署《国家出版局关于重申在图书版权页上记载印数的通知》；1978年9月6日，文化部《文书材料立卷工作程序》；1980年4月20日，新闻出版总署《出版社工作暂行条例》等恢复性政策的出台，极大地激发了文化生产力，文化市场也逐渐开始复苏。当然，在这一时期我国的文化产业处在兴起阶段，政府出台了为数不多的主要针对发展迅速的文化外围行业的政策，政策的基调也主要以政府管制为主。这一阶段文化还没有赋予"产业"的地位，广义的文化产业实际也没有出现，只是与意识形态关系不密切的个别行业出现了产业化的苗头。1978年，《人民日报》开始尝试"事业单位，企业化管理"的经营方式，用市场化的收益弥补国家财政投入的不足。1979年元旦，上海电视台播出了中国电视的第一条商业广告。1979年9月30日，中央电视台播出了第一条外国商业广告。这些事件标志着，在我国文化事业单位的核心领域，新闻出版传媒机构正式开始从意

---

① 《邓小平文选》第2卷，人民出版社1994年版，第225页。
② 中共中央文献研究室：《三中全会以来重要文献选编》（下），人民出版社1982年版，第687页。

识形态宣传型向宣传与经营并重、双轨制运行的方向发展。模仿经济体制改革的经验，文化单位开始推行以承包经营责任制为主要内容的改革，同时配合以文补文、多业助文等体制改革，以解决文化单位出现的经济困境。鼓励部分文化事业单位通过市场化、多元化经营获得资金来源。

值得一提的是体制内文化事业单位的"以文补文"活动。20世纪80年代初，体制内的一些文化事业单位迫于生存，展开了生产自救，或利用其文化资源举办主业以外的各种生产、经营活动，以获取利益，缓解经费不足的矛盾，从而提高职工的福利待遇。这些活动一开始并不被允许，被批评为"不务正业""一切向钱看"。在1984年的天津会议上，文化部、财政部才正式承认"以文补文"活动的合法性，从政策上给予了支持。

在整个"五五"期间国家财政总支出为5247.3亿元，其中，文化事业费支出为22.04亿元，占同期财政总支出的比重为0.42%。[①] 与"四五"期间相比，国家财政总支出增长为0.339%，而文化事业费增长为0.435%，文化事业费增长幅度超过了财政总支出的增长幅度。人民群众对公共文化的需求得到有效解决，以公共图书馆为例。从1979年到1985年六年时间内，我国的公共图书馆由1651所增加至2344所，增长幅度为41.97%。而公共图书馆总流通人次由7787万人次增长至11614万人次，增长幅度为49.15%。公共图书馆经费收入则完全由财政提供，由1979年5040万元增长至1985年15272万元，增幅约为3倍。图书馆经费支出中用于购买新书的经费，由1979年的2163万元增长至1985年的4164万元，增幅约为1倍。[②] 所有的这些都能从侧面反映出当时文化事业的积极发展态势。当然，我们也应该认识到，在改革开放刚开始时，对文化事业的政策也处于"摸着石头过河"的探索过程中，相对于改革前计划经济体制下对文化事业的大包大揽的态度，对文化事业中政府作用的定位以及如何让市场力量来介入文化事业的发展、如何权衡政府财政手段和市场手段的综合利用都成为急需解决的问题。但由于没有这方面的相关经验以及我国特殊的国情，对这些问题的解决也充满了困难，这也就从客观上要求

[①] 文化部财务司：《中国文化文物统计年鉴》，北京图书馆出版社2006年版。
[②] 国家统计局国民经济综合统计司：《新中国六十年统计资料》，中国统计出版社2008年版。

对文化事业和结构的进一步改革。

（二）文化事业的改革初期（20世纪80年代中期—90年代初）

从20世纪80年代中期开始，文化政策逐渐开始改革，与意识形态关系不密切的部分文化行业出现了产业化、市场化的趋势。1985年，在国务院办公厅转批的国家统计局《关于建立第三产业的统计报告》中，文化艺术被纳入第三产业范畴，第一次在国民经济和社会发展指标体系中获得了"产业"的身份；各种文化娱乐场所如雨后春笋般地出现，为了管理这些文化娱乐场所，促进他们的健康发展，国家出台了若干政策。如1987年2月，文化部、公安部、国家工商局联合发出了《关于改进营业性舞会管理的通知》，第一次明确了举办营业性舞会的合法性质，文化经营活动正式成为我国社会主义文化事业的合法组成部分；1988年3月，新闻出版署、国家工商行政管理局颁布了《关于报刊、期刊社、出版社开展有偿服务和经营活动的暂行办法》，报刊多种经营合法化；1988年，文化部、国家工商行政管理局发布《关于加强文化市场管理工作的通知》，正式提出了文化市场的概念，同时，文化市场的原则、任务、方针以及管理范围等在这一文件中也得到了确立，至此，我国"文化市场"的地位正式得到认可。1989年，国务院批准在文化部设置文化市场管理局，全国文化市场管理体系开始建立。1991年，国务院转批《文化部关于文化事业若干经济政策意见的报告》，正式提出了"文化经济"的概念。

与此同时，文艺与演出部门体制改革逐步展开。主要表现在：

（1）艺术部门和艺术团体的布局作出了比较大的调整。1985年，中央办公厅、国务院办公厅转批了文化部《关于艺术表演团体的改革意见》，要求改革全国专业艺术表演团体数量过多、布局不合理的状况，在大中城市，专业艺术表演团体要精简，重复设置的院团要合并或撤销，对市县专业文艺团体设置也提出了调整的要求。

（2）在文艺与演出领域实行"双轨制"。1988年，国务院转批文化部《关于加快和深化艺术表演团体体制改革的意见》。1989年，中共中央《关于进一步繁荣文艺的若干意见》，提出了实行"双轨制"的具体改革意见，即"一轨"为国家扶持的少数全民所有制院团，"一轨"为多种所有制的艺术团体。其中，国家主办的全民所有制艺术表演团体要少而精，这些院团应当是代表国家和民族艺术水平的，或带有实验性的，或具有特殊的历史保留价值的，或是少数民族地区的。大多数艺术表演团体实行多种所有制形式，由社会各种力量主办。

（3）推行了以承包经营责任制和"以文补文、多业助文"为主要内容的改革。这从很大程度上解决了文化单位出现的经济困境，改变了统得过多、过死和吃"大锅饭"等体制弊端。1987年，文化部、财政部、国家工商总局联合颁布了《文化事业单位开展有偿服务和经营活动的暂行办法》，鼓励文化事业单位利用自己的知识、艺术、技术和设备等条件，开展有偿服务，取得收入，用于补充事业经费的不足。1989年1月，财政部发文，根据事业单位是否有稳定的经常性业务收入，将国家预算内事业单位区分为全额预算管理、差额预算管理和自收自支管理三种类型。这标志着预算内事业单位在性质不变的情况下被区分为公益性、准公益性和经营性的不同类别。

另外，值得关注的是中国第七个五年计划发展纲要。在"七五"（1985—1990）计划中，第一次把文化事业的各个不同结构类型纳入到国家发展规划中。文学艺术、新闻出版、广播电影电视，以及博物馆、图书馆、文化站等各项文化事业，在"七五"期间都有新的发展。这种有的放矢、相对尊重文化自身发展规律的建设思路是具有开创性的。在"七五"计划《社会主义精神文明建设》部分中，专门提出"文化事业"一章，包含文学艺术事业、广播电影电视事业、新闻出版事业、文化博物馆图书馆档案馆事业、群众文化事业、对外文化交流等。

另外，从财政角度来考虑，在这阶段可以明显地看出政府开始有意识地放宽对一些文化事业的管制。表现最明显的一点就是政府对文化事业单位的投资不再是像以前那样由财政来全部支付，而是相应的让文化事业单位通过其所独具的文化资源从市场上获取一定的收益。这一点从全国群众文化事业业务经费收入可以明显看出，1985年经费总收入为20835万元，而财政拨款为20835万元，也就是说群众文化事业经费收入百分之百由财政提供。而到1990年全国群众文化事业业务经费收入增长至49763万元，而同期财政拨款为36985万元[①]。虽然财政拨款仍

---

① 国家统计局国民经济综合统计司：《新中国六十年统计资料》，中国统计出版社2008年版。

占了经费收入74.32%，但是，与1985年相比还是下降了不少。从这里也可以清楚地看出政府开始有意识地让市场力量来介入到文化产业的发展，这对于传统计划经济中国家对文化的统包统揽的做法而言已经出现了质的变化。

二 改革开放初期公共文化服务供给的特点

（一）文化实现相对"独立"发展

改革开放后，整个中国社会发生了从所谓的"领域合一"到"领域分离"的转体，政治、经济、文化成为相对分离的三大独立领域，中国特色社会主义文化的理论和政策日渐浮出水面。政府文化政策逐渐体现出文化的社会功能，满足社会公众日益增长的文化需求成为政府公共文化供给的主要目标。

（二）公共文化服务供给的市场化倾向出现

在体制属性上，作为国家机关附属物的文化事业单位和作为市场主体的法人实体并存。在经营管理上，作为公益性组织的事业单位管理和作为竞争性主体的产业化运作并存。在人事管理上，传统的身份管理和新型的岗位管理并存。在投入方式上，国家按人头拨款与项目资助，国家投入与市场筹资并存。这种"双轨运行"模式不论是在整体上，还是在局部上都已大不同于计划体制下的行政模式，但由于受到内外部各种条件的制约，又无法立即达到理想的目标状态。这一模式在有利于减小阻力面、有利于推进文化单位改革的同时，又使文化单位陷入深层次的体制冲突危机。

（三）激励机制失效和效率不足的问题仍然存在

尽管改革开放初期，我国文化政策上采取了许多效率激励措施，但由于体制上的缺陷没有被纠正，许多以机制改革替代体制创新的改革措施只能发挥有限作用。国有文化单位与政府的关系没有完全理顺，国有文化单位接受政府主管部门的直接领导与管理，尽管国有资产名义上属于财政部门和国资委所有，但由于国有文化单位缺乏一个有效的法人治理结构、所有者、监督者、经营者合三为一，使所有者和监督者缺位。权力主体与责任主体合二为一，使责任主体缺位。国有文化单位缺乏一个有效的机构决策、激励和监督机制，不能有效地解决委托人和代理人关系背后隐藏的效率黑洞和政事之间利益的相互摆渡①。

第三节 转型时期的公共文化服务供给

一 转型时期公共文化政策演变

经历了20世纪80年代末到90年代初的政治和文化振荡之后,面对文化发展日益多元化,价值观冲突和碰撞日益明显的局面,在转型时期,政府开始积极考虑如何在尊重文化发展规律的前提下对中国当代的文化发展进行积极引导和宏观调控。

(一)有中国特色社会主义文化的提出

1991年7月1日,在《在庆祝中国共产党成立七十周年大会上的讲话》中,江泽民提出了"中国特色社会主义文化"这一崭新概念,对中国特色社会主义文化纲领作了初步阐释。他指出:"有中国特色社会主义的文化,必须坚持为人民服务,为社会主义服务的方向和百花齐放,百家争鸣的方针,繁荣和发展社会主义文化,不允许毒害人民、污染社会的反社会主义的东西泛滥;必须坚持发扬民族优秀传统文化而又充分体现社会主义时代精神,立足本国而又充分吸收世界文化优秀成果,不允许搞民族虚无主义和全盘西化。"②

1992年,党的十四大确定了社会主义市场经济体制的改革方向,提出了"积极推进文化体制改革。完善文化事业的有关经济政策,繁荣社会主义文化"的要求。1993年召开的八届人大一次会议《政府工作报告》中对文化体制改革作了进一步的部署,提出要"深化文化管理体制改革,鼓励社会办文化,培育和发展健康的文化市场;对需要扶持的文化艺术门类,国家要给予必要资助。制定文化发展政策,既要适应市场经济发展的要求,又要根据精神产品的特点注重社会效益,正确处理经济效益和社会效益的关系"。这一时期,我国文化体制改革的步伐明显加快,开始从"直接管理"向"间接管理"、从"办文化"向"管文化"、从"小文化"

---

① 符钢战:《公共产品短缺与中国事业单位改革——兼论政府职能的第二次转变》,《学术月刊》2007年第6期。
② 中共中央文献研究室编:《十三大以来重要文献选编》(下),人民出版社1993年版,第1643—1644页。

向"大文化"转变。

1996年10月,《中共中央关于加强社会主义精神文明建设若干重要问题的决议》提出了新时期文化体制改革的目标、任务和一系列基本方针。指出"改革文化体制是文化事业繁荣和发展的根本出路""改革的目的在于加强文化事业的活力,充分调动文化工作者的积极性,多出优秀作品,多出优秀人才"。强调文化体制改革要符合精神文明建设的要求,遵循文化发展的内在规律,发挥市场机制的积极作用,要区别情况,分类指导,理顺国家、单位、个人之间的关系,逐步形成国家保护重点、鼓励社会兴办文化事业的发展格局。

(二) 确立有中国特色的社会主义的文化纲领

1997年9月,在党的十五大报告中,江泽民在提出建设有中国特色社会主义经济纲领、政治纲领的同时,正式提出了建设有中国特色社会主义的文化纲领。他指出:"有中国物色社会主义的文化,就其主要内容来说,同改革开放以来我们一贯倡导的社会主义精神文明是一致的。文化相对于经济、政治而言。精神文明相对于物质文明而言。建设有中国特色社会主义的文化,就是以马克思主义为指导,以培育有理想、有道德、有文化、有纪律的公民为目标,发展面向现代化、面向世界、面向未来的,民族的科学的大众的社会主义文化。"[①] 这个关于社会主义初级阶段文化建设基本纲领的阐述,赋予了中国特色社会主义文化以全新的内涵,进一步指明了我国社会主义初级阶段文化建设的战略目标和根本任务。

在这一阶段内的文化政策可以理解为改革与调整为主。相对于改革开放前"统包统揽"的政策而言,党和国家在改革开放这一大的背景下对文化产业的政策主导主要是逐步推进改革的深度与力度。同时解决的一个重要任务就是厘清政府与市场之间、政府主管部门与直属单位之间的关系。随着市场配置取代计划调配成为社会资源主要配置方式,政府作为文化组织直接资源供给者的角色大大地被弱化,开始扮演实施社会第二次分配的仲裁角色。纵观这一时期的改革,主要涉及文化体制、税费、投资机制、管理方式等多个方面,它基本遵循了文化发展的内在规律,有利于发

[①] 中共中央文献研究室编:《十五大以来重要文献选集(上)》,人民出版社2000年版,第18页。

挥了市场机制的积极作用。从经济绩效来看，这一阶段我国文化产业进入到了一个新的发展时期，社会力量和外资逐渐参与到文化经济中来，我国文化产品、文化服务、文化要素三大市场都出现了增长局面。

（三）"文化事业"和"文化产业"的分别阐述

2000年10月，中国共产党第十五届五中全会通过《中共中央关于制定国民经济和社会发展第十个五年计划的建议》，提出要"坚持把社会效益放在首位、社会效益和经济效益相统一的原则，深化文化体制改革，建立科学合理、灵活高效的管理体制和文化产品生产经营机制。继续实行支持文化事业发展的有关政策，增加对重要新闻媒体和工艺文化事业的投入。加强文物保护工作。完善文化产业政策，加强文化市场建设和管理，推动有关文化产业的发展"。这是第一次在中央正式文件里提出了"文化产业"这一概念。"文化产业"概念的正式确立，反映了我们国家对于文化事业的认识达到一个新水平。

2002年11月，党的十六大报告厘清了文化事业与文化产业之间的关系，第一次在党的正式文件中分成文化事业和文化产业，强调要积极发展文化事业和文化产业；指出"发展文化产业是市场经济条件下繁荣社会主义文化、满足人民群众精神文化需求的重要途径"；要求"完善文化产业政策，支持文化产业发展，增强我国文化产业的整体实力和竞争力"；提出要"根据社会主义精神文明建设的特点和规律，适应社会主义市场经济发展的要求，推进文化体制改革"。

2003年8月，中共中央政治局召开第七次集体学习会，内容是"世界文化产业发展状况和我国文化产业发展战略"。10月14日，党的十六届三中全会通过的《完善社会主义市场经济体制若干问题的决定》又将文化体制改革的目标进一步深化和明确，突出了文化建设在三个文明协调发展中的基础性和战略性地位，将文化的地位和作用大大提升；将十六大提出的文化体制改革的总目标进一步细化，提出要"逐步建立党委领导、政府管理、行业自律、企事业单位依法运营的文化管理体制"；明确了文化事业和文化产业的改革方向和目标，公益性文化事业单位要"深化劳动人事、收入分配和社会保障制度改革，加大国家投入，增强活力，改善服务"，经营性文化单位要"创新体制，转换机制，面向市场，壮大实力"；要求"健全文化市场体系，建立富有活力的文化产品生产经营体制。完善文化产业政策，鼓励多渠道资金投入，促进各类文化产业共同发展，形成一批大型文化企业集团，增强文化产业的整体实力和国际竞争力。依法规范文化市场秩序"。2003年底，国务院办公厅颁布了《关于印发文化体制改革试点中支持文化产业发展和经营性文化事业单位转制为企业的两个规定的通知》，为文化体制改革提供了政策上的支持。到2004年，各试点省市和单位已经根据中央精神出台了改革方案，有些则已经进入了实施阶段。

转型期间，我国的文化事业出现了一个前所未有的繁荣局面。就文化事业的投入而言，1998—2002年，全国文化事业费总和达到了324.2亿元，是"八五"时期121.23亿元（年均24.25亿元）的2.7倍。2002年，全国文化事业费为83.66亿元，比2001年增长了17.8%，高于财政支出增长幅度（16.4%）1.4个百分点。特别是中央本级文化事业费，"十五"期间的前三年就达到了13.83亿元，比"九五"时期增加了1.25亿元，增长9.9%。2003年中央本级文化事业费5.37亿元，达到了历史上的最高点。2004年，中央及各级政府认真贯彻党的路线方针政策，加大了对文化事业发展的投入力度，全国文化事业经费首次突破百亿元，达到113.58亿元。[①] 这一时期，我国对文化的投入快速加大，而同时文化产业的产出成效也非常明显。

二 转型时期公共文化政策的特点

（一）政府的文化管理职能逐渐削弱

转型时期，政府与文化组织的关系将由直接管理转变为间接管理，原来那种政府与文化组织之间的超强行政束缚与保护关系将不复存在，逐渐成为一种市场经济体制中的独立法人实体与市场仲裁者和民族文化守护者之间的关系。

（二）公共文化服务的供给方式多样化

长期以来的计划经济体制使政府万能的思想在转型时期还是影响深远。在公共文化提供这一问题上，也因为同样的"路径依赖"而产生

---

① 国家统计局国民经济综合统计司：《新中国六十年统计资料》，中国统计出版社2008年版。

"锁定"效应（杨志勇，2001），即认为公共文化服务产品只能由政府来生产和提供，并且一直采取了政府垄断供给的模式。因此，在这一时期，我国公共文化的投入主体主要还是政府，缺乏社会资本的投入。这种公共文化供给模式在社会资本流动加快、居民需求多样化的背景下，越来越难以为继。

尽管随着国民经济的发展，我国财政收入有着长足的增长，对公共文化的投入也逐渐提高，但就总体而言，我国公共服务经费投入不足的问题还是较为明显，突出表现为两个比重偏低，即"文化事业占我国财政支出比例偏低"和"文化事业支出占科教文卫事业比重偏低"。以2006年为例，全国财政支出总额为40213亿元，文化事业财政拨款为156.59亿元，绝对数比2005年增长了22.77亿元，但是文化事业支出占全部财政支出只有0.3894%，比2005年下降了0.0049%。

加之财政经费和优惠政策依然主要是给予相关的文化事业单位，政府对于NGO既缺乏必要的资金资助，也没有"选择性财税手段"激励政策，制约了NGO组织的发展和壮大。公共文化投入的体制内运行，使体制内的基层文化单位具有得到公共资源的优先权，体制外的民营文化机构因很难得到政府的支持而处于不利的竞争位置，公共文化机构的机会优势进一步抬高了民营文化机构的市场准入门槛，导致社会文化机构的萎缩。而当公共资源无法满足公共文化投入需要时，把公益文化推向市场就成为文化部门解决经费不足的现实选择，进而使有限的公共文化资源因缺乏市场敏感性变成了空壳和"摆设品"。

20世纪90年代以后，中国已经走上了市场经济的轨道，大众文化需求随着物质生活水平的提高而不断增长，民间文化空间高速成长，在体制外形成了庞大的文化资源和文化需求空间，我国文化市场上呈现出多种文化消费需求并存的格局。在这种社会背景下，部门经费体制所支撑的文化供给体系已经难以完全满足社会不断积累的文化需求，公共文化经费体制以及在公共经费主导下的文化生产体系的局限性日益显现。

（三）公共文化服务供给的效率依然缺失

实践证明，在市场不健全的情况下，将公共文化服务推向市场并不能够有效地扩大公共文化服务。不少文化单位的实际运作性质日益与其被假定的"公共服务"属性相脱节。而当创收比较困难甚至没有创收的情况下，不少公共文化部门原来有限的公共文化服务更是完全放弃了。从总体上说，这一时期的公共文化服务事实上继续萎缩，公共文化产品和服务提供的总量在减少。

杨晓民、周翼虎等学者研究证明，我国经济体制改革以及随后的事业体制改革起源于国家财政困难。① 在严重财政困难的压力下，政府与文化单位的关系被迫作相应的调整，即国家放弃对下属文化单位"大包大揽"保护义务的同时，也部分放弃了新中国成立以来一直实行的对下属单位绝对控制的权利。改革之初，国家放弃对文化行业的绝对保护义务，以政策的形式允许行业部门"创收"，行业利益因此得以生成。"体制改革本身意味着利益的重新分配和安排，即打破旧的利益格局。在渐进式改革的逻辑中，对旧利益格局并不是一次性打破，而是分阶段进行。这就造成每个时点新的利益安排都要面临与旧的利益格局共存。由于渐进式改革的时间跨度大，进程慢，这种混合的格局会存续相当长时间，使新旧两部分利益格局实现'共容'，从而形成一个过渡性利益格局，并造就一些从这种非均衡体系中获利的既得利益集团"②。2005 年，文化部、华中师范大学课题组对我国14 个城市农民工群体文化生活的调查表明，政府文化供给既在总体上存在较大的缺口。③ 2006 年，财政部、华中师范大学课题组对我国农村文化的调查表明，在农村文化设施的提供方面，政府的供给与农民的文化需求基本一致，但在文化活动供给方面，存在一定程度的错位。④

第四节　新时期公共文化服务提供面临的挑战

一　新时期公共文化政策演变

（一）公共文化服务体系的提出

步入 21 世纪，在社会主义市场经济体制改革的推进下，我国的经济

---

① 杨晓民、周翼虎：《中国单位制度》，中国经济出版社 2002 年版。
② 王覃刚：《中国政府主导型制度变迁的逻辑及障碍分析》，《山西财经大学学报》2005 年第 3 期。
③ 全国农民工文化生活状况调查课题组编：《当代农民工文化生活状况调查报告》，中国社会科学出版社 2007 年版。
④ 财政部、华中师范大学课题组：《当代农村文化调查总报告》，2006 年。

得到快速增长，包括文化事业在内的社会各个领域也不断得到发展，人民群众的物质和文化生活水平不断提高，从人均 GDP 和人文发展指数看，中国社会已经进入到一个新的发展时期。但另一方面，由于中国社会现代化转型的特定国情，在经济快速发展的同时，也带来了经济与社会发展中的许多问题和矛盾。例如，以 GDP 为价值取向的中国产业结构和经济发展方式的问题、不完善的市场经济体制在培育发展各种市场主体中所带来的社会贫富巨大差距问题、市场化取向改革偏差所带来的就业、住房、教育、医疗等领域中的诸多问题。这些问题和矛盾既表达着转型期中国社会GDP 导向的社会观念，同时也反映出我国公共产品和服务保障水平低，社会发展基础还不稳固。正是在这样一种经济与社会发展的问题背景下，进入新世纪后，我国党和政府提出了"全面建设小康社会""科学发展观"和"构建和谐社会"三大根本主题思想，并由此进一步提出了构建"服务型政府"的目标，"公共服务"文明理念成为我国党政系统的自觉意识。

在文化政策层面，党中央、国务院出台的一系列重大文件、中央领导的重要讲话都多次强调要加强公共文化服务体系建设。《国家"十一五"时期文化发展规划纲要》中明确将"完善公共文化服务体系"作为"十一五"时期文化发展的重点工作；党的十七大把建设"覆盖全社会的公共文化服务体系"作为实现全面建设小康社会的重要目标之一；2007 年中共中央办公厅、国务院办公厅联合下发了《关于加强公共文化服务体系建设的若干意见》，对加强公共文化服务体系建设作出了专门部署；胡锦涛总书记在 2010 年中共中央政治局第 22 次集体学习时，就文化建设予以专门论述，强调要"加快构建公共文化服务体系"。经过多年的文化建设，我国公共文化服务体系在建设目标上，明确了保障广大人民群众基本文化权益，促进基本公共文化服务均等化；在建设原则上，逐步体现了公益性、基本性、均等性、便利性的"四性"要求；在建设重点上，确定了中西部、农村和基层为建设重点；在资金投入上，明确了公共文化服务体系建设的投入以政府为主导。这些政策和思路为公共文化服务体系的长期健康发展奠定了坚实的基础。

在公共文化服务体系构建过程中，各地公共文化设施逐步恢复了其公共属性，一些被转包经营的公共服务场所被政府收回，其公共文化职能得以恢复，一些文化建筑成为地区的标志性建筑。"十一五"期间，国家通过中央财政和地方财政的共同投入，建立了统一标准的乡镇综合文化站，并逐步建立了城市文化活动中心和村文化室。2008年，全国各级博物馆、纪念馆、爱国主义教育示范基地实现免费开放；2011年，全国省级以上的美术馆、全国所有的公共图书馆、文化馆（站）已按要求基本实现了全面免费开放，这些均突显了政府加大财政投入、保障"文化民生"的决心和力度，得到了社会的普遍关注和广大群众的热烈欢迎。

（二）"文化强国"战略的提出

进入2011年来，党和国家对文化产业的发展更为关注，在2011年10月15日召开的中共十七届六中全会上一致通过了《中共中央关于深化文化体制改革推动社会主义文化大发展大繁荣若干重大问题的决定》，这无疑是我国文化事业发展过程中的一大里程碑式决定。这是中国共产党成立以来第一次由党的中央全会研究部署文化建设与发展，是开创中国特色社会文化建设新局面、建设社会主义强国的总纲领，是当前和今后一个时期指导我国文化发展的纲领性文件，必将深刻影响中国文化的未来。从文件中首次提出了"文化强国"的理念，将文化事业的发展上升至一个从未有过的高度。并明确提出要深化文化体制改革，建立健全党委领导、政府管理、行业自律、社会监督、企事业单位依法运营的文化管理体制和富有活力的文化产品生产经营机制，发挥市场在文化资源配置中的积极作用，创新文化走出去模式，为文化繁荣发展提供强大动力。增强国家的文化软实力、加强文化自觉与文化自信。

（三）党的十八大以来的文化政策

2012年，党的十八大报告对公共文化服务体系提出了具体的要求："文化软实力显著增强。社会主义核心价值体系深入人心，公民文明素质和社会文明程度明显提高。文化产品更加丰富，公共文化服务体系基本建成"，在工作部署上提出要"加强社会主义核心价值体系建设"，"全面提高公民道德素质"，"丰富人民精神文化生活"和"增强文化整体实力和竞争力"。这是党的十八大精神在文化领域中的拓展和延伸，也把握了现代公共文化服务体系在培育国家文化软实力中的基础性作用。

2013年召开的党的十八届三中全会对公共文化服务体系提出了进一步要求，"建立公共文化服务建设协调机制，统筹服务设施网络建设，促进基本公共文化服务标准化、均等化"。基本公共文化服务标准化、均等化具有很强的现实针对性。推进基本公共文化服务标准化、均等化，就是我们在国土辽阔而文化事业发展不均衡、文化资源丰富而开发挖掘不够、文化生产力大幅增长而仍难以完全满足人民群众日益增长的文化需求这个文化国情下，探索解放和发展中国文化生产力的有力抓手，贯穿于涵盖创建公共文化服务建设协调机制、统筹建设服务设施网络等内容的构建现代公共文化服务体系过程之中。

2016年12月25日第十二届全国人民代表大会常务委员会第二十五次会议通过了《中华人民共和国公共文化服务保障法》，指出县级以上人民政府应当将公共文化服务纳入本级国民经济和社会发展规划，按照公益性、基本性、均等性、便利性的要求，加强公共文化设施建设，完善公共文化服务体系，提高公共文化服务效能。公共文化服务建设有了法律依据，公众的公共文化权利得到了法律保障。

2017年5月，《国家"十三五"时期文化发展改革规划纲要》进一步明确公共文化服务阶段性建设目标：到2020年，要现代公共文化服务体系基本建成，基本公共文化服务标准化、均等化水平稳步提高，公共文化供给与群众文化需求有效匹配。突出了公众文化需求在公共文化供给中的重要性。

2017年10月，党的十九大报告指出，完善公共文化服务体系，深入实施文化惠民工程，丰富群众性文化活动。这进一步突出了公众文化权利的实现是公共文化服务体系建设的终极目标。

应该看到，新时期一个覆盖全社会的公共文化服务体系正在形成，公共文化服务建设的目标也在逐渐明确，公共文化建设呈现出科学发展、整体推进、重点突破的良好态势。现在，需要我们做的就是努力将这一历史使命贯彻到底，实现中华民族的伟大复兴。

二 新时期公共文化服务供给的特点

新时期，尽管在公共文化服务供给的思想、管理方式和筹资模式上我们已经做了很多准备，也有很好的基础，但是，日新月异的时代要求和国际竞争使得我们还面临着许多考验，也提出了许多新的问题。

（一）文化的大众化

传统中国社会作为一个农业社会，文化的主体部分却是一种"精英文化"。精英文化与大众文化曾长期处于对立的状态。在以往的时代，精英文化主导着一国的文化进程。大众文化在中国的出现始于20世纪80年代。作为社会文化系统中的一个相对晚出和具有相对独立性的文化形态，它是在现代工业社会中产生的与市场经济发展相适应。它以通俗的形式将文化重新带回给普通公众，改变了中国文化的传统格局，对人们的日常生活和国民人格塑造产生了深远的影响。

大众文化是市场经济的重要文化基础。它的崛起为市场经济在中国的运行和发展提供了有力的精神支撑和人文条件。它所宣扬的商业理念和精神是市场经济发展的重要文化因素和文化条件。它的运行遵循了市场机制和商业规律，把人们的思想从陈旧的观念中解放出来，有利于市场观念的发展。与此同时，市场经济运行所强调的是独立个体的自主选择行为，而公民文化的选择权也恰恰始于这样一个过程。市场的方式被引入到文化资源的配置领域中来，影响了文化创造及传播主体的行动。

大众文化与市场经济的互动也会带来一些问题，比如大众文化并不意味着大众"拥有"文化，而是大众在一种统一格式下的集体休闲娱乐方式，大众文化已不再是原来精神创造意义上的文化活动，而是一种工业制造行为。大众文化对精英文化构成挑战文化的消费特性取代了艺术作品本身的思想价值和审美价值。大众文化不仅反映了文化的现象，同时还成为社会与时代的文化权力诉求等。尽管如此，文化的大众化时代开启了一个文化生产能力大发展的时代。巨大的文化消费潜力被释放出来，对解放和发展文化生产力提出了直接的要求。在信息技术支持下，大众文化的发展迎来了崭新的时代。能否利用现有的条件满足这种要求，成为政府履行文化职能的现实挑战。

就大众文化本身而言，政府的职责不在于生产什么文化，而在于如何形成一种"大众文化生产模式"。最值得政府与研究者关注的是大众文化的大规模消费特征，政府必须有能力引导这种消费方式的趋势，至少应在民族文化消费方式上作出积极而必要的干预。

（二）文化的网络化

互联网时代，网络可共享的文化资源极大地丰富起来，但是虚拟空间中的文化冲突也更加明显。中国网络文化及其管理需要一个大发展和大跨越，以迎接来自国际和国内社会的双重挑战。互联网时代打破了传统的地缘政治、地缘经济和地缘文化的概念，形成了一个跨国界、跨文化、跨语言的以信息为主的全新虚拟空间，使整个社会经济生活发生了革命性变革。它冲破时空限制，为世界范围内共享通信、信息与智慧带来的便利提供了可能，从而产生和形成了一种新的文化形式——网络文化。网络文化的发展引起了中国执政党的关注，"在全球化时代网络文化发展的现实当中，能否积极利用和有效管理互联网，能否真正使互联网成为传播社会主义先进文化的新途径、公共文化服务的新平台。人们健康精神文化生活的新空间，关系到社会主义文化事业和文化产业的健康发展，关系到国家文化信息安全和国家长治久安，关系到中国特色社会主义事业的全局"[①]。

（三）公共文化资源空间配置的"结构性失衡"

公共文化资源空间配置的"结构性失衡"并不是一种独特的现象。中国社会发展的趋势在总体上呈现出不均衡的现实，直接体现在城乡之间以及区域之间的不协调。这种非均衡的发展现状一方面源于新中国成立后的政策安排；另一方面在改革开放30年中又因为经济发展的不同步，使得这种差异性在地区之间和城乡之间变得更为明显。经济资源分布的不均衡也直接导致文化资源空间配置的"结构性失衡"。这种资源分布结构性失衡的特点是：（1）从地域上看，公共文化资源集中分布在东部经济发达地区；（2）从行政层级上看，资源分布呈"倒金字塔形"，即行政层级越高，掌握的资源越多，而公共服务需求最大、服务受众最多的基层馆拥有资源不足。

新时期公共文化所表现出来的这些特点，加上转型时期沉淀下来的种种问题，给我国公共文化服务的供给模式及路径选择提出了新的挑战。

---

① 胡锦涛：《以创新的精神加强网络文化建设和管理》，《青年教师》2007年第2期。

第六章 我国公共文化服务供给的模式选择

公共文化服务供给模式对一国或地区的公共文化服务水平有着决定性的影响，选择适合本国或地区的公共文化服务模式，对保障公众文化权利和提升文化软实力都有着重要的意义。我国长期以来实行的是政府主导型的公共文化服务模式，只是在不同时期，政府所起的主导作用有些许变化。总体上，这种公共文化服务模式从根本上说符合我国的政治经济体制及发展方向。但是，随着社会主义市场经济体制的逐步深入，以及在构建和谐社会和科学发展观的指引下，我国的公共文化服务也在与时俱进地调整，逐步引入社会力量，目的是更好地满足公民的文化需求。

我国的公共文化服务体系，是在摒弃了政府的大包大揽、在市场迅速发展的时代背景下进行构建的，既不能走纯公益化的道路，也不能走纯市场化的道路，而要在既符合公平正义的道德标准，又能提高资源配置的效率的基础上，不断探索公益化与市场化有机结合的道路。

第一节 我国公共文化服务供给的博弈分析

本节运用博弈论工具，构建了政府、市场投资主体提供公共文化服务的演化博弈模型，分析在公共文化服务供给的历史发展中的稳定趋势，试图在理论上证明公共文化服务供给的演化稳定点。

一 模型说明

假设政府和市场投资主体在公共文化服务的供给上都有两种策略可以选择：供给和不供给。假设单独由政府承担供给公共文化服务的任务时，政府能获得 π_{g1}，此时市场投资主体从公共文化的供给中获不到直接收益，假设收益为 0；假设公共文化服务由市场投资主体单独供给，此时市场投资主体从公共文化服务的供给中获得 π_{m1} 的收益，由于公共文化消费能够帮助国家构建有益的文化体系，所以此时政府可以从公共文化消费中获得 π_{g2} 的收益；假设政府和市场投资主体联合供给公共文化服务，则此时政府的收益为 π_g，市场投资主体的收益为 π_m；而如果政府和市场投资主体都不供给公共文化服务，则此时双方都得不到任何收益。政府和市场投资主体供给公共文化服务的收益关系如表 6.1.1 所示：

表 6.1.1　　政府和市场投资主体供给公共文化服务的收益矩阵

		市场投资主体	
		供给公共文化服务	不供给公共文化服务
政府	供给公共文化服务	π_g, π_m	π_{g1}, 0
	不供给公共文化服务	π_{g2}, π_{m1}	0, 0

当政府和市场投资主体共同供给公共文化服务时，由于公共文化服务本身的公共性，使得政府以较少的投入获得了较大的社会收益。而当政府把提供公共文化服务的责任让渡给市场主体时，由于市场追逐利润的特性，必然使得公共文化服务的供给不能够满足社会的需要，而且其供给结构可能更加不利于社会低收入阶层，这又给政府遗留了很多问题。政府单独供给公共文化服务时，虽然也难以满足社会的需要，但是其供给结构相比市场来说会更好，获得社会收益会超过由市场单独供给，而由于其投入的有限性，其收益会少于政府和市场共同供给时的收益。因此，我们假设 $\pi_g > \pi_{g1} > \pi_{g2}$。但是 π_m 与 π_{m1} 的大小关系不确定。

下面我们首先分析政府和市场投资主体在供给公共文化服务博弈中的纳什均衡解。很显然，由于 π_m 与 π_{m1} 的大小关系不确定，我们无法判断这个博弈的纳什均衡。那么这个博弈中是不是存在混合策略均衡？

假设政府供给公共文化服务的概率为 p，则不供给公共文化服务的概率为 $1-p$；假设市场投资主体供给公共文化服务的概率为 q，则不供给公共文化服务的概率为 $1-q$。根据求解混合策略的方法：

考虑政府的策略，有

$q\pi_g + (1-q)\pi_{g1} = q\pi_{g2}$，则

$$q = \frac{\pi_{g1}}{\pi_{g1} - (\pi_g - \pi_{g1})} > 1$$

考虑市场投资主体的策略,有

$p\pi_m + (1-p)\pi_{m1} = 0$,则

$$p = \frac{\pi_{m1}}{\pi_{m1} - \pi_m} > 1$$

由于 $0 < p < 1$、$0 < q < 1$。所以,这个博弈不存在混合策略均衡。

但是,上述对政府、市场投资主体在供给公共文化服务中的这种博弈分析并不是对它们经济行为的真实描述。因为在现实世界中,政府、市场投资主体对于供给公共文化服务的博弈行为是重复且动态的,其决策行为也是基于有限理性而不是完全理性作出的,政府、市场投资主体的策略选择实际上是在不断地调整,并且是根据对方策略的变化而不断变化。某种程度上,它们的选择其实是一种试错过程,因此,在这种情况下,采用演化博弈工具来研究政府、市场投资主体策略的调整更符合现实情况。

二 模型的建立与求解

与生物系统类似,公共文化服务供给系统在外部环境变化和内部结构调整的交互作用中随着时间推移而不断演变进化。从微观层次来看,政府和市场投资主体的这种供给公共文化服务关系是在一个具有不确定性和有限理性的空间进行的,彼此的策略又相互影响。因此,由这些参与者在每一阶段重复地进行博弈便构成了演化博弈模型。借鉴生物系统自然选择的思想,演化博弈论中群体的复制者动态被假定为:某种策略的增长率依赖于它的适应度,产生更高收益的策略具有更高的增长率。因此,处于这个系统中的政府、市场投资主体也可以通过模仿和试验使那些应用成功策略的经济主体数量增加。

假定政府与市场投资主体可以随机独立地选择公共文化服务的策略——供给和不供给,并可以多次在供给与不供给公共文化服务的选择中重复地进行博弈。在博弈中,假设政府选择供给公共文化服务的概率是 p,选取不供给公共文化服务的概率是 $1-p$;市场投资主体选择供给公共文化服务的概率是 q,不供给公共文化服务的概率是 $1-q$。

第六章 我国公共文化服务供给的模式选择

根据 Malthusian 方程①,政府选取供给公共文化服务策略的数量的增长率 $\dot{p}/p$ 应等于其适应度 $e_1 A \{q, 1-q\}^T$ 减去其平均适应度 $\{p, 1-p\}$ $A\{q, 1-q\}^T$,其中 $e_1 = [1, 0]$,表示政府以概率 1 选取策略供给公共文化服务,政府的收益矩阵

$$A = \begin{bmatrix} \pi_g & \pi_{g1} \\ \pi_{g2} & 0 \end{bmatrix}$$

故 $\dot{p} = p(1-p)\{1, -1\} A \{q, 1-q\}^T$ 整理得

$$\dot{p} = p(1-p)[(\pi_g - \pi_{g1} - \pi_{g2})q + \pi_{g1}]^T \qquad (1)$$

同理,考虑市场投资主体选择供给公共文化服务策略的数量的增长率 $\dot{q}/q$,其数值应等于其适应度 $e_2 B \{p, 1-p\}^T$ 减去其平均适应度 $\{q, 1-q\} B \{p, 1-p\}^T$,其中 $e_2 = [0, 1]$,表示市场投资主体以概率 1 选取策略供给公共文化服务,市场投资主体的收益矩阵

$$B = \begin{bmatrix} \pi_m & 0 \\ \pi_{m1} & 0 \end{bmatrix}$$ 故 $\dot{q} = q(1-q)\{-1, 1\} B \{p, 1-p\}^T$ 整理可得

$$\dot{q} = q(1-q)[\pi_{m1} + (\pi_m - \pi_{m1})p] \qquad (2)$$

由 $\dot{p} = 0$, $\dot{q} = 0$ 易得,

供给公共文化服务系统 (1)(2) 的平衡点为 (0, 0),(0, 1),(1, 0),(1, 1)。

下面分析供给公共文化服务系统 (1)(2) 的稳定性。

根据系统相应的雅可比矩阵的局部稳定性分析系统在平衡点的局部稳定性②,对 $\dot{p}$ 和 $\dot{q}$ 分别关于和求偏导数,可得雅可比矩阵为:

$$J = \begin{bmatrix} \partial p/\partial p & \partial p/\partial q \\ \partial q/\partial p & \partial q/\partial q \end{bmatrix}$$

$$= \begin{bmatrix} (1-2p)[(\pi_g - \pi_{g1} - \pi_{g2})q + \pi_{g1}] & p(1-p)(\pi_g - \pi_{g1} - \pi_{g2}) \\ q(1-q)(\pi_m - \pi_{m1}) & (1-2p)[\pi_{m1} + (\pi_m - \pi_{m1})p] \end{bmatrix}$$

其中

$\det J = (1-2p)(1-2q)[(\pi_g - \pi_{g1} - \pi_{g2})q + \pi_{g1}][\pi_{m1} + (\pi_m -$

---

① Webull J, Evolutioary Game Theory, Princeton: Princeton Press, 1995.
② Friedman D, Evolutionary Game in Economics, Econom Etrica, 1991, p. 637–666.

$\pi_{m1})p] - pq(1-p)(1-q)(\pi_g - \pi_{g1} - \pi_{g2})(\pi_m - \pi_{m1})$,

$trJ = (1-2p)[(\pi_g - \pi_{g1} - \pi_{g2})q + \pi_{g1}] + (1-2q)[\pi_{m1} + (\pi_m - \pi_{m1})p]$。

在平衡点 $(p,q) = (0,0)$ 处,

$$J = \begin{bmatrix} \pi_{g1} & 0 \\ 0 & \pi_{m1} \end{bmatrix}, detJ = \pi_{g1} \cdot \pi_{m1}, trJ = \pi_{g1} + \pi_{m1};$$

在平衡点 $(p,q) = (0,1)$ 处,

$$J = \begin{bmatrix} \pi_g - \pi_{g2} & 0 \\ 0 & -\pi_{m1} \end{bmatrix}, detJ = -(\pi_g - \pi_{g2}) \cdot \pi_{m1}, trJ = \pi_g - \pi_{g2} - \pi_{m1};$$

在平衡点 $(p,q) = (1,0)$ 处,

$$J = \begin{bmatrix} -\pi_{g1} & 0 \\ 0 & \pi_m \end{bmatrix}, detJ = -\pi_{g1} \cdot \pi_m, trJ = \pi_m + \pi_{g1};$$

在平衡点 $(p,q) = (1,1)$ 处,

$$J = \begin{bmatrix} -(\pi_g - \pi_{g2}) & 0 \\ 0 & -\pi_m \end{bmatrix}, detJ = (\pi_g - \pi_{g2}) \cdot \pi_m, trJ = -(\pi_g - \pi_{g2} + \pi_m)$$。

所以供给公共文化服务系统（1）（2）的平衡点的局部稳定性分析如表6.1.2所示：

表6.1.2　供给公共文化服务系统的平衡点的局部稳定性

平衡点 (p,q)	$detJ$		trJ		局部稳定性
(0, 0)	$\pi_{g1} \cdot \pi_{m1}$	+	$\pi_{g1} + \pi_{m1}$	+	不稳定点
(0, 1)	$-(\pi_g - \pi_{g2}) \cdot \pi_{m1}$	−	$\pi_g - \pi_{g2} - \pi_{m1}$	不确定	鞍点
(1, 0)	$-\pi_{g1} \cdot \pi_m$	−	$\pi_m - \pi_{g1}$	不确定	鞍点
(1, 1)	$(\pi_g - \pi_{g2}) \cdot \pi_m$	+	$-(\pi_g - \pi_{g2} + \pi_m)$	−	演化稳定点

由表6.1.2可看出，(0, 0) 为供给公共文化服务系统的不稳定点，(0, 1)、(1, 0) 为供给公共文化服务系统的鞍点，(1, 1) 为系统唯一的演化稳定点，即政府和市场投资主体联合供给公共文化服务，是供给公共文化服务系统唯一的演化稳定策略（evolutionary stable strategy，简称

ESS）。供给公共文化服务系统的演化相图如图6.1.1所示。

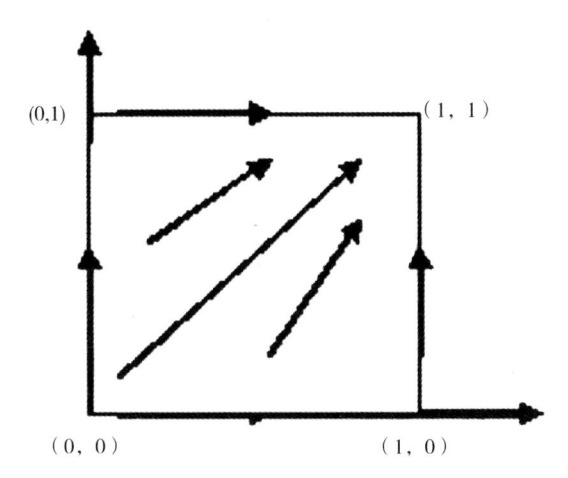

图6.1.1 供给公共文化服务系统的演化相图

在图6.1.1中可看出，（0，0）为系统的源出点，（0，1）、（1，0）为鞍点，（1，1）为汇入点。图6.1.1描述了政府与市场投资主体在供给公共文化服务中的演化博弈过程。系统由一个不稳定点、两个鞍点和一个演化稳定点组成，并且从不稳定点开始逐渐演化到演化稳定点。

三 模型分析

为了进一步分析政府与市场投资主体供给公共文化服务的演化情况，采用数值分析如下：

图6.1.2描述了政府与市场投资主体开始选择策略的比例不同时向平衡点（1，1）的演化轨迹：初始值分别取（0.3，0.7），（0.5，0.5）（0.8，0.2），时间段为[0，100]，用横轴和纵轴分别表示和，在[0，1] × [0，1] 空间中描述了从不同初始点向平衡点（1，1）的演化轨迹（其中取 $\pi_g = 3$，$\pi_{g1} = 2$，$\pi_{g2} = 1$，$\pi_m = \pi_{m1} = 1$）。从图6.1.2可看出在同一图形的三条不同演化曲线中，政府与市场投资主体开始时选择策略的比例差别越大，向平衡点（1，1）演化的过程越缓慢。

当政府与市场投资主体供给公共文化服务的概率 $p < q$，系统的演化区域为图6.1.3中区域Ⅱ。在这种情况下，市场投资主体供给公共文化服务占主导地位，而政府供给公共文化服务占辅助地位。这种供给公共文化

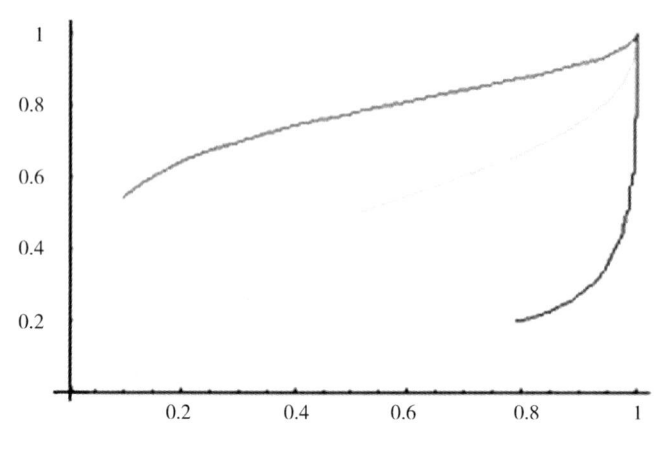

图6.1.2　不同初始值的系统演化动态

服务的演化模式实际上是西方国家的公共文化供给演化模式。在西方国家，市场投资主体供给公共文化服务占主导地方，国家根据社会发展的需要，进一步补充市场投资主体的投资范围与力度，保证构建有利国家经济、文化发展需要的文化体系。但是，这种供给公共文化的投资并不占主要地位。

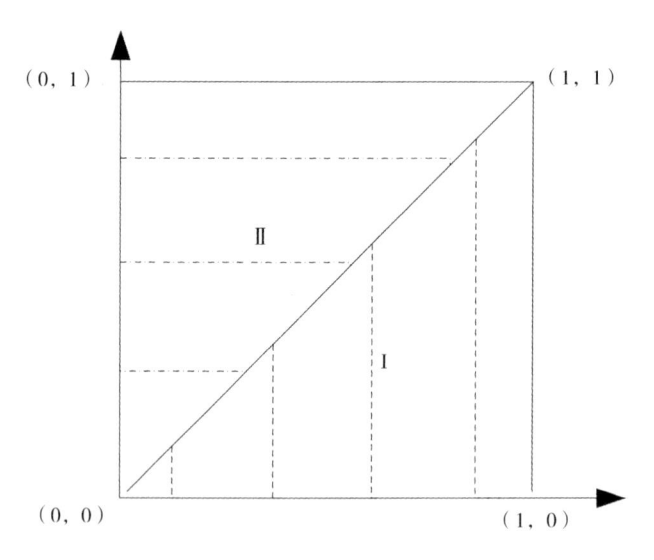

图6.1.3　p,q大小不同时的系统演化区域

特别是当政府与市场投资主体供给公共文化服务的概率(p,q)=$(0,1)$时，即供给公共文化服务发展的开始就是完全有市场投资主体供

给公共文化服务，系统的演化轨迹如图6.1.4所示。这种情况实际上是西方国家出现的一个极端情况，开始政府完全把供给公共文化服务的任务交给市场投资主体，但是，市场投资主体供给公共文化是带有牟利需求的，虽然他能较好地满足人们的消费需求，但是他却无法保证构建有利社会发展的文化体系。当政府逐渐意识到这个问题时，政府就会采用宏观调控的方式干预公共文化服务的供给，最后，逐步发展到和市场共同联合供给公共文化服务。

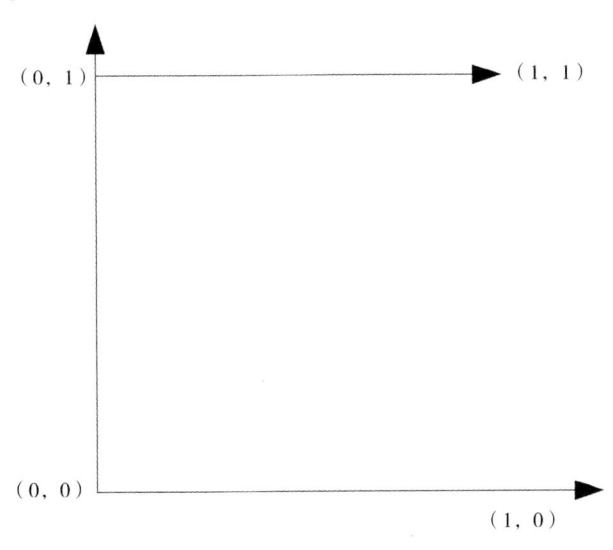

图6.1.4 $(p,q) = (0,1)$ 时的系统演化轨迹

当政府与市场投资主体供给公共文化服务的概率 $p > q$，系统的演化区域为图6.1.3中区域Ⅰ。在这种情况下与上面介绍的 $p < q$ 情况恰恰相反。政府供给公共文化服务占主导地位，市场投资主体供给公共文化服务为辅。这种供给公共文化服务的演化模式实际上是我国的公共文化供给演化模式。在我国，受历史原因，在一段时间内计划经济为主体，那时政府完全供给公共文化服务，改革开放后，虽然政府不是完全供给，但是政府供给公共文化服务仍然占主导地方，市场投资主体供给公共文化虽然能进一步满足人们的文化消费需求，但是这种供给公共文化的投资并不占主要地位。

特别是当政府与市场投资主体供给公共文化服务的概率时 $(p,q) = (1,0)$，即供给公共文化服务发展的开始就是完全由政府供给公共文化服

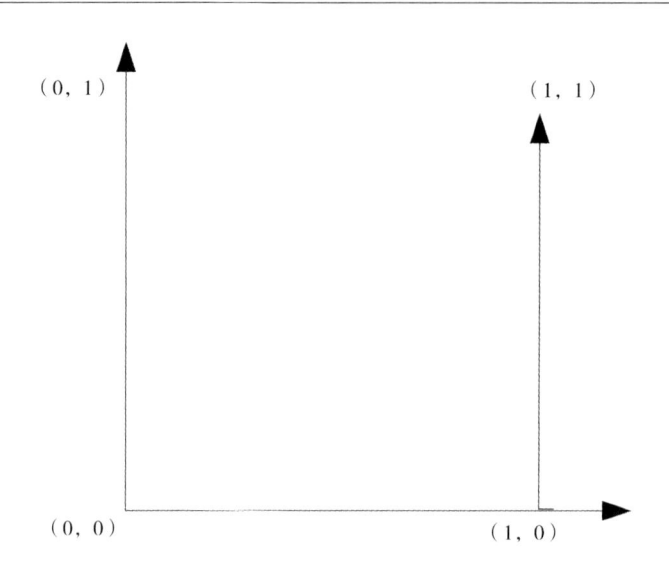

图6.1.5 $(p,q)=(1,0)$ 时的系统演化轨迹

务,系统的演化轨迹如图6.1.5所示。这种情况实际上是我国计划经济时期的公共文化供给模式,是我国社会主义发展不健全的一个极端情况。开始政府完全承担供给公共文化服务的任务,但是由于经济发展的限制,由于资金有限,仅仅政府供给的公共文化服务不能满足人们对公共文化的消费需求,也没有更多的资金保证构建有利社会发展的文化体系。当政府逐渐意识到这个问题时,政府就会采用宏观调控的方式干预公共文化服务的供给,诱导市场投资主体参与公共文化服务的供给,最后逐步发展到政府和市场投资主体共同联合供给公共文化服务。

第二节 我国公共文化服务的供给模式选择

上节我们已经通过演化博弈模型分析了我国公共文化服务供给的最优路径,结果表明:政府和市场的共同供给是一种理想的选择。进一步说,公共文化服务的主要功能表现在公众基本文化权利的保障和国家文化软实力的提升。不管由哪一个主体供给公共文化服务,都必须要考虑到社会公益性与市场机制的兼容,对这一尺度的把握将影响到我国公共文化服务供给的现实选择。

一 目标模式："社会供给+政府促进"的公共文化服务供给

中国公共文化服务的发展经历了由政府独办到逐渐向社会力量开放的历史过程，"社会供给"公共文化服务成了历史趋势。随着新兴文化产业的发展和社会各项改革的推进，这种趋势将更加清晰和明确。

（一）公共文化服务供给中社会的主体角色

在市场经济体制下，公共文化服务的供给首先要与市场经济体制的要求相适应，与发展文化产业的规律相适应。就几十年来的公共文化服务建设来看，基层文化站的几起几落，县区文化馆、图书馆功能的弱化，也说明了文化服务远离需求和市场就会被边缘化。

文化产业并不是和社会事业、公共服务、政府需求等相对立的概念。在良好的制度安排、健康的市场环境和有效的市场监管条件下，文化产业发展完全可以将上述功能和目标融合起来，实现和谐发展（庞井君，2008）①。在计划经济条件下，文化完全是政府行政职能的延伸。但在市场经济条件下，作为一个整体，文化的运行具有明显的投入产出关系，具有现代化大生产的高技术、高投入、批量生产的经济特征，具有参与到市场经济体系创造效益、谋求发展的巨大潜力，是国民经济发展新的增长点，是社会生产力的重要组成部分。公共文化服务承载着价值传承、宣传教育、公共服务、信息资讯、文化娱乐等多重任务，文化产业特性发挥得越好，上述任务才可能实现的越好。公共文化不可能脱离产业功能的发挥，游离于市场经济体系之外完成上述任务。

（二）公共文化服务供给中政府的促进角色

在市场经济条件下，社会主体的整体价值不能单独依靠发挥政府职能得到保证，而是更大程度地依赖不同利益主体内在的社会性的充分发挥所形成的合力来实现。政府所承担的是其他群体不能承担、不能取代的职能。

随着市场经济体制的不断完善，政府将逐渐退出一般性的文化产业竞争领域，形成"政府供给"和"社会供给"相区分的态势：一些有政府

---

① 庞井君：《构建新型文化体制框架的理论思考》，载《文化蓝皮书：2008年中国文化产业发展报告》，社会科学文献出版社2008年版。

参与的、多种力量共同合作的具有混合性质的公共文化服务主体逐渐发育起来，承接原来由政府独立履行的公共文化服务职能。政府在社会文化发展中的角色回归于公共文化服务的责任主体和文化产业发展的监管主体。在这一演变过程中，市场机制被引入公共文化服务领域，并逐渐在资源配置中起到主导和基础作用。市场机制也推动公共文化服务供给方式发生重大变化，政府的垄断地位和单一供给主体的身份将发生变化，竞争将加快一元供给模式被社会多元供给模式取代的速度。

综上，政府对文化事业的管理上由过去的微观管理变为宏观管理，从直接办文化向为文化发展提供服务转变，从以管理直属单位为主向为全社会提供公共文化设施和文化产品，从以行政手段管理文化市场为主向以经济调节、以法律手段规范为主转变。具体地说，政府应更偏重于满足公众基本文化权利的公共文化服务供给，这在很长一段时间都需要政府直接供给，尤其是在资金方面，需要政府的财政保障。而对于与经济增长相匹配、相协调的主流文化，则可由政府引导，由社会为主来供给，包括资金、组织、人员等方面。换句话说，政府主要保障公众的基本文化权利，而社会力量在提升文化软实力方面发挥主要作用，当然，这一作用的发挥还是以政府提供的各种制度保障为基础的。

（三）"社会供给 + 政府促进"模式的约束条件

"社会供给 + 政府促进"的公共文化服务供给模式无疑对思考构建公共文化服务体系具有重要启发意义，但同时也必须看到这一模式具有一定的抽象性和理想性。要将这一模式落到实处不但需要相当的时间，而且需要一些外在条件。

1. 政府职能的转变。切实由"管理型政府"向"服务型政府"转变，充分调动社会和市场的相关力量，使政府职能转到公共管理和公共服务上来。在此之前，"社会办"的全面实现缺乏必要条件。

2. 充分发展的社会中介组织。在完善的市场经济体制下，社会中介组织在政府和行业之间发挥着重要的桥梁和纽带作用，承接行业发展提出的准公共服务和公共管理职能，承接政府交办、委托的公共服务和公共管理的任务。当前，由于我国文化领域中的社会中介组织没有充分发育，"社会供给 + 政府供给"的模式存在断裂，无法正常运转。

3. 完善的法律框架。在"社会供给 + 政府促进"模式下，各利益主体之间的利益关系将出现多元化、多样化和复杂化特征，缺乏完善的法律法规，仅靠行政命令和制度安排无法确保各方利益的实现和整个体系的有序运行。当前，文化法制建设严重滞后，从根本上制约了该模式的现实化。

在上述三个条件还不具备的情况下，公共文化服务供给的"社会供给＋政府促进"模式很难在短时间内全面变成现实。

二 过渡模式："政府供给＋社会供给＋政府管理"的公共文化服务供给

依据中国国情和政治体制改革的现状，提出我国公共文化服务"政府供给＋社会供给＋政府管理"的"双轨制"供给模式，就具有重要的现实意义。

在公共文化服务的各个领域、各个环节加大社会开放的力度，明确划分政府办和社会办的界限。公共文化服务供给以政府为主，同时要充分调动社会和市场力量参与公共文化服务的积极性，努力培育公共文化服务的多元提供模式。

（一）政府应保障基本的公共文化服务能够为所有社会公众平等享有

政府的公共文化服务的投入要以满足公众基本文化权利为主，为最广大的社会公众服务。在资金分配上，按照财权事权对称的原则，把支出的重点放在农村和西部地区，优先保证资金落后地区的资金供给，着力改善贫困地区的公共文化服务网络；其次，在项目选择上，应当坚持把群众喜闻乐见、中央和地方都有较大需求的项目作为优先选择目标。促进公共文化服务的繁荣，保障民众的文化权利，提升民众的文化素养，推动以爱国主义为核心的社会主义核心价值体系的形成。要做到基本公共文化服务均等化，中央政府可通过财政转移支付或者专项补贴等形式尽可能减少和平衡不同地区之间公共文化服务水平和质量上的差异。

立法机关应该通过立法保障公民的文化权益，政府应依法实现公民的宪法权利，制定公共文化服务的基本标准，扩大公共文化服务的覆盖面。通过立法，强化政府公共文化服务职责，使政府的职能性功能不因政府领导的爱好、重视与否而改变，也不因民众的瞩目与否而减弱。

(二) 政府应创造条件引导社会供给主流文化

在大力建设公共文化服务体系之外，政府也要创造条件大力推动文化产业的繁荣。公共文化的繁荣离不开繁荣的文化市场、发达的文化产业。如果文化产业不发达，仅靠公共服务是不可能实现的。市场化手段有助于公共文化服务体系的建设，发展好文化产业，文化产品越丰富、越便宜，社会公众能够享受的服务就越多。

1. 内容引导

政府应引导公共文化社会力量加快发展文化事业和文化产业，提高我国文化的总体实力和国际竞争力。壮大我国文化产业规模，打造具有核心竞争力的文化产品和文化品牌。提高文化传播力，把提升主流媒体影响力作为提高文化传播力的战略重点，进一步加大投入，完善扶持政策，提高核心竞争力。营造宽松和谐的发展环境，调动社会各方面的力量参与支持文化建设，激发全社会的文化创造力。

2. 资金引导

政府应当通过财税手段鼓励社会资源的投入，只要能够有利于公共文化服务体系建设的资源都应当投入其中。结合我国的实际情况，可以通过财政贴息贷款、政府担保、税收优惠等多种方式，鼓励社会力量提供各类公共文化服务。通过政府采购、委托生产和公共文化项目外包等途径，鼓励非营利组织等各类社会力量参与公共文化产品和服务的生产，使竞争在非营利组织之间，在非营利组织与政府文化部门之间开展竞争，进一步提高财政资金的使用效率。充分发挥税收减免的激励作用，鼓励和扶持各类社会主体参与公共文化服务的供给。在鼓励企业生产更多文化产品和降低文化产品价格的同时，引导企业生产政府所期望的公共文化产品和提供政府所期望的公共文化服务。

3. 组织引导

鼓励和引导社会资金兴办国家允许的各类公共文化设施，开展公共文化服务。发挥政府的组织引导作用，加强对社会文化供给部门的指导、监督，并从资金、设施、场地、机构、人员等方面给予支持，保障其正常运转和功能的充分发挥。引导社会文化机构完善功能定位，明确服务目标、任务和责任，建立考核、激励和约束机制，提高使用效益。

4. 奖励引导

政府可建立专项资金，用于支持能够引导、带动社会资本进入文化产业领域、提升文化产业自主创新能力和市场竞争力、具有显著社会效益和经济效益的文化产业项目。具体支持范围包括：重点文化产业示范基地、文化产业示范区块、文化产业示范企业建设或改造；具有示范和带动作用的文化企业技术改造与升级；影视、文学艺术、动漫、数字内容等重大文化产品生产；地方传统特色文化资源开发、利用；拥有自主知识产权的重大文化产品或服务出口；重要文化产业宣传推广活动等。

新时期公共文化服务的模式创新，并不是要丢掉政府承办社会公益文化的职能。"公益文化政府办"仍然是新形势下文化部门改革的一个基本原则。新时期公共文化服务供给改革的方向和目标并不表现为政府办公益文化的职能有什么变化，而是主要表现为以与市场体制相适应的新的方式方法，以创新的手段办好公益文化。其核心是通过广泛动员社会力量，形成发展公益文化事业的多元支持系统。

第七章　我国公共文化服务政府供给情况的实证分析

前文我们分析了我国公共文化服务提供模式的历史演变及路径选择，指出在我国构建和谐社会和实施科学发展的目标下，单一的政府供给不能够满足公众迅速增长的公共文化需求，亟须引入社会力量来共同供给公共文化服务。但是，需要强调的是，现在及以后的发展中，提高政府的供给能力依然是构建公共文化服务体系中的重要一环。因此，在努力形成社会共同关心公共文化服务环境的同时，强化政府的公共文化供给能力是必要而且急需解决的问题。

本书对政府在公共文化服务供给中的作用从三个方面进行实证分析：首先，对政府在公共文化服务中的工作重点进行分析；然后，分析公共文化服务政府的供给效率；最后，通过公众对政府供给公共文化服务的满意度情况来综合反映政府在公共文化服务供给中所起到的作用。

本章拟构建评价指标体系来对政府公共文化服务的供给情况进行分析。首先，针对我国省级政府的公共文化供给能力进行聚类分析，对各省的公共文化服务供给水平进行分类；然后，在聚类分析得出的结果中，选择若干有代表性的省进行因子分析，确定各省相应的公共文化服务供给水平，以此深入分析影响我国各级政府公共文化服务供给水平的因素；此外，通过国际比较，明确我国公共文化服务供给水平的国际地位及存在的差距，为今后制度改进提供决策依据。

第一节 公共文化服务供给评价指标的选择

一 文化统计指标的设置

文化统计指标的设置一直是社会统计学中的难题。联合国教科文组织于 1987 年才开始公布文化统计框架，2000 年出版了《世界文化报告》，以文化活动和趋势、文化习俗与遗产、文化协定、文化贸易与传播趋势、翻译、文化发展脉络六大方面来进行文化指标的构建。① 但其主题是文化与发展的关系，并非衡量公共文化服务的指标。从已有的发展来看，公共文化指标的提出，总的来看还是处于起步和尝试阶段。主要表现在：

第一，公共文化服务理论体系还处于探索阶段。对于公共文化服务体系的理论框架还没有形成一个明确的共识，其概念、范围、内容等基本理论还在处于讨论阶段。这使得对一些指标的认识可能存在分歧。

第二，测量标准很难避免主观任意性。表现在指标的选择上，选择哪些指标，选择多少指标，存在一定的任意性；在指数合成上，没有普遍认同的科学方法，缺乏统一的权数分配的定量标准。另外，对于如何评估公共文化建设的指标，如何应用评估值，现有的研究也都没有形成系统的科学体系。

第三，已有研究缺乏实证分析来检验构建的指标体系。最后，政府公共文化指标是期望通过指标评价来改进政府系统内的激励机制、监督机制和责任机制，属于政府运行机制优化的范畴。但是，由于运行机制是在体制基础上发挥作用，因此，政府绩效评估的作用和效果也是有限度的。

二 本书的研究角度

本书研究的是在公共文化服务体系构建过程中政府应承担的责任和作用的发挥，这需要通过一套设计合理的评价指标体系来对政府公共文化管理的过程和结果进行监测，以反映政府的努力程度和绩效水平，发现问题、分析问题和解决问题。因此，与已有研究成果不同的是，本书需要构

---

① 联合国教科文组织网页（http://www.unesco.org），及联合国教科文组织编：《世界文化报告（1998—2000）》，关世杰译，北京大学出版社 2000 年版。

建的是评价政府公共文化服务供给水平的指标体系，而不是一个完整的、包括各方参与的公共文化服务指数。主要原因在于：（1）根据前文分析可知，在现阶段，我国公共文化服务体系的构建主要在于发挥政府的作用，政府的努力程度决定了公众享受公共文化服务的水平；（2）根据数据的可得性，政府的统计资料较之非政府组织等提供者更容易获得，且具有系统性和连续性。指标要求的数据基本上有现行统计的依据和数据采集渠道，比较容易操作。

本节拟编制政府公共文化服务供给水平的评价指标体系，目的是通过衡量某一地区某一时期内公共文化服务水平和状态，找出现阶段存在的问题和区域之间的差距，为公共文化服务的各层次决策者进一步提高公共文化服务供给水平提供决策依据。

本书主要从公共文化服务的投入、产出、绩效三个方面综合测评政府的公共文化服务供给水平，主要评价要素包括：（1）公共文化的政府投入规模与结构；（2）政府提供的公共文化服务设施的规模、数量；（3）政府举办公共文化活动的次数、频率；（4）已建公共文化设施利用情况。

三 政府公共文化服务供给水平评价指标体系的构建

（一）评价指标的构建原则

1. 客观性。在评价体系的框架构建中，指标的选取和层次的分布主要依据对政府供给能力的分析，并从可操作性出发，以适当满足为原则，在保证能够取得足够信息的前提下，指标的数量要适度，以实现结构的轻量化，便于操作。

2. 可行性。选择公众关注的指标有助于政府赢得民众的支持。如 Essama – Nssah（2000）认为在评价指标的设计上，强调反映产出的指标能够描述远景预期，同时注重可理解性和逻辑上的一致。但这种选择必须体现政府机构的执政能力与应对挑战的技能。这就需要在框架指标设置上，不仅要避免那些定义复杂、计算繁复的指标，更要避免那些在理论上可行、而实践中难以获取或取得代价过大的指标。

3. 可监督性。既可以让公众对政府的公共服务效率给予公平评估，也有利于政府随时与别的机构、中介、公众进行沟通。而公开性则使得政府就随时处于民众的监督之下。

（二）评价指标的选择及说明

对公共文化服务水平的评价指标体系，本书遵循保障公众文化权利和提升文化软实力的思路构建。结合我国的实际情况，参照有关学者提出的公共文化建设的相关指标内容，本书构建的评估指标体系由反映政府公共文化投入、公共文化发展规模、公共文化活动方面的三类指标组成。其中，公共文化投入和公共文化发展规模指标既反映了政府对公众文化权利的保障，也是构成文化软实力的内容，分别属于文化软实力的价值指标和实物指标[①]。公共文化活动主要反映了公众文化权利的保障。

1. 政府公共文化投入

选用人均文化机构事业费支出和文化支出占财政支出的比重来反映政府对公共文化事业的投入。

2. 公共文化发展规模

选用艺术表演团体机构数、艺术表演场馆机构数、公共图书馆机构数、群众艺术馆数、文化馆数、文化站机构数、博物馆机构数、非物质文化遗产保护机构数以及文化信息资源共享工程机构数来反映政府现有的公共文化服务设施规模；用公共文化从业人员数来反映公共文化服务人力资源；用公共图书馆藏书量反映现有藏书规模。其中，艺术表演团体机构数和艺术表演场馆机构数采用文化部门所属的机构；公共文化从业人员数我们用上述公共文化机构从业人员数之和占人口数来表示；用来衡量发展规模时，出于运算的方便，我们选用每万人拥有数量来统计。

3. 公共文化活动

我们选用文化部门艺术表演团体演出场次（千次）、文化部门艺术表演场馆艺术演出场次（千场次）、公共图书馆总流通人次（千人）、群众艺术馆、文化馆、文化站举办展览个数（个）、群众艺术馆、文化馆、文化站举办培训班班次（次）、博物馆举办陈列、展览（个）、非物质文化遗产传承活动（传习所）（个）、文化信息资源共享工程服务人次（人）等指标来反映当年政府所举办的公共文化服务活动及现有公共文化服务设施的利用效率。

[①] 参见杨新洪《关于文化软实力量化指标评价问题研究》，《统计研究》2008 年第 25 卷第 9 期，第 44—48 页。

具体指标选择如下：

X1：文化支出占财政支出的比重 = 文化体育与传媒支出/财政支出数

X2：人均文化机构事业费支出 = 文化体育与传媒支出/人口数

X3：每万人拥有文化部门艺术表演团体机构数 = 文化部门艺术表演团体机构数/人口数

X4：每万人拥有文化部门艺术表演场馆机构数（个）= 文化部门艺术表演场馆机构/人口数

X5：文化部门艺术表演团体演出场次（千次）

X6：文化部门艺术表演场馆艺术演出场次（千场次）

X7：每万人拥有公共图书馆数 = 公共图书馆机构数/人口数

X8：人均公共图书馆藏书量 = 公共图书馆总藏量（千册）/人口数（万人）

X9：公共图书馆总流通人次（千人）

X10：每万人拥有群众艺术馆、文化馆、文化站机构数（个）= 群众艺术馆、文化馆、文化站机构数/人口数

X11：群众艺术馆、文化馆、文化站举办展览个数（个）

X12：群众艺术馆、文化馆、文化站举办培训班班次（次）

X13：每万人拥有博物馆机构数（个）= 博物馆机构数/人口数

X14：博物馆举办陈列 + 举办展览（个）

X15：每万人拥有非物质文化遗产保护机构数（个）= 非物质文化遗产保护机构数/人口数

X16：非物质文化遗产传承活动（传习所）（个）

X17：每万人拥有文化信息资源共享工程机构数（个）= 文化信息资源共享工程机构数/人口数

X18：文化信息资源共享工程服务人次（人）

X19：每万人中公共文化从业人员数 = ［文化部门艺术表演团体从业人员数（人）+ 文化部门艺术表演场馆从业人员数（人）+ 公共图书馆从业人员数（人）+ 群众艺术馆、文化馆、文化站从业人员数（人）+ 文物系统博物馆从业人员数（人）+ 非物质文化遗产保护从业人员数（人）］/人口数

从上述选择指标可看出，我们选择的指标基本上是以存量的形式出现

的，没有选择随年度变化幅度较大的指标，如文化基建投入及相关指标，某一年度有，而另一年度可能没有，这种年度变化幅度较大的指标也会影响到最后指标值的计算。

第二节 我国公共文化服务供给水平指标体系的聚类分析

本节对我国2016年的公共文化服务相关数据加以整理，运用聚类分析研究方法来说明我国省级政府公共文化服务提供能力的区域性特征。在地方政府的选择中，我们选用31个省级政府的资料，香港、澳门、台湾地区由于和其他内陆地区实施的政治、经济、文化制度不同，暂不统计在内。

一 我国省级政府公共文化服务提供能力指标衡量

按照已构建的公共文化服务供给能力指标体系，我们选用2016年的各地区相关数据进行分析，各地区19个反映公共文化服务供给能力指标值如表7.2.1所示。

为了消除指标之间单位不同以及指标方向不同对计算结果的影响，需要对指标进行无量纲化和正向化处理，下面给出了指标无量纲化和正向化处理的方法，即指标的标准化。

在确定指标后，首先分析指标的类型。一般指标有两类，一类是正向指标，此类指标越大越优；另一类是逆向指标，此类指标越小越优。为了消除指标方向不同和单位不同对决策的影响，在计算前先进行指标正向化和无量纲化，即把两类指标均转换为 [0，1] 之间的正向指标。方法如下：

（1）对正向指标，处理方式如下：

$$x'_{ij} = \frac{x_{ij} - \min\limits_{i=1,\cdots,31} x_{ij}}{\max\limits_{i=1,\cdots,31} x_{ij} - \min\limits_{i=1,\cdots,31} x_{ij}}, \quad j=1, 2\cdots, 19;$$

（2）对逆向指标，处理方法如下：

$$x'_{ij} = \frac{\max\limits_{i=1,\cdots,31} x_{ij} - x_{ij}}{\max\limits_{i=1,\cdots,31} x_{ij} - \min\limits_{i=1,\cdots,31} x_{ij}}, \quad j=1, 2, \cdots, 19。$$

表7.2.1　2016年各地区公共文化服务供给能力指标一览表

地区	X1	X2	X3	X4	X5	X6	X7	X8	X9	X10	X11	X12	X13	X14	X15	X16	X17	X18	X19
北京	0.029	404.501	0.009	0.037	6.640	13.950	0.012	8.098	8234.530	0.169	2080	20215	0.020	258	0.000	0	0.190	632046	4.475
天津	0.018	186.904	0.022	0.030	3.490	1.660	0.024	8.920	6763.400	0.197	957	4226	0.014	133	0.019	35	0.290	375295	4.384
河北	0.013	51.562	0.034	0.014	43.640	5.570	0.023	2.153	7124.810	0.315	5926	10462	0.009	265	0.022	203	0.100	1268493	2.629
山西	0.016	87.410	0.075	0.023	43.710	2.590	0.035	3.292	3496.740	0.428	2879	4928	0.024	254	0.031	602	0.060	464708	5.909
内蒙古	0.023	214.223	0.049	0.011	17.480	1.260	0.046	3.521	3095.600	0.413	2138	6900	0.019	183	0.018	116	0.010	39897	5.212
辽宁	0.018	129.738	0.056	0.014	14.710	5.750	0.029	6.365	16656.190	0.351	4246	14909	0.014	409	0.006	42	0.010	523066	3.723
吉林	0.018	119.894	0.025	0.012	7.230	2.220	0.024	4.872	4902.830	0.351	1332	3499	0.026	436	0.001	25	0.270	4224075	3.720
黑龙江	0.018	103.043	0.023	0.011	10.180	0.740	0.026	4.100	6166.130	0.320	2408	6586	0.019	259	0.016	72	0.050	235220	3.020
上海	0.017	238.601	0.033	0.045	15.760	8.860	0.013	28.630	14599.150	0.105	2483	19721	0.013	205	0.008	49	0.570	913197	6.497
江苏	0.018	112.689	0.046	0.024	84.660	7.300	0.014	5.173	27866.170	0.184	6953	17410	0.023	1383	0.016	194	0.740	8315143	3.052
浙江	0.024	141.635	0.080	0.044	97.010	31.140	0.018	6.520	42532.410	0.296	6979	19726	0.018	922	0.017	523	1.630	19280208	5.197
安徽	0.020	86.761	0.197	0.013	299.350	3.740	0.015	1.907	6714.140	0.248	3250	7712	0.011	730	0.013	101	0.090	682854	3.999
福建	0.016	73.386	0.101	0.016	81.790	13.700	0.023	4.176	11819.530	0.321	2749	11105	0.025	498	0.024	413	0.020	1131988	5.211
江西	0.015	63.611	0.023	0.012	16.940	1.680	0.024	3.302	5958.180	0.411	2258	5234	0.023	544	0.023	352	0.020	416971	4.266
山东	0.018	77.208	0.012	0.009	18.550	1.750	0.016	3.666	16030.200	0.211	9525	22278	0.012	1002	0.016	447	7.140	18309264	2.152
河南	0.016	58.471	0.044	0.017	103.010	3.720	0.015	1.834	10108.580	0.262	6915	10677	0.011	846	0.015	5241	1.660	14143240	3.757

续表

地区	X1	X2	X3	X4	X5	X6	X7	X8	X9	X10	X11	X12	X13	X14	X15	X16	X17	X18	X19
湖北	0.015	64.017	0.034	0.012	34.220	4.220	0.019	3.808	12711.910	0.239	3922	8424	0.020	484	0.017	243	0.060	2165868	3.078
湖南	0.015	60.364	0.017	0.010	21.380	4.180	0.018	2.800	9402.210	0.387	3487	7844	0.011	352	0.019	234	0.010	2902697	2.462
广东	0.031	159.145	0.033	0.014	42.250	14.950	0.013	4.183	45651.140	0.167	7536	27522	0.015	1306	0.010	222	0.030	13895430	3.407
广西	0.016	71.089	0.029	0.005	12.340	1.600	0.022	3.817	11002.400	0.272	2202	7222	0.013	270	0.028	257	0.030	950063	2.769
海南	0.020	133.632	0.068	0.010	7.940	0.390	0.023	3.921	1931.310	0.267	454	1373	0.017	79	0.026	43	0.020	684177	4.300
重庆	0.014	83.316	0.055	0.015	12.360	1.920	0.015	3.425	5880.300	0.359	3019	6866	0.013	259	0.014	79	0.020	432590	3.099
四川	0.014	73.792	0.041	0.012	47.420	7.960	0.019	3.083	11514.270	0.525	8126	18412	0.011	445	0.025	306	0.030	2790393	2.826
贵州	0.015	68.927	0.018	0.003	6.400	0.450	0.027	2.300	2665.130	0.435	1348	3200	0.015	523	0.027	3196	0.530	272839	2.812
云南	0.016	77.206	0.032	0.007	17.410	2.480	0.033	3.277	9619.270	0.329	4161	11175	0.025	821	0.025	301	0.010	946026	3.033
西藏	0.023	414.518	0.096	0.073	1.410	0.400	0.013	1.662	24.490	0.980	61	81	0.007	11	0.027	2	0.100	1590	5.332
陕西	0.022	128.139	0.033	0.027	20.410	2.620	0.030	2.835	3840.570	0.482	4388	8327	0.027	419	0.024	373	0.010	203769	5.626
甘肃	0.020	116.310	0.032	0.012	15.550	0.740	0.036	3.715	4141.230	0.506	3046	8857	0.036	376	0.038	109	0.040	843704	4.504
青海	0.016	205.561	0.053	0.037	2.760	0.450	0.078	7.146	898.480	0.522	711	1280	0.032	54	0.076	30	0.030	68943	5.060
宁夏	0.029	254.239	0.074	0.025	4.700	0.800	0.032	6.872	1471.200	0.395	1203	2922	0.009	47	0.039	76	0.220	187812	6.374
新疆	0.020	155.250	0.062	0.010	12.660	0.400	0.043	4.273	3643.080	0.541	3509	5862	0.029	179	0.040	117	0.190	1535686	4.553

资料来源：由《中国文化文物统计年鉴—2017》加以整理。

表 7.2.2　标准化指标一览表

地区	X1	X2	X3	X4	X5	X6	X7	X8	X9	X10	X11	X12	X13	X14	X15	X16	X17	X18	X19
北京	0.889	0.972	0.000	0.486	0.018	0.441	0.000	0.239	0.180	0.073	0.213	0.734	0.448	0.180	0.000	0.000	0.025	0.033	0.535
天津	0.278	0.373	0.069	0.386	0.007	0.041	0.182	0.269	0.148	0.105	0.095	0.151	0.242	0.089	0.250	0.007	0.039	0.019	0.514
河北	0.001	0.000	0.133	0.157	0.142	0.168	0.167	0.018	0.156	0.240	0.620	0.378	0.069	0.185	0.290	0.039	0.013	0.066	0.110
山西	0.167	0.099	0.351	0.286	0.142	0.072	0.349	0.060	0.076	0.369	0.298	0.177	0.586	0.177	0.408	0.115	0.007	0.024	0.865
内蒙古	0.556	0.448	0.213	0.114	0.054	0.028	0.515	0.069	0.067	0.352	0.219	0.248	0.414	0.125	0.237	0.022	0.000	0.002	0.704
辽宁	0.278	0.215	0.250	0.157	0.045	0.174	0.258	0.174	0.365	0.281	0.442	0.540	0.242	0.290	0.079	0.008	0.000	0.027	0.362
吉林	0.278	0.188	0.085	0.129	0.020	0.060	0.182	0.119	0.107	0.281	0.134	0.125	0.655	0.310	0.013	0.005	0.036	0.219	0.361
黑龙江	0.278	0.142	0.075	0.114	0.029	0.011	0.212	0.090	0.135	0.246	0.248	0.237	0.414	0.181	0.211	0.014	0.006	0.012	0.200
上海	0.223	0.515	0.128	0.600	0.048	0.275	0.015	1.000	0.319	0.000	0.256	0.716	0.207	0.141	0.105	0.009	0.079	0.047	1.000
江苏	0.278	0.168	0.197	0.300	0.279	0.225	0.030	0.130	0.610	0.090	0.728	0.632	0.552	1.000	0.211	0.037	0.102	0.431	0.207
浙江	0.611	0.248	0.378	0.586	0.321	1.000	0.091	0.180	0.932	0.218	0.731	0.716	0.380	0.664	0.224	0.100	0.227	1.000	0.701
安徽	0.389	0.097	1.000	0.143	1.000	0.109	0.046	0.009	0.147	0.163	0.337	0.278	0.138	0.524	0.171	0.019	0.011	0.035	0.425
福建	0.167	0.060	0.489	0.186	0.270	0.433	0.167	0.093	0.259	0.247	0.284	0.402	0.621	0.355	0.316	0.079	0.001	0.059	0.704
江西	0.112	0.033	0.075	0.129	0.052	0.042	0.182	0.061	0.130	0.350	0.232	0.188	0.552	0.388	0.303	0.067	0.001	0.022	0.487
山东	0.278	0.071	0.016	0.086	0.058	0.044	0.061	0.074	0.351	0.121	1.000	0.809	0.173	0.722	0.211	0.085	1.000	0.950	0.000
河南	0.167	0.019	0.186	0.200	0.341	0.108	0.046	0.006	0.221	0.179	0.724	0.386	0.138	0.609	0.197	1.000	0.231	0.734	0.369

续表

地区	X1	X2	X3	X4	X5	X6	X7	X8	X9	X10	X11	X12	X13	X14	X15	X16	X17	X18	X19
湖北	0.112	0.034	0.133	0.129	0.110	0.125	0.106	0.080	0.278	0.153	0.408	0.304	0.448	0.345	0.224	0.046	0.007	0.112	0.213
湖南	0.112	0.024	0.043	0.100	0.067	0.123	0.091	0.042	0.206	0.322	0.362	0.283	0.138	0.249	0.250	0.045	0.000	0.150	0.071
广东	1.000	0.296	0.128	0.157	0.137	0.473	0.015	0.093	1.000	0.071	0.790	1.000	0.276	0.944	0.132	0.042	0.003	0.721	0.289
广西	0.167	0.054	0.106	0.029	0.037	0.039	0.152	0.080	0.241	0.191	0.226	0.260	0.207	0.189	0.369	0.049	0.003	0.049	0.142
海南	0.389	0.226	0.314	0.100	0.022	0.000	0.167	0.084	0.042	0.185	0.042	0.047	0.345	0.050	0.342	0.008	0.001	0.035	0.494
重庆	0.056	0.087	0.245	0.172	0.037	0.050	0.046	0.065	0.128	0.290	0.313	0.247	0.207	0.181	0.184	0.015	0.001	0.022	0.218
四川	0.056	0.061	0.170	0.129	0.154	0.246	0.106	0.053	0.252	0.480	0.852	0.668	0.138	0.316	0.329	0.058	0.003	0.145	0.155
贵州	0.112	0.048	0.048	0.000	0.017	0.002	0.227	0.024	0.058	0.377	0.136	0.114	0.276	0.373	0.355	0.610	0.073	0.014	0.152
云南	0.167	0.071	0.122	0.057	0.054	0.068	0.318	0.060	0.210	0.256	0.433	0.404	0.621	0.590	0.329	0.057	0.000	0.049	0.203
西藏	0.556	1.000	0.463	1.000	0.000	0.000	0.015	0.000	0.000	1.000	0.000	0.000	0.000	0.000	0.355	0.000	0.013	0.000	0.732
陕西	0.500	0.211	0.128	0.343	0.064	0.073	0.273	0.043	0.084	0.431	0.457	0.300	0.690	0.297	0.316	0.071	0.000	0.010	0.800
甘肃	0.389	0.178	0.122	0.129	0.047	0.011	0.364	0.076	0.090	0.458	0.315	0.320	1.000	0.266	0.500	0.021	0.004	0.044	0.541
青海	0.167	0.424	0.234	0.486	0.005	0.002	1.000	0.203	0.019	0.477	0.069	0.044	0.862	0.031	1.000	0.006	0.003	0.003	0.669
宁夏	0.889	0.558	0.346	0.314	0.011	0.013	0.303	0.193	0.032	0.331	0.121	0.104	0.069	0.026	0.513	0.015	0.029	0.010	0.972
新疆	0.389	0.286	0.282	0.100	0.038	0.000	0.470	0.097	0.079	0.498	0.364	0.211	0.759	0.122	0.526	0.022	0.025	0.080	0.553

采用这种方法处理,将所有指标转化为 [0, 1] 之间的正向指标,实现了指标的标准化。标准化的数据一览表如表7.2.2所示:

二 公共文化服务评价指标的聚类分析

聚类分析(Cluster Analysis)又称群分析,是根据"物以类聚"的道理,对样本或指标进行分类的一种多元统计分析方法,它讨论的对象是大量的样本,要求能合理地按各自的特性来进行合理的分类,没有任何模式可供参考或依循,即是在没有先验知识的情况下进行的。其基本思想是同一类别的个体有较大的相似性,不同类别的个体差异较大,于是根据一批样本的多个观测指标,找出能够度量样本(或变量)之间的相似度的统计量,并以此为依据,采用某种聚类法,将所有样本(或变量)分别聚合到不同的类别中。这里我们利用 DPS 数据处理系统 7.05 版来对前述标准化后的数据(表7.2.2中的指标数据)进行系统聚类分析,聚类距离采用欧氏距离[1],聚类方法采用最长距离法[2]。

(一) 选择聚类用的距离

1. 样本之间的距离

如表7.2.2所示,我们有31个样本,每个样本有19项指标,原始资料矩阵 X 记为

$$X = \begin{bmatrix} x_{1,1} & x_{1,2} & \cdots & x_{1,19} \\ x_{2,1} & x_{2,2} & \cdots & x_{2,19} \\ x_{31,1} & x_{31,2} & \cdots & x_{31,19} \end{bmatrix}$$

其中 x_{ij} 为第 i 个样本的第 j 个指标的观测值。如果把这31个样本(X中的31个行)看成19维空间的31个点,则两个样本之间的接近程度可以用两个点之间的距离来衡量,一般用 d_{ij} 表示第 i 个和第 j 个样本之间的距离。样本 i 个和样本 j 之间的欧氏距离定义为:

$$d_{ij} = \sqrt{\sum_{k=1}^{p} (x_{ik} - x_{jk})^2}$$

2. 类之间的距离

在聚类分析中,除了要计算样本之间的距离以外,还需要计算类与类

---

[1] 欧氏距离是一个通常采用的距离定义,它是在 m 维空间中两个点之间的真实距离。
[2] 最长距离法:类中最远的两个元素的距离为类间距离。

之间的距离。假设 G_p、G_q 两类样本中分别有 l 和 m 个样本，用最长距离法衡量 G_p、G_q 的距离为：

$$D_{pq} = \max d_{ij}, X_i \in G_p, X_j \in G_q$$

将表 7.2.2 的数据导入 DPS 数据处理系统，得到这 19 个指标对应的相关系数，如表 7.2.3 所示。

从表 7.2.3 中可看出，各指标之间的相关性并不是弱相关，大部分指标的相关系数在 0.3—0.7 之间，这说明各指标不存在指标共线的问题，这有利于我们进行聚类分析。各指标分别代表了公共文化服务供给能力评价的各个方面。

（二）选择聚类方法

我们选用系统聚类分析法，它是一种聚类过程可以用谱系结构或树形结构来描绘的方法。系统聚类的常用方法是，先将所有的样本各自算做一类，将最"靠近"的首先聚类，再将这个类和其他类中最靠近的结合，这样连续合并，直到所有的样本合并为一类为止。在某次合并时，如果距离的最小值不唯一，则将相关的类同时进行合并。

图 7.2.1 是聚类分析得到的聚类谱系图。

（三）确定聚类数目

从图 7.2.1 中可看出，类别的选择取决于选取距离的长短，选取距离越长，分的类别越少，反之则越多。如果我们选取距离为 1.37，则我国 31 省（自治区、直辖市）可以划分为以下七类：

第一类：北京、上海；

第二类：河北、四川、山西、陕西、内蒙古、甘肃、新疆、福建、辽宁、黑龙江、湖北、湖南、广西、重庆、吉林、江西、云南、贵州；

第三类：安徽；

第四类：天津、海南、宁夏、青海；

第五类：西藏；

第六类：江苏、广东、浙江；

第七类：山东、河南；

需要指出的是，此聚类结果并不说明公共文化服务的优劣性，类别的划分并没有进行高低次序排名，主要是用来说明政府在公共文化服务供给方面，这些地区有着大致相同的特征。例如，北京和上海大致是一类，山

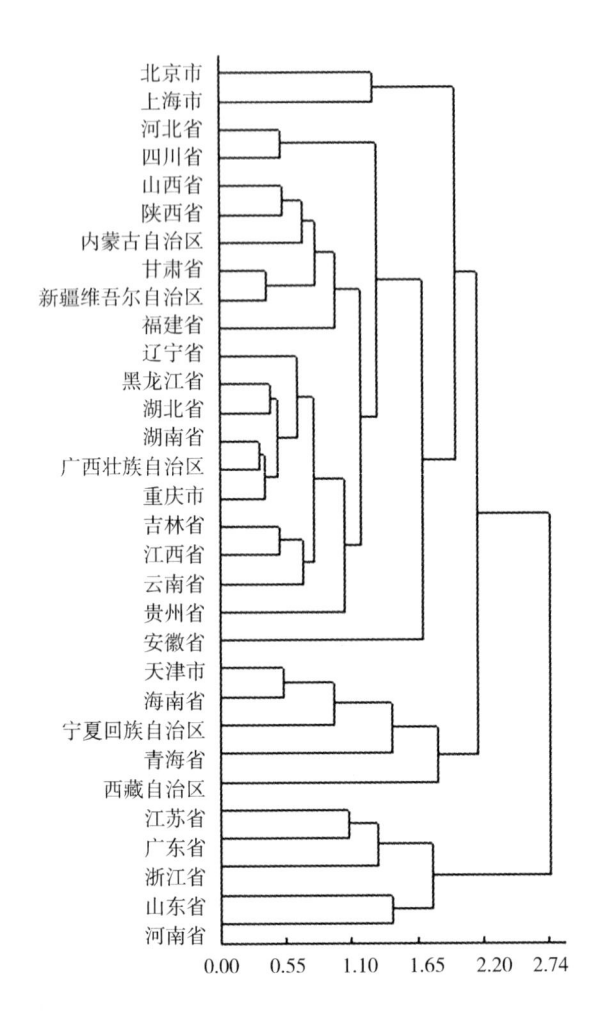

```
北京市
上海市
河北省
四川省
山西省
陕西省
内蒙古自治区
甘肃省
新疆维吾尔自治区
福建省
辽宁省
黑龙江省
湖北省
湖南省
广西壮族自治区
重庆市
吉林省
江西省
云南省
贵州省
安徽省
天津市
海南省
宁夏回族自治区
青海省
西藏自治区
江苏省
广东省
浙江省
山东省
河南省
      0.00  0.55  1.10  1.65  2.20  2.74
```

图 7.2.1　聚类谱系图

东、河南是一类，西藏是独立一类，而没有指出前两者就一定比后者强。当然，聚类的结果可以有助于我们进一步深入的分析。

从上述聚类结果可以看出，我国各地区公共文化服务供给能力基本上和区域经济发展水平、民族文化传统、国家民族政策相吻合，具备一定的区域性。

表 7.2.3　指标之间的相关系数矩阵

相关系数	X1	X2	X3	X4	X5	X6	X7	X8	X9	X10	X11	X12	X13	X14	X15	X16	X17	X18	X19
X1	1	0.666	0.131	0.352	-0.004	0.337	-0.087	0.077	0.312	-0.026	-0.038	0.274	-0.027	0.092	-0.136	-0.208	-0.012	0.214	0.425
X2	0.666	1	0.063	0.767	-0.265	0.095	0.032	0.353	-0.114	0.283	-0.416	-0.013	-0.083	-0.381	0.012	-0.283	-0.123	-0.177	0.558
X3	0.131	0.063	1	0.206	0.759	0.111	-0.014	-0.145	-0.043	0.189	-0.126	-0.196	-0.134	-0.012	0.11	-0.1	-0.171	-0.09	0.349
X4	0.352	0.767	0.206	1	-0.062	0.297	-0.071	0.396	0.063	0.343	-0.218	0.01	-0.126	-0.222	0.079	-0.16	-0.041	0.029	0.602
X5	-0.004	-0.265	0.759	-0.062	1	0.282	-0.272	-0.166	0.238	-0.236	0.296	0.171	-0.171	0.438	-0.191	0.166	0.033	0.233	-0.032
X6	0.337	0.095	0.111	0.297	0.282	1	-0.352	0.22	0.791	-0.337	0.436	0.676	-0.06	0.443	-0.339	-0.037	0.074	0.557	0.128
X7	-0.087	0.032	-0.014	-0.071	-0.272	-0.352	1	-0.066	-0.399	0.346	-0.345	-0.454	0.589	-0.395	0.794	-0.123	-0.205	-0.342	0.294
X8	0.077	0.353	-0.145	0.396	-0.166	0.22	-0.066	1	0.142	-0.38	-0.149	0.295	-0.041	-0.172	-0.148	-0.197	0.006	-0.064	0.451
X9	0.312	-0.114	-0.043	0.063	0.238	0.791	-0.399	0.142	1	-0.463	0.661	0.796	-0.116	0.76	-0.371	-0.015	0.232	0.747	-0.175
X10	-0.026	0.283	0.189	0.343	-0.236	-0.337	0.346	-0.38	-0.463	1	-0.313	-0.529	0.104	-0.432	0.496	-0.055	-0.23	-0.332	0.228
X11	-0.038	-0.416	-0.126	-0.218	0.296	0.436	-0.345	-0.149	0.661	-0.313	1	0.771	-0.167	0.756	-0.272	0.214	0.545	0.757	-0.436
X12	0.274	-0.013	-0.196	0.01	0.171	0.676	-0.454	0.295	0.796	-0.529	0.771	1	-0.145	0.663	-0.485	-0.028	0.4	0.63	-0.203
X13	-0.027	-0.083	-0.134	-0.126	-0.171	-0.06	0.589	-0.041	-0.116	0.104	-0.167	-0.145	1	0.01	0.39	-0.177	-0.195	-0.164	0.235
X14	0.092	-0.381	-0.012	-0.222	0.438	0.443	-0.395	-0.172	0.76	-0.432	0.756	0.663	0.01	1	-0.356	0.266	0.407	0.74	-0.407
X15	-0.136	0.012	0.11	0.079	-0.191	-0.339	0.794	-0.148	-0.371	0.496	-0.272	-0.485	0.39	-0.356	1	-0.04	-0.133	-0.258	0.253
X16	-0.208	-0.283	-0.1	-0.16	0.166	-0.037	-0.123	-0.197	-0.015	-0.055	0.214	-0.028	-0.177	0.266	-0.04	1	0.203	0.333	-0.15
X17	-0.012	-0.123	-0.171	-0.041	0.033	0.074	-0.205	0.006	0.232	-0.23	0.545	0.4	-0.195	0.407	-0.133	0.203	1	0.696	-0.253
X18	0.214	-0.177	-0.09	0.029	0.233	0.557	-0.342	-0.064	0.747	-0.332	0.757	0.63	-0.164	0.74	-0.258	0.333	0.696	1	-0.235
X19	0.425	0.558	0.349	0.602	-0.032	0.128	0.294	0.451	-0.175	0.228	-0.436	-0.203	0.235	-0.407	0.253	-0.15	-0.253	-0.235	1

第三节 公共文化服务供给水平评价指标的因子分析

运用聚类分析法对我国各地区公共文化服务能力分类之后，接下来的工作我们运用因子分析法对聚类结果进行分析。因子分析的基本目的是用少数几个因子去描述许多指标或因素之间的联系，即将相关比较密切的几个变量归在同一类中，每一类变量就成为一个因子（之所以称其为因子，是因为它是不可观测的，即不是具体的变量），以较少的几个因子反映原资料的大部分信息。

运用因子分析所得出的结果，我们可以说明政府在提供公共文化服务方面现在的工作重点以及存在的问题。

一 因子分析

（一）数据标准化

利用前面得到的聚类结果，在每一类中我们随机选取部分地区作为代表，这些地区依次是：北京、天津、内蒙古、黑龙江、上海、江苏、浙江、安徽、福建、山东、河南、湖北、广东、广西、海南、重庆、四川、贵州、云南、西藏、陕西、甘肃、青海、宁夏、新疆。对这些地区进行因子分析，得出综合评分。

设表 7.2.1 中相应于前述 25 个地区的初始数据矩阵记为 X，

$$X = \begin{bmatrix} x_{1,1} & x_{1,2} & \cdots & x_{1,19} \\ x_{2,1} & x_{2,2} & \cdots & x_{2,19} \\ \cdots & \cdots & & \cdots \\ x_{25,1} & x_{25,2} & \cdots & x_{25,19} \end{bmatrix}$$

对于初始得到的数据进行标准化处理，处理方法如下：

$$x'_{ij} = \frac{x_{ij} - \bar{x}_j}{S_j}, \ i = 1, \cdots, 25; j = 1, \cdots, 19,$$

其中：

$$\bar{x}_j = \sum_{i=1}^{25} x_{ij}/24$$

$$S_j = \sqrt{\frac{1}{24}\sum_{i=1}^{25}(x_{ij} - \bar{x}_j)^2}$$

第七章 我国公共文化服务政府供给情况的实证分析

表 7.3.1 指标之间的相关系数矩阵

相关系数	X1	X2	X3	X4	X5	X6	X7	X8	X9	X10	X11	X12	X13	X14	X15	X16	X17	X18	X19
X1	1	0.626	0.083	0.323	-0.027	0.339	-0.102	0.018	0.294	-0.01	-0.028	0.254	-0.082	0.055	-0.177	-0.254	-0.066	0.179	0.433
X2	0.626	1	0.011	0.771	-0.303	0.074	0.026	0.322	-0.165	0.319	-0.451	-0.065	-0.129	-0.441	-0.001	-0.323	-0.175	-0.234	0.593
X3	0.083	0.011	1	0.162	0.772	0.1	-0.058	-0.182	-0.064	0.2	-0.154	-0.251	-0.179	-0.011	0.068	-0.13	-0.2	-0.098	0.294
X4	0.323	0.771	0.162	1	-0.093	0.293	-0.093	0.391	0.054	0.359	-0.241	-0.013	-0.164	-0.24	0.029	-0.191	-0.069	0.012	0.613
X5	-0.027	-0.303	0.772	-0.093	1	0.276	-0.286	-0.174	0.242	-0.235	0.288	0.163	-0.176	0.45	-0.259	0.153	0.02	0.231	-0.062
X6	0.339	0.074	0.1	0.293	0.276	1	-0.357	0.213	0.792	-0.33	0.427	0.672	-0.023	0.451	-0.38	-0.042	0.063	0.562	0.162
X7	-0.102	0.026	-0.058	-0.093	-0.286	-0.357	1	-0.075	-0.41	0.346	-0.36	-0.48	0.619	-0.399	0.857	-0.132	-0.208	-0.339	0.259
X8	0.018	0.322	-0.182	0.391	-0.174	0.213	-0.075	1	0.119	-0.38	-0.152	0.282	-0.064	-0.198	-0.149	-0.208	-0.013	-0.084	0.483
X9	0.294	-0.165	-0.064	0.054	0.242	0.792	-0.41	0.119	1	-0.464	0.675	0.79	-0.085	0.773	-0.399	-0.018	0.227	0.766	-0.18
X10	-0.01	0.319	0.2	0.359	-0.235	-0.33	0.346	-0.38	-0.464	1	-0.309	-0.533	0.09	-0.437	0.528	-0.057	-0.225	-0.328	0.228
X11	-0.028	-0.451	-0.154	-0.241	0.288	0.427	-0.36	-0.152	0.675	-0.309	1	0.775	-0.081	0.813	-0.338	0.222	0.57	0.808	-0.45
X12	0.254	-0.065	-0.251	-0.013	0.163	0.672	-0.48	0.282	0.79	-0.533	0.775	1	-0.081	0.692	-0.555	-0.035	0.404	0.66	-0.208
X13	-0.082	-0.129	-0.179	-0.164	-0.176	-0.023	0.619	-0.064	-0.085	0.09	-0.081	-0.081	1	-0.014	0.468	-0.208	-0.226	-0.192	0.125
X14	0.055	-0.441	-0.011	-0.24	0.45	0.451	-0.399	-0.198	0.773	-0.437	0.813	0.692	-0.014	1	-0.389	0.265	0.402	0.747	-0.473
X15	-0.177	-0.001	0.068	0.029	-0.259	-0.38	0.857	-0.149	-0.399	0.528	-0.338	-0.555	0.468	-0.389	1	-0.089	-0.167	-0.285	0.217
X16	-0.254	-0.323	-0.13	-0.191	0.153	-0.042	-0.132	-0.208	-0.018	-0.057	0.222	-0.035	-0.208	0.265	-0.089	1	0.194	0.333	-0.209
X17	-0.066	-0.175	-0.2	-0.069	0.02	0.063	-0.208	-0.013	0.227	-0.225	0.57	0.404	-0.226	0.402	-0.167	0.194	1	0.692	-0.305
X18	0.179	-0.234	-0.098	0.012	0.231	0.562	-0.339	-0.084	0.766	-0.328	0.808	0.66	-0.192	0.747	-0.285	0.333	0.692	1	-0.26
X19	0.433	0.593	0.294	0.613	-0.062	0.162	0.259	0.483	-0.18	0.228	-0.45	-0.208	0.125	-0.473	0.217	-0.209	-0.305	-0.26	1

假定标准化的矩阵仍记为 X，计算 X 的相关矩阵 $R = X^T X$，如表7.3.1。

从计算的相关矩阵可看出，相关系数矩阵中大部分相关系数值大于0.35，说明多数变量之间存在较强的相关性，比较适合因子分析。

(二) 确定主因子阵

求出 R 的特征值，从大到小依次排序为 $\lambda_1 \geqslant \lambda_2 \geqslant \cdots \geqslant \lambda_{25} \geqslant 0$，由各自的特征向量组成的矩阵 $Q = (q_1, q_2, \cdots, q_{25})$，得 $R = Q diag(\lambda_1, \lambda_2, \cdots, \lambda_{25}) Q^T$，且 $QQ^T = I$，即有 $XX^T = Q diag(\lambda_1, \lambda_2, \cdots, \lambda_{25}) Q^T$，再将此式同时左乘 Q^T，右乘 Q，得到 $Q^T XX^T Q = diag(\lambda_1, \lambda_2, \cdots, \lambda_{25})$。令 $F = Q^T X$，则得到 $FF^T = diag(\lambda_1, \lambda_2, \cdots, \lambda_{25})$。

F 就是主因子阵，并且 $F_i = FX_i (i = 1, 2, \cdots, 25)$，即每个 F_i 是第 i 个样品的主因子观测值。

(三) 确定主因子

一般地，选取 m 使得所选主因子的信息量之和占总体信息量得90%，即满足

$$\frac{\lambda_1 + \cdots + \lambda_m}{\sum_{i=1}^{25} \lambda_i} \geqslant 90\%$$

式中的 m，就是主因子的个数。

计算样本对应的相关矩阵的特征值以及特征值的信息贡献百分率、累计百分率如表7.3.2所示：

表7.3.2　　　　　相关矩阵的特征值及贡献率

No	特征值	贡献百分率%	累计贡献百分率%
1	6.11180	32.16738	32.16738
2	3.38452	17.81328	49.98067
3	2.06640	10.87579	60.85645
4	1.79460	9.44529	70.30174
5	1.47909	7.78471	78.08645
6	1.07982	5.68328	83.76973
7	0.81112	4.26908	88.03881

续表

No	特征值	贡献百分率%	累计贡献百分率%
8	0.70766	3.72451	91.76332
9	0.43229	2.27523	94.03855
10	0.31277	1.64616	95.68471
11	0.30640	1.61265	97.29736
12	0.20977	1.10404	98.40140
13	0.10212	0.53748	98.93888
14	0.08050	0.42368	99.36257
15	0.05995	0.31550	99.67807
16	0.03559	0.18733	99.86540
17	0.01462	0.07694	99.94234
18	0.00803	0.04225	99.98459
19	0.00293	0.01541	100.00000

由表7.3.2可见，相关矩阵的前8个特征值分别为6.11180、3.38452、2.06640、1.79460、1.47909、1.07982、0.81112、0.70766，这8个公共因子对样本方差的贡献和为91.76332%。这就意味着前8个因子显示了原始数据所提供的足够信息，所以选择m=8。

计算得相应的因子载荷矩阵如表7.3.3所示：

表7.3.3　　　　　　　因子载荷矩阵

	因子1	因子2	因子3	因子4	因子5	因子6	因子7	因子8	共同度	特殊方差
X1	0.083	0.678	0.010	0.199	0.164	-0.458	0.091	0.481	0.98281	0.01719
X2	-0.383	0.803	0.086	-0.101	0.273	-0.152	-0.011	0.079	0.91372	0.08628
X3	-0.099	0.152	-0.881	0.327	-0.083	0.116	-0.206	0.036	0.98084	0.01916
X4	-0.199	0.791	-0.048	0.040	0.339	0.221	-0.001	-0.307	0.92674	0.07326
X5	0.393	-0.038	-0.792	0.259	-0.215	0.174	-0.076	0.100	0.94151	0.05849
X6	0.610	0.528	-0.002	0.318	-0.140	0.040	0.213	-0.199	0.8573	0.1427
X7	-0.622	-0.246	0.325	0.549	-0.010	0.161	-0.026	0.188	0.9178	0.0822

续表

	因子1	因子2	因子3	因子4	因子5	因子6	因子7	因子8	共同度	特殊方差
X8	-0.010	0.558	0.340	-0.266	-0.395	0.536	-0.098	-0.023	0.95197	0.04803
X9	0.829	0.283	0.118	0.285	-0.090	-0.081	0.087	-0.141	0.90476	0.09524
X10	-0.601	-0.009	-0.156	0.237	0.577	-0.144	0.006	-0.364	0.92775	0.07225
X11	0.864	-0.177	0.116	0.201	0.176	0.014	-0.109	-0.096	0.88487	0.11513
X12	0.845	0.287	0.280	0.054	-0.113	-0.052	-0.078	-0.055	0.90273	0.09727
X13	-0.261	-0.200	0.428	0.638	-0.319	-0.047	0.095	-0.026	0.81162	0.18838
X14	0.877	-0.154	-0.045	0.264	0.016	-0.066	0.058	-0.009	0.87309	0.12691
X15	-0.628	-0.264	0.187	0.548	0.185	0.215	-0.080	-0.009	0.88623	0.11377
X16	0.249	-0.378	-0.138	-0.173	0.357	0.385	0.655	0.159	0.98441	0.01559
X17	0.531	-0.142	0.219	-0.096	0.484	0.287	-0.461	0.233	0.94187	0.05813
X18	0.841	0.047	0.106	0.224	0.385	0.161	-0.001	0.091	0.95249	0.04751
X19	-0.450	0.697	-0.050	0.223	-0.051	0.317	0.115	0.189	0.89251	0.10749
方差贡献	6.112	3.385	2.066	1.795	1.479	1.080	0.811	0.708		
累计贡献	0.322	0.500	0.609	0.703	0.781	0.838	0.880	0.918		

从因子载荷矩阵可看出，每个因子 F_i（$i=1,2,\cdots,8$）对几乎每个指标 X_i（$i=1,2,\cdots,25$）的负荷量都差不多，从共同度来看，每个因子对几乎每个指标的依赖程度不很大，它们方差有相当大的部分仍不能被公共因子所解释，因此被包含在特殊因子的方差之中。为了使得每个因子的实际意义比较清楚，有必要对因子载荷矩阵进行因子正交旋转。

（四）因子正交旋转

为了使得因子的实际意义更加清晰地反映初始变量，可以对因子做方差极大正交旋转，使得因子载荷矩阵的每一行的元素尽量两极化。正交旋转后的因子载荷矩阵（因子载荷矩阵方差为0.49683）见表7.3.4：

表 7.3.4　　　　　　　正交旋转后的因子载荷矩阵

	因子 F1	因子 F2	因子 F3	因子 F4	因子 F5	因子 F6	因子 F7	因子 F8
X1	0.209	0.264	-0.012	-0.064	0.039	-0.034	-0.119	0.921
X2	-0.202	0.733	0.173	-0.114	-0.002	-0.055	-0.193	0.503
X3	-0.104	0.161	-0.954	-0.028	0.136	-0.072	-0.095	0.032
X4	0.054	0.952	-0.020	-0.088	0.020	-0.011	-0.073	0.061
X5	0.254	-0.169	-0.900	-0.162	-0.034	-0.009	0.095	-0.044
X6	0.818	0.285	-0.140	-0.093	-0.174	-0.191	0.002	0.110
X7	-0.337	0.004	0.072	0.892	0.035	0.003	-0.013	0.034
X8	0.027	0.440	0.158	-0.057	-0.836	-0.003	-0.130	-0.118
X9	0.932	-0.009	-0.028	-0.129	-0.097	0.003	-0.043	0.087
X10	-0.350	0.456	0.011	0.240	0.726	-0.049	-0.024	-0.097
X11	0.785	-0.266	-0.003	-0.106	0.104	0.392	0.066	-0.134
X12	0.835	-0.059	0.136	-0.241	-0.262	0.171	-0.139	0.084
X13	0.110	-0.165	0.149	0.804	-0.034	-0.281	-0.153	-0.015
X14	0.809	-0.353	-0.155	-0.120	0.072	0.178	0.135	-0.012
X15	-0.339	0.144	-0.006	0.821	0.232	0.077	0.006	-0.131
X16	0.053	-0.134	0.015	-0.111	0.071	0.093	0.959	-0.131
X17	0.265	-0.083	0.090	-0.107	-0.038	0.915	0.065	-0.054
X18	0.775	-0.019	-0.029	-0.086	0.050	0.513	0.268	0.071
X19	-0.192	0.697	-0.202	0.277	-0.335	-0.167	0.024	0.335
方差贡献	4.745	2.807	1.916	2.446	1.549	1.485	1.156	1.332
累计贡献	0.250	0.397	0.498	0.627	0.709	0.787	0.848	0.918
因子命名	公共图书馆利用率因子	艺术表演场馆因子	艺术表演团体因子	公共图书馆机构因子	公共图书馆藏书因子	文化信息资源共享因子	非物质文化遗产传承因子	文化支出因子

从表 7.3.4 的结果可看出各个因子所反映的信息（影响因素用黑体标出），说明如下：

第一个主因子 F1 在 X9（公共图书馆总流通人次）这个指标上有较

大的载荷（载荷为0.932），这个指标反映了各地区公共图书馆利用率的情况，因此将F1命名为公共图书馆利用率因子。

第二个主因子F2在X4（文化部门艺术表演场馆机构数）这个指标上有较大的载荷（载荷为0.952），这个指标反映了各地区对文化部门艺术表演场馆的投资的情况，因此将F2命名为文化部门艺术表演场馆因子。

第三个主因子F3在X3（每万人拥有文化部门艺术表演团体机构数）、X5（艺术表演团体演出场次）两个指标上有较大的载荷（载荷分别为-0.954和-0.9），所以将F3命名为文化部门艺术表演团体因子。

第四个主因子F4在X7（每万人拥有公共图书馆数）这个指标上有较大的载荷（载荷为0.892），这个指标主要反映了各地区对公共图书馆机构建设的情况，因此将F4命名为公共图书馆机构因子。

第五个主因子F5在X8（每万人拥有公共图书馆藏书量）上有较大的载荷（载荷为-0.836），这个指标主要反映了各地区对公共图书馆藏书的情况，因此将F5命名为公共图书馆藏书因子。

第六个主因子F6在X17（每万人拥有文化信息资源共享工程机构数）有较大的载荷（载荷为0.915），这个指标反映了各地区对文化信息资源共享工程建设的情况，因此将F6命名为文化信息资源共享因子。

第七个主因子F7在X16（非物质文化遗产传承活动（传习所））这个指标上有较大的载荷（载荷为0.959），所以将F7命名为非物质文化遗产传承因子。

第八个主因子F8在指标X1（文化机构事业费支出占财政支出的比重）上有较大的载荷（载荷为0.921），这个指标主要反映了各地区对公共文化的投入的情况，因此将F8命名为文化支出因子。

（五）计算因子得分

在因子分析的基础上，为了更明确地对25个省（自治区、直辖市）实施公共文化服务效果进行综合评价分析。我们利用因子分析后得到的8个因子变量，计算各个省（自治区、直辖市）的综合效果得分。计算方法如下：

以各因子的方差贡献率占七个因子总方差贡献率的比重作为权重进行加权平均，得出有代表性的25个省（自治区、直辖市）的综合得分F，即

$$F = \frac{32.167 \times F_1 + 17.813 \times F_2 + 10.876 \times F_3}{91.763} +$$

$$\frac{9.445 \times F_4 + 7.785 \times F_5 + 5.683 \times F_6 + 4.269 \times F_7 + 3.725 \times F_8}{91.763}$$

计算结果见表7.3.5所示:

表7.3.5　　　　　　　　因子得分表

排名	地区	因子 F1	因子 F2	因子 F3	因子 F4	因子 F5	因子 F6	因子 F7	因子 F8	因子得分	排序
1	北京市	0.236	0.536	1.245	-1.120	-0.683	-0.834	-0.427	2.151	0.177	8
2	天津市	-0.865	0.212	0.578	-0.560	-0.922	-0.065	-0.149	-0.132	-0.346	20
3	内蒙古	-0.809	-0.340	0.085	0.472	-0.119	-0.044	-0.035	1.419	-0.248	17
4	黑龙江	-0.557	-0.845	0.691	-0.395	0.087	-0.434	-0.463	-0.173	-0.366	21
5	上海市	-0.032	1.902	0.382	-0.758	-3.651	0.057	-0.251	-1.218	-0.042	13
6	江苏省	1.550	-0.459	-0.149	-0.066	0.094	-0.181	-0.526	-0.557	0.379	3
7	浙江省	2.805	1.621	-0.896	0.470	0.034	-0.034	0.439	0.049	1.263	1
8	安徽省	-0.552	-0.902	-4.202	-0.829	-0.217	0.115	-0.601	0.264	-0.980	25
9	福建省	0.429	0.030	-1.176	0.561	-0.405	-0.980	-0.008	-0.685	-0.049	14
10	山东省	0.607	-0.837	0.651	-0.404	0.058	4.463	-0.763	-0.134	0.326	6
11	河南省	0.307	-0.171	-0.336	-0.537	0.032	0.644	4.072	-0.264	0.201	7
12	湖北省	0.062	-0.794	0.318	-0.357	-0.031	-0.621	-0.354	-0.873	-0.224	16
13	广东省	2.371	-0.649	0.480	-0.396	0.342	-0.565	-0.236	2.014	0.786	2
14	广西	-0.537	-0.912	0.507	-0.488	0.058	-0.305	-0.315	-0.596	-0.408	22
15	海南省	-1.178	-0.620	-0.170	-0.201	-0.308	-0.138	-0.181	0.558	-0.595	24
16	重庆市	-0.547	-0.408	0.223	-1.060	0.391	-0.410	-0.599	-1.173	-0.421	23
17	四川省	0.642	-0.033	0.296	-0.600	1.142	-0.211	-0.681	-1.755	0.173	9
18	贵州省	-0.781	-0.740	0.792	-0.262	0.471	-0.456	2.190	-0.531	-0.259	18
19	云南省	0.242	-1.007	0.485	0.507	0.253	-0.543	-0.378	-0.561	-0.053	15
20	西藏	-1.006	3.175	-0.078	-1.327	2.756	0.176	-0.401	-0.102	0.340	4
21	陕西省	-0.023	0.170	0.283	0.726	0.349	-0.460	0.136	0.447	0.159	10
22	甘肃省	-0.01483	-0.42682	0.44977	1.57811	0.34108	-0.47343	-0.33024	0.13507	0.117	11
23	青海省	-0.61651	1.07878	-0.04252	3.38833	-0.10207	0.51457	-0.04129	-0.66615	0.331	5
24	宁夏	-1.3324	0.59461	-0.4251	0.19767	-0.37528	0.70267	0.22979	2.15109	-0.272	19
25	新疆	-0.40058	-0.17434	0.00882	1.45937	0.40471	0.08392	-0.32754	0.23056	0.011	12

从表 7.3.5 可知，我国公共文化服务供给水平存在着明显的区域差距，在目前主要由政府来承担公共文化服务供给的情况下，东部沿海发达地区由于较强的经济实力，较中、西部地区有着明显的优势。尤其是浙江、广东、江苏、山东等省，其雄厚的经济实力为公共文化服务的发展奠定了很好的基础。在经济转型时期，以文化促发展，在公共文化服务的供给上远胜其他省市。而与此同时，我国大部分地区的公共文化服务供给水平却处于较低的层次（$F<0$），公共文化服务供给不均衡状况严重。

二　结论及经济含义

根据上述因子分析计算结果可知，政府在公共文化服务提供中，目前所做的工作主要集中在因子反映的各方面，即指标 X1、X3、X4、X5、X7、X8、X9、X16、X17 所代表的公共文化服务的方面，其中包括国家对文化机构事业的投资、文化部门艺术表演的重视、公共图书馆建设的重视、非物质文化遗产保护、传承的重视、文化信息资源共享的投资等。

这一研究结果具有以下经济含义：

（一）政府正逐渐加强对公共文化的投入能力

近年来，各地政府加大了对文化的投入度，特别是中西部地区经费无论从增加额和增长速度看，都有较大增长。但由于历年对文化欠账较多，公共文化投入基数较低，尽管文化事业费增幅较大，但增加的绝对额并不足以改变困扰文化事业发展的经费拮据现象。主要体现在以下几个方面：(1) 与历史其他时期相比，文化事业费占财政支出的比重明显偏低；(2) 与其他社会事业相比，文化事业费增长速度明显偏低；(3) 与潜在的巨大需求相比，文化事业费总量明显不足。文化事业费年均增长幅度不仅低于财政总支出增长速度，更明显低于科技、卫生和教育等社会事业的投入。由于缺乏健全的公共文化服务经费保障机制，公共文化服务机构的经费严重不足。目前，国际上中等发达程度以上国家文化投入占财政投入 1% 以上，比我们目前的投入水平要高出一倍多。因此，不断增长公共文化的投入力度是当前政府部门提高公共文化服务供给能力的首要任务。

国家应该在未来几年迅速提高文化财政投入的比重，经过这一段高投入期以后，建立起一个与我国经济发展水平相适应、与国家财政能力相匹配、与我国文化大国和文明古国地位相称的、长期而稳定的公共文化投入的预算安排。随着各地区政府公共文化投入在绝对量和相对量上的不断增长，政府公共文化服务供给能力将会有长足的增长。

（二）政府对公共文化服务设施建设的重视程度较高

各地政府较为热衷于公共文化服务设施的建设，以大型公共文化设施为骨干，以社区和乡镇基层文化设施为基础，加强图书馆、博物馆、文化馆、美术馆、电台、电视台、广播电视发射转播台（站）、互联网公共信息服务点等公共文化基础设施建设。并建设了一批代表国家文化形象的重点文化设施，同时，大力推进文化信息资源共享工程等重大文化工程建设，加大对重要社科研究机构、体现民族特色和国家水准的艺术院团、承担政治性和公益性出版任务的出版单位的扶持力度。这进一步缩小了与发达国家和地区在文化基础设施方面的差距，为保障公众文化权利、提升文化软实力提供了物质基础（见表7.3.6）。但同时，在我国大部分地区文化经费紧张的情况下，政府热衷于文化基础设施的建设，也有考虑到形象工程和政绩考核的因素在内。

表7.3.6　　　　　　　　五大都市文化基础设施比较

指　标	伦敦	纽约	巴黎	上海	东京
国家级博物馆的数量	22	16	19	6	8
其他博物馆的数量	162	85	138	100	71
公共图书馆的数量	395	255	303	248	369
每10万人口所拥有公共图书馆数量	5	3	N/A	1	3
UNESCO世界级遗址数	4	1	2	0	0

资料来源：伦敦发展署，《伦敦：一次文化大审计》，2008年3月。

此外，尽管这几年我国对公共文化基础设施的投入很大，但是，我国公共文化服务设施总量依然不足，分布不合理，文化基础设施建设滞后，基层公共文化基础设施与技术设备不能满足群众文化需求。随着经济社会的快速发展，生活水平不断提高，公民对公共文化服务的需求越来越多，公共文化服务设施与相关设备日益显出总量不足且分布不合理的弱点。从全国来看，东部经济发达地区好于西部经济欠发达地区，城市普遍优于农村，即便是一个城市，公共文化设施分布也不尽合理，基层文化设施与设备落后的问题比较突出,再加上公共文化服务设施建设滞后和不平衡,导致资源分布更加不均衡。

(三)政府对公共文化设施的利用效果关注不够

尽管财政支持公益文化设施就是要满足人民群众的文化需求,但是,从我们的研究结果看,已有的公共文化设施的利用情况却并不是各级政府的关注重点。

近年来,各地普遍加大了对文化建设的投入,逐步兴建了群艺馆、文化馆、图书馆、博物馆、影剧院、体育馆等大批公共文化设施,为组织开展群众文化活动,丰富活跃群众文化生活,创造了良好的条件。但是,许多公共文化设施在使用上,却没有充分利用有限的资源,为社会公众提供更多的文化享受。这不仅损害了公共文化服务单位的社会形象,同时也挫伤了政府继续投资建设公共文化设施的积极性。其主要原因是有些政府部门存在着重投资建设、轻管理使用的思想,把设施建设当作了文化建设的主要任务和终极目标。换句话说,在没有设施或设施不足的情况下,各级政府往往把活动不能有效开展的原因归咎于公共文化设施的短缺,因而对文化设施建设的热情很高,而公共文化设施一旦建成竣工,就以为公共文化服务供给的主要任务完成了,至于如何有效使用并充分发挥这些设施的作用,却并不是工作的重点。与此相对,发达国家和地区的文化基础设施的利用率相当高(见表7.3.7),一方面体现了公众的文化素质差异;另一方面也体现了政府对公共文化服务努力重点的差异。

表7.3.7　　　　　　　五大都市文化基础设施利用比较

指　标	伦敦	纽约	巴黎	上海	东京
公共图书馆的年借阅量(百万)	38	15	N/A	11	84
人均公共图书馆年借阅量	5	2	N/A	1	7
大型剧场年演出数	17.285	12.045	15.598	3.117	8.281
最大5家博物馆与美术馆的参观人次:百万/年	20.4	8.3	20.2	N/A	6.7
最大5家博物馆与美术馆的年人均参观次数	2.7	1	1.8	N/A	0.5

资料来源:伦敦发展署,《伦敦:一次文化大审计》,2008年3月。

(四) 政府对群众性公共文化活动关注度不够

公共文化服务是以满足公众文化需求,保障公众文化权利为出发点的。但是,各级政府在贯彻党和国家在构建公共文化服务体系的战略上,却出现了本末倒置的现象,过度重视文化设施的建设,而对培育公众文化水平,满足公众多层次的文化需求方面关注较少。这实际上是重视表现文化软实力的物质因素,而忽视了公众文化权利的满足,公共文化服务仅提供了一部分。

公共文化服务体系的构建,归根到底是服务于社会大众,提高社会公众的文化享受水平。应该说,服务于大众是公共文化服务体系构建的根本目的。但是,由于"官本位"意识的存在,政府在从事每一样惠民活动时,总是习惯于从政府政绩的角度来实践。能够被上级政府看在眼里、便于考察衡量的成绩才是各级政府关注的重点。对于群众性的文化活动尽管更能直接满足公众的文化需求,但是,却不方便政府政绩的考察而有意或无意地减少。当然,这种现象的存在,与"官本位"的思想有关,也与上级政府的政绩考核有关。只有完善各项制度,把政府的政绩同普通社会公众的利益联系在一起,才能切实保障公众的公共文化权利。

综上所述,我国政府供给的公共文化服务水平还处于一个较低的阶段。遵循我国公共文化服务供给的目的来考察,当前各级政府为提升文化软实力所做的努力要优于保障公众基本文化权利所做的努力,公共文化服务"跛足"现象明显,对整体服务水平的提升造成了极大的制约。

第八章 我国公共文化服务政府供给效率实证研究

本章拟构建公共文化服务政府供给绩效评价指标体系，运用DEA方法对我国公共文化服务的政府供给效率作出评判。

第一节 公共文化政府供给绩效评价指标的选择

一 文献回顾

英国在2007年开始运用国民指标体系（National Indicator，NI）作为中央政府考核地方政府公共文化绩效的唯一指标体系，该指标体系包括198个指标，并且要求各地方政府从2008年4月起提交该指标评估报告。我国台湾地区在2003年开发了"台湾文化指标"，结合经济和社会统计数据，在联合国教科文组织的文化统计项目中筛选出适合的指标，再加上若干适合本土特殊适用性的指标，并通过案例测试检验、研究加以完善。

就我国的公共文化建设的评估来说，由于它是国内政府行政改革中的一个热点，国内大部分政府部门已经开始进行改革尝试。但由于文化统计研究本来就滞后，没有专门针对公共文化建设评估的一个测评指标，因此现有的相关研究成果一般还处于初级状态。2006年，《国家"十一五"时期文化发展规划纲要》中指出，中国将建立政府对公共文化事业投入的绩效考评机制，这激发了学者们对构建公共文化服务体系绩效评价的研究热情。深圳学者（2006）[1] 率先在国内提出了初步的"公共文化服务体系建设指标"，包括发展规模、政府文化事业财政拨款和社会参与等三大类

---

[1] 陈威主编：《公共文化服务体系研究》，深圳报业集团出版社2006年版，第97—109页。

42个分项指标。蒋建梅（2008）[①] 建立了公共文化服务绩效指标体系，包括总体指标、供给指标、保障指标等三类；向勇、喻文益（2008）[②] 给出了公共文化服务绩效评估的初步模型。贾旭东（2007）[③] 对公共文化服务指数的思路、原理进行了系统分析；毛少莹（2007）[④] 提出了构建公共文化服务绩效评估模式的一般思路，并提出了5大类34个分项的指标体系。

从我国各级政府的实践情况来看，浙江省文化厅2005年就制订了《浙江省文化厅系统文化大省统计指标评价体系方案》，从文化事业、产业总体规模、政府文化投入、公共文化设施和固定资产投资、经济效益、文化服务或活动等五方面对文化厅系统的文化发展状况进行考量。山西省2008年下发的《"十一五"时期地区经济社会发展考核评价工作方案》中，第一次将公共文化服务体系建设达标率纳入新修订的政府44项考核指标体系。

本文研究的是在公共文化服务供给过程中政府作用的发挥，这需要通过一套设计合理的评价指标体系来对政府公共文化管理的过程和结果进行监测，以反映政府的努力程度和绩效水平。因此，与已有研究成果不同的是，本报告需要构建的是评价政府公共文化服务供给水平的指标体系，而不是一个完整的、包括各方参与的公共文化服务指数。主要原因在于：（1）在现阶段，我国公共文化服务体系的构建主要在于发挥政府的作用，政府的努力程度决定了公众享受公共文化服务的水平；（2）根据数据的可得性，政府的统计资料较之非政府组织等提供者更容易获得，且具有系统性和连续性。指标要求的数据基本上有现行统计的依据和数据采集渠道，比较容易操作。

本文主要从公共文化服务的投入、产出两个方面综合测评政府的公共

[①] 蒋建梅：《政府公共文化服务体系绩效评价研究》，《上海行政学院学报》2008年第9卷第4期。

[②] 向勇、喻文益：《公共文化服务绩效评估的模型研究与政策建议》，《现代经济探讨》2008年第1期。

[③] 贾旭东：《公共文化服务指数：思路、原理与指标体系》，载李景源、陈威主编《中国公共文化服务发展报告（2007）》，社会科学文献出版2007年版，第379—390页。

[④] 毛少莹：《公共文化服务绩效评估指标体系的建构》，载李景源、陈威主编《中国公共文化服务发展报告（2007）》，社会科学文献出版2007年版，第391—404页。

文化服务供给水平。主要评价要素包括：公共文化的政府投入水平、政府提供的公共文化服务设施的规模、数量、政府举办公共文化活动的次数、频率、已建公共文化设施利用情况等。

二 评价指标的选择及说明

对公共文化服务水平的评价指标体系，本文构建的评估指标体系由反映政府公共文化投入、公共文化产出两指标组成。我国的公共文化服务主要涵盖：广播电视、电影、出版、报刊、互联网、演出、博物馆、图书馆、档案馆和哲学社会研究等诸多文化领域[①]。公共文化服务的支出项目也涉及这几个领域，对其进行效率评价，指标选取也应当比较全面地涉及这几个领域。但是由于目前我国没有专门对公共文化服务投入支出的整体核算，本文选取文化事业费作为投入指标，并选取与其相对应的指标作为产出变量。这些指标代表了政府公共文化服务供给能力最重要的四个领域：公共图书馆服务、文物业服务、艺术业服务和群众文化服务。这四个领域的指标分别选取最具有代表性的指标来进行衡量。

本文所选代表公共文化服务能力情况的指标，在公共图书馆方面，包括图书馆的人均藏书量、图书馆数和图书馆流通人次。其中，人均藏书量和公共图书馆数决定了公众能够获取阅读公共图书服务的能力，公共图书馆流通人次反映了公共图书馆的服务效果。在文物业方面，每百万人公共博物馆数反映文物藏存和展览的能力，每万人文物藏品数反映了文物保护效果。在艺术业方面，艺术表演团体演出场次（万）反映了艺术表演供给能力，每万人观众数反映艺术表演效果。在群众文化业方面，每百万人群众文化机构数和每万人群众文化机构从业人员数反映了群众文化业的供给能力，每百万人举办文艺活动次数和每万人群众文化机构培训人次反映了群众文化业的供给效果。具体指标体系见下表。

---

① 曹爱军、杨平：《公共文化服务的理论与实践》，科学出版社2011年版，第21—28页。

表 8.1.1　　　　　公共文化服务政府供给评价指标体系

	一级指标	二级指标	指标说明
投入指标	公共文化服务财政投入	人均文化事业费	财政支出绝对量
产出指标	公共图书馆	人均拥有藏书量	人均公共图书数量
		每百万人公共图书馆数	决定居民公共图书的获取能力
		每万人图书馆流通人次	公共图书馆服务效果
	文物业	每百万人公共博物馆数	决定文物藏存和展览能力
		每万人文物藏品数	文物保护效果
	艺术业	艺术表演团体演出场次（万）	艺术表演供给能力
		每万人观众数	艺术表演效果
	群众文化业	每百万人群众文化机构数	群众文化供给场所
		每万人群众文化机构从业人员数	群众文化服务能力
		每百万人举办文艺活动次数	群众文化服务效果
		每万人群众文化机构培训人次	群众文化服务效果

第二节　公共文化服务政府供给效率的评价方法及应用

一　DEA 的有关理论

数据包络分析（DEA）是一种常用的效率评估方法，用以评价一组具有多个投入、多个产出的决策单元之间的相对效率。1957 年，Farrell 建立了 DEA 非预设函数方式衡量效率的雏形，奠定了 DEA 的理论基础，但其仅限于处理单一产出的问题。1978 年由著名的运筹学家 A. Charnes（查恩斯）、W. W. Cooper（库伯）及 E. Rhodes（罗兹）首先提出了一个被称为数据包络分析（Data Envelopment Analysis，简称 DEA 模型）的方法，用于评价同质部门间的相对有效性（因此被称为 DEA 有效），提出了第一个 DEA 模型——CCR 模型（CRS）。该模型在评价多投入多产出的规模有效性和技术有效性方面十分有效。此后，在国内外学者们的共同努力下，不断有新的模型问世，方法也得以不断完善和发展。随着理论研究的进一步深入，DEA 的应用领域日益广泛，成为社会、经济和管理领域的一种重要而有效的分析工具，并取得了许多应用成果。在介绍 DEA 方法的原理之前，先介绍几个基本概念和 DEA 的优点及适用条件。

1. 决策单元

一个经济系统或一个生产过程都可以看成是一个单位（或一个部门）在一定可能范围内，通过投入一定数量的生产要素并产出一定数量的"产品"的活动。虽然这种活动的具体内容各不相同，但其目的都尽可能地使这一活动取得最大的"效益"。由于从"投入"到"产出"需要经过一系列决策才能实现，或者说，由于"产出"是决策的结果，所以这样的单位（或部门）被称为决策单元（DMU）。因此，可以认为，每个 DMU（第 i 个 DMU 常记作 DMU_i）都表现出一定的经济意义，它的基本特点是具有一定的投入和产出，并且在投入转化成产出的过程中，努力实现自身的决策目标。

在许多情况下，我们对多个同类型的 DMU 更感兴趣。所谓同类型的 DMU，是指具有以下三个特征的 DMU 集合：具有相同的目标和任务；具有相同的外部环境；具有相同的投入和产出指标。

2. 生产可能集

设某个 DMU 在一项经济（生产）活动中有 m 项投入，写成向量形式为 $x = (x_1, \cdots, x_m)^T$；产出有 s 项，写成向量形式为 $y = (y_1, \cdots, y_s)^T$。于是我们可以用 (x, y) 来表示这个 DMU 的整个生产活动。

定义 1. 称集合 $T = \{(x, y) | 产出 y 能用投入 x 生产出来\}$ 为所有可能的生产活动构成的生产可能集。

在使用 DEA 方法时，一般假设生产可能集 T 满足下面四条公理：

公理 1（平凡公理）：$(x_j, y_j) \in T, j = 1, 2, \cdots, n$。

公理 2（凸性公理）：集合 T 为凸集。如果 $(x_j, y_j) \in T, j = 1, 2, \cdots, n$，

且存在 $\lambda_j \geq 0$ 满足 $\sum_{j=1}^{n} \lambda_j = 1$ 则（$\sum_{j=1}^{n} \lambda_j x_j, \sum_{j=1}^{n} \lambda_j y_j$）。

公理 3（无效性公理）：若：$(x,y) \in T$，$\hat{x} \geq x, \hat{y} \leq y$，则 $(\hat{x}, \hat{y}) \in T$。

公理 4（锥性公理）：集合 T 为锥。如果 $(x,y) \in T$ 那么 $(kx, ky) \in T$ 对任意的 $k > 0$。

若生产可能集 T 是所有满足公理 1、3、4 的最小者，则 T 有如下的唯一表示形式。

$$T = \{(x,y) \mid \sum_{j=1}^{n} x_j \lambda_j \leq x, \sum_{j=1}^{n} y_j \lambda_j \geq y, \lambda_j \geq 0, j = 1, 2, \cdots, n\}。$$

3. DEA 方法的优点

DEA 方法基于边际效益理论和线性规划理论，通过界定决策单元是否位于生产前沿面来比较各决策单元之间的相对效率，并显示各自的最优值。DEA 方法一经提出，就得到了广泛的应用，其突出的优点包括：（1）DEA 方法适用于多投入、多产出的有效性综合评价问题，可同时处理多项投入与多项产出变量；（2）DEA 方法适用于任何量纲资料，可同时处理定量和定性因素；（3）DEA 方法可同时处理定量和定性资料；（4）DEA 方法可提供相对无效率单位其产出不足或投入过多的资讯。

4. DEA 方法适用条件

虽然 DEA 方法具有诸多优点，但是并不是任何情形下都适用，DEA 方法也有适用条件。

（1）相关决策单元的数据资料必须相当精确，否则所求出的效率前沿可能会产生偏倚，导致所得效率值丧失评价的意义。

（2）受评估对象之间的同质性必须高且尽量采用正式资料，否则衡量的结果不佳。

（3）决策单元的数目至少为投入与产出变量个数和的 2—3 倍以上，否则 DEA 无法强而有力地区分有效率单位，易将无效率单位当成有效率单位。

（4）投入产出变量为负值时不能进行运算。

二 DEA 的基本原理

DEA 方法的基本原理是：设有 n 个决策单元 $DMU_j (j = 1, 2, \cdots, n)$，

它们的投入，产出向量分别为：$X_j = (x_{1j}, x_{2j}, \cdots, x_{mj})^T > 0$，$Y_j = (y_{1j}, y_{2j}, \cdots, y_{sj})^T > 0$，$j = 1, \cdots, n$。由于在生产过程中各种投入和产出的地位与作用各不相同，因此，要对 DMU 进行评价，必须对它的投入和产出进行"综合"，即把它们看作只有一个投入总体和一个产出总体的生产过程，这样就需要赋予每个投入和产出恰当的权重。假设投入、产出的权向量分别为 $v = (v_1, v_2, \cdots v_m)^T$ 和 $u = (u_1, u_2, \cdots, u_s)^T$，从而就可以获得如下的定义。

定义 2. 称 $\theta_j = \dfrac{u^T Y_j}{v^T X_j} = \dfrac{\sum_{r=1}^{s} u_r y_{rj}}{\sum_{i=1}^{m} v_i x_{ij}}$，$(j = 1, 2, \cdots, n)$ 为第 n 个决策单元 DMU_j 的效率评价指数。

根据定义可知，我们总可以选取适当的权向量使得 $\theta_j \leq 1$。如果想了解某个决策单元，假设为 DMU_o（$o \in \{1, 2, \cdots, n\}$）在这 n 个决策单元中相对是不是"最优"的，可以考察当 u 和 v 尽可能地变化时，θ_o 的最大值究竟为多少？为了测得 θ_o 的值，Charnes 等人于 1978 年提出了如下的 CCR（三位作者名字首字母缩写）模型：

$$\text{Maximize} \quad \dfrac{\sum_{r=1}^{s} u_r y_{ro}}{\sum_{i=1}^{m} v_i x_{io}} = \theta_o$$

$$\text{subject to} \quad \dfrac{\sum_{r=1}^{s} u_r y_{rj}}{\sum_{i=1}^{m} v_i x_{ij}} \leq 1, \ j = 1, 2, \cdots, n,$$

$$u_r \geq 0, v_i \geq 0, \forall r, i. \tag{1}$$

利用 Charnes 和 Cooper (1962)[①] 提出的分式规划的 Charnes - Cooper 变换：

$$t = 1 / \sum_{i=1}^{m} v_i x_{io}, \ \mu_r = t u_r, \ (r = 1, \cdots, s), \ \omega_i = t v_i, \ (i = 1, \cdots, m)$$

变换后我们可以得到如下的线性规划模型：

[①] A. Charnes, W. W. Cooper, Programming with Linear Fractional Functional, Naval Research Logistics Quarterly, 1962, p. 181 - 185.

$$Maximize \quad \sum_{r=1}^{s} u_r y_{ro} = \theta_o,$$

$$subject\ to \quad \sum_{i=1}^{m} \omega_i x_{io} = 1,$$

$$\sum_{r=1}^{s} u_r y_{rj} - \sum_{i=1}^{m} \omega_i x_{ij} \leq 0, j = 1, \cdots, n, u_r, \omega_i \geq 0, r = 1, \cdots s; i = 1, \cdots, m. \quad (2)$$

根据线性规划的相关基本理论，可知模型（2）的对偶问题表达形式：

$$Maximize \quad \theta_o$$

$$subject\ to \quad \sum_{j=1}^{n} x_{ij} \lambda_j \leq \theta_o x_{io}, i = 1, 2, \cdots, m,$$

$$\sum_{j=1}^{n} y_{rj} \lambda_j \leq y_{ro}, r = 1, 2, \cdots, s,$$

$$\lambda_j \geq 0, j = 1, 2, \cdots, n. \quad (3)$$

上述的模型是基于所有决策单元中"最优"的决策单元作为参照对象，从而求得的相对效率都是小于等于 1 的。模型（2）或者（3）将被求解 n 次，每次即得一个决策单元的相对效率。模型（3）的经济含义是：为了评价 $DMU_o(o \in \{1,2,\cdots,n\})$ 的绩效，可以用一组假想的组合决策单元与其进行比较。模型（3）的第一个和第二个约束条件的右端项分别是这个组合决策单元的投入和产出。从而，模型（3）意味着，如果所求出的效率最优值小于 1，则表明可以找到这样一个假想的决策单元，它可以用少于被评价决策单元的投入来获取不少于该单元的产出，即表明被评价的决策单元为非 DEA 有效。而当效率值为 1 时，决策单元为 DEA 有效。有关 DEA 有效根据松弛变量是否都为零还可以进一步分为弱 DEA 有效与 DEA 有效两类。即通过考察如下模型中的 $s_i^-(i=1,\cdots,m)$ 与 $s_r^+(r=1,\cdots,s)$ 的值来判别。

$$Minimize \quad \theta_o - \varepsilon \left(\sum_{i=1}^{m} s_i^- + \sum_{r=1}^{s} s_r^+ \right)$$

$$subject\ to \quad \sum_{j=1}^{n} x_{ij} \lambda_j + s_i^- = \theta_o x_{io}, i = 1, \cdots, m$$

$$\sum_{j=1}^{n} y_{rj} \lambda_j + s_r^+ = y_{ro}, r = 1, \cdots, s$$

$$\lambda_j, s_i^-, s_r^+ \geq 0, \forall i, j, r. \quad (4)$$

其中 ε 为非阿基米德无穷小量。

根据上述模型给出被评价决策单元 $DMU_o(o \in \{1,2,\cdots,n\})$ 有效性的定义：

定义 3. 若模型（4）的最优解满足 $\theta_o^* = 1$，则称 DMU_o 为弱 DEA 有效。

定义 4. 若模型（4）的最优解满足 $\theta_o^* = 1$，且有 $s_i^- = 0$，$s_r^+ = 0$，成立，则称 DMU_o 为 DEA 有效。

定义 5. 若模型（4）的最优解满足 $\theta_o^* < 1$，则称 DMU_o 为非 DEA 有效。

对于非 DEA 有效的决策单元，有三种方式可以将决策单元改进为有效决策单元：保持产出不变，减少投入；保持投入不变增大产出；减小投入的同时也增大产出。CCR 模型容许 DMU 在减小投入的同时也增加产出。对于 CCR 模型，可以通过如下投影的方式将其投向效率前沿面，从而投影所得的点投入产出组合即为 DEA 有效。

$$\hat{x}_{io} = \theta_o^* x_{io} - s_i^{-*} = x_{io} - (1 - \theta_o^*)x_{io} - s_i^{-*} \leqslant x_{io}, i = 1, \cdots, m$$
$$\hat{y}_{ro} = y_{ro} + s_r^{+*} \geqslant y_{ro}, r = 1, \cdots, s. \tag{5}$$

上述投影所得值与原始投入产出值之间的差异即为被评价决策单元欲达到有效应改善的数值，设投入的变化量为，产出的变化量为：

$$\Delta x_{io} = x_{io} - \hat{x}_{io} = x_{io} - (\theta_o^* x_{io} - s_i^{-*}), i = 1, \cdots, m$$
$$\Delta y_{ro} = \hat{y}_{ro} - y_{ro} = (y_{ro} + s_r^{+*}) - y_{ro}, r = 1, \cdots, s. \tag{6}$$

三　基于 DEA 的公共文化政府供给的效率分析

（一）数据来源

本文对全国 31 个省的公共文化服务政府供给效率进行研究，选择 2012—2016 年作为研究时期。本文的数据主要来源于《中国统计年鉴》（2013—2017）、《中国财政年鉴》（2013—2017）、《中国文化文物统计年鉴》（2013—2017）。这样就得到了包含 31 个截面样本 5 个时期的中国省级政府公共文化服务效率的面板数据，运用 DEA 模型，对中国 2012—2016 年间公共文化服务的投入产出数据进行测算，得出我国省级政府公共文化服务效率的得分情况。

2012—2016 年的每年的指标数据标准化处理如表 8.2.1—表 8.2.5 所示。

第八章 我国公共文化服务政府供给效率实证研究 169

表8.2.1 2012年31个省级政府公共文化服务投入产出数据（规格化处理）

省份	投入指标											
	公共文化服务投入	产出指标										
		公共图书馆			文物业		艺术业		群众文化业			
	人均文化事业费	人均拥有藏书量	每百万人公共图书馆数	每万人图书馆流通人次	每百万人公共博物馆数	每万人文物藏品数	每万人观众人次	艺术表演团体演出场次（万）	每百万人群众文化机构数	每万人群众文化机构从业人员数	每百万人举办文艺活动次数	每万人群众文化培训人次
北京	0.909	0.227	0.000	0.180	0.510	1.000	0.000	0.048	0.078	0.468	0.705	0.770
天津	0.541	0.236	0.186	0.148	0.274	0.377	0.008	0.048	0.112	0.079	0.141	0.160
河北	0.000	0.015	0.157	0.156	0.080	0.023	0.362	0.524	0.240	0.137	0.127	0.556
山西	0.147	0.052	0.362	0.076	0.635	0.102	0.601	0.738	0.380	0.367	0.165	0.318
内蒙古	0.382	0.058	0.501	0.067	0.413	0.071	0.213	0.381	0.344	0.633	0.176	0.194
辽宁	0.200	0.144	0.251	0.365	0.253	0.066	0.078	0.143	0.275	0.295	0.316	0.573
吉林	0.283	0.098	0.169	0.107	0.663	0.044	0.092	0.167	0.273	0.396	0.084	0.157
黑龙江	0.107	0.074	0.200	0.135	0.410	0.011	0.126	0.190	0.238	0.130	0.130	0.243
上海	1.000	1.000	0.003	0.320	0.219	0.315	0.052	0.238	0.000	1.000	1.000	0.728
江苏	0.145	0.110	0.017	0.610	0.573	0.132	0.300	0.833	0.085	0.065	0.152	0.802
浙江	0.423	0.160	0.080	0.932	0.424	0.068	0.187	0.262	0.221	0.252	0.309	0.822

续表

省份	投入指标 公共文化服务投入 人均文化事业费	产出指标 公共图书馆 人均拥有藏书量	每百万人公共图书馆数	每万人图书馆流通人次	文物业 每百万人公共博物馆数	每万人文物藏品数	艺术业 每万人观众人次	艺术表演团体演出场次（万）	群众文化业 每百万人群众文化机构数	每万人群众文化机构从业员数	每百万人举办文艺活动次数	每万人群众文化培训人次
安徽	0.021	0.006	0.024	0.147	0.149	0.025	0.197	0.381	0.149	0.043	0.000	0.318
福建	0.207	0.080	0.156	0.259	0.646	0.046	0.201	0.333	0.242	0.000	0.060	0.254
江西	0.076	0.049	0.174	0.130	0.569	0.046	0.190	0.310	0.343	0.130	0.057	0.186
山东	0.054	0.061	0.044	0.351	0.170	0.058	0.343	0.429	0.118	0.072	0.149	1.000
河南	0.001	0.003	0.032	0.221	0.142	0.076	1.000	1.000	0.170	0.295	0.119	0.685
湖北	0.105	0.064	0.088	0.278	0.469	0.085	0.400	0.500	0.146	0.115	0.085	0.358
湖南	0.058	0.037	0.088	0.206	0.170	0.049	0.267	0.452	0.324	0.245	0.111	0.316
广东	0.178	0.086	0.003	1.000	0.313	0.041	0.277	0.286	0.070	0.158	0.076	0.915
广西	0.062	0.058	0.116	0.241	0.208	0.017	0.149	0.238	0.168	0.079	0.092	0.283
海南	0.280	0.067	0.154	0.042	0.368	0.012	0.020	0.000	0.179	0.043	0.046	0.067
重庆	0.117	0.055	0.032	0.128	0.212	0.118	0.025	0.048	0.285	0.388	0.205	0.383

第八章 我国公共文化服务政府供给效率实证研究 171

续表

省份	投入指标	产出指标									
	公共文化服务投入	公共图书馆		文物业		艺术业		群众文化业			
	人均文化事业费	人均拥有藏书量	每百万人公共图书馆数	每万人图书馆流通人次	每百万人公共博物馆数	每万人文物藏品数	每万人观众人次	艺术表演团体演出场次（万）	每百万人群众文化机构数	每万人群众文化机构从业人员数	每百万人举办文艺活动次数	每万人群众文化培训机构次
四川	0.068	0.040	0.094	0.252	0.142	0.039	0.098	0.214	0.458	0.158	0.112	0.767
贵州	0.076	0.012	0.203	0.058	0.285	0.000	0.049	0.071	0.359	0.468	0.076	0.107
云南	0.099	0.049	0.301	0.210	0.622	0.031	0.219	0.214	0.250	0.309	0.173	0.458
西藏	0.475	0.000	0.009	0.000	0.000	0.055	0.005	0.000	1.000	0.014	0.055	0.000
陕西	0.137	0.034	0.260	0.084	0.705	0.111	0.363	0.476	0.421	0.612	0.121	0.427
甘肃	0.123	0.058	0.356	0.090	1.000	0.092	0.299	0.357	0.448	0.432	0.136	0.244
青海	0.506	0.169	1.000	0.019	0.885	0.153	0.000	0.024	0.472	0.453	0.175	0.033
宁夏	0.417	0.163	0.289	0.032	0.097	0.051	0.013	0.048	0.327	0.612	0.481	0.132
新疆	0.258	0.080	0.463	0.079	0.778	0.019	0.079	0.238	0.493	0.691	0.514	0.181

表 8.2.2　2013 年 31 个省级政府公共文化服务投入产出数据（规格化处理）

省份	投入指标 公共文化服务投入 人均文化事业费	公共图书馆 人均拥有藏书量	公共图书馆 每百万人公共图书馆数	公共图书馆 每万人图书馆流通人次	文物业 每百万人公共博物馆数	文物业 每万人文物藏品数	艺术业 每万人观众人次	艺术业 艺术表演团体演出场次（万）	群众文化业 每百万人群众文化机构数	群众文化业 每万人群众文化机构从业人员数	群众文化业 每百万人举办文艺活动次数	群众文化业 每万人群众文化培训人机构次
北京	1.000	0.248	0.000	0.170	0.429	1.000	0.000	0.024	0.070	0.364	0.769	0.917
天津	0.465	0.284	0.177	0.133	0.218	0.375	0.016	0.024	0.096	0.053	0.141	0.168
河北	0.000	0.014	0.162	0.162	0.069	0.023	0.385	0.500	0.226	0.121	0.134	0.485
山西	0.166	0.058	0.350	0.082	0.550	0.098	0.552	0.643	0.336	0.348	0.140	0.261
内蒙古	0.495	0.072	0.508	0.068	0.456	0.081	0.206	0.357	0.318	0.644	0.186	0.140
辽宁	0.222	0.180	0.259	0.320	0.218	0.070	0.064	0.143	0.259	0.303	0.297	0.677
吉林	0.318	0.115	0.174	0.110	0.423	0.040	0.115	0.143	0.256	0.402	0.054	0.162
黑龙江	0.133	0.090	0.238	0.136	0.396	0.012	0.108	0.214	0.339	0.311	0.188	0.216
上海	0.979	1.000	0.000	0.408	0.151	0.317	0.066	0.214	0.000	1.000	1.000	0.815
江苏	0.151	0.137	0.029	0.662	0.616	0.151	0.253	0.738	0.082	0.076	0.159	0.926
浙江	0.477	0.183	0.085	0.761	0.353	0.070	0.181	0.238	0.198	0.273	0.351	0.722

续表

省份	投入指标				产出指标								
	公共文化服务投入	公共图书馆			文物业		艺术业		群众文化业				
	人均文化事业费	人均拥有藏书量	每百万人公共图书馆数	每万人图书馆流通人次	每百万人公共博物馆数	每万人文物藏品数	每万人观众人次	艺术表演团体演出场次(万)	每百万人群众文化机构数	每万人群众文化机构从业人员数	每百万人举办文艺活动次数	每万人群众文化培训人次
安徽	0.043	0.011	0.039	0.167	0.405	0.055	0.124	0.214	0.154	0.129	0.000	0.340
福建	0.245	0.101	0.168	0.262	0.568	0.046	0.188	0.333	0.226	0.000	0.046	0.268
江西	0.092	0.058	0.182	0.140	0.529	0.059	0.210	0.357	0.339	0.197	0.047	0.169
山东	0.065	0.072	0.050	0.378	0.157	0.062	0.368	0.476	0.109	0.053	0.170	1.000
河南	0.005	0.007	0.044	0.225	0.154	0.086	1.000	1.000	0.164	0.303	0.133	0.577
湖北	0.140	0.083	0.098	0.333	0.429	0.118	0.434	0.476	0.141	0.106	0.086	0.372
湖南	0.046	0.043	0.102	0.226	0.169	0.051	0.223	0.405	0.296	0.258	0.145	0.328
广东	0.222	0.094	0.006	1.000	0.287	0.039	0.272	0.214	0.065	0.159	0.081	0.884
广西	0.105	0.083	0.170	0.295	0.218	0.022	0.200	0.238	0.180	0.121	0.170	0.253
海南	0.300	0.054	0.164	0.037	0.353	0.018	0.011	0.000	0.166	0.030	0.052	0.069
重庆	0.234	0.065	0.041	0.136	0.184	0.121	0.017	0.048	0.266	0.432	0.259	0.345

续表

省份	投入指标											
	公共文化服务投入	产出指标										
		公共图书馆			文物业		艺术业		群众文化业			
	人均文化事业费	人均拥有藏书量	每百万人公共图书馆数	每万人图书馆流通人次	每百万人公共博物馆数	每万人文物藏品数	每万人观众人次	艺术表演团体演出场次（万）	每百万人群众文化机构数	每万人群众文化机构从业人员数	每百万人举办文艺活动次数	每万人群众文化培训人次
四川	0.112	0.050	0.118	0.257	0.202	0.058	0.134	0.214	0.491	0.227	0.130	0.777
贵州	0.078	0.018	0.220	0.081	0.311	0.000	0.061	0.095	0.346	0.500	0.034	0.146
云南	0.126	0.058	0.309	0.199	0.586	0.034	0.222	0.214	0.233	0.311	0.201	0.440
西藏	0.830	0.000	0.017	0.000	0.000	0.237	0.035	0.000	1.000	0.242	0.212	0.000
陕西	0.195	0.043	0.270	0.114	0.656	0.117	0.436	0.381	0.399	0.629	0.116	0.363
甘肃	0.164	0.083	0.371	0.102	1.000	0.096	0.337	0.333	0.465	0.462	0.135	0.238
青海	0.871	0.165	1.000	0.019	0.764	0.159	0.006	0.000	0.644	0.492	0.194	0.014
宁夏	38.85	0.73	3.16	163	0.95	132.85	263	0.2	39.49	1.60	1003.32	20.6
新疆	32.67	0.51	4.71	350	3.25	68.95	850	1.4	55.29	1.64	941.28	29.8

表 8.2.3　2014 年 31 个省级政府公共文化服务投入产出数据（规格化处理）

省份	投入指标 公共文化服务投入 人均文化事业费	公共图书馆 人均拥有藏书量	公共图书馆 每百万人公共图书馆数	公共图书馆 每万人图书馆流通人次	文物业 每百万人公共博物馆数	文物业 每万人文物藏品数	艺术业 每万人观众人次	艺术业 艺术表演团体演出场（万）	群众文化业 每百万人群众文化机构数	群众文化业 每万人群众文化机构从业人员数	群众文化业 每百万人举办文艺活动次数	群众文化业 每万人群众文化培训人次
北京	0.841	0.266	0.016	0.119	0.274	1.000	0.000	0.026	0.069	0.358	0.857	0.325
天津	0.468	0.284	0.161	0.094	0.148	0.406	0.018	0.026	0.092	0.000	0.176	0.087
河北	0.000	0.018	0.161	0.131	0.058	0.013	0.369	0.641	0.234	0.164	0.106	0.257
山西	0.203	0.063	0.323	0.065	0.364	0.091	0.456	0.692	0.340	0.358	0.114	0.155
内蒙古	0.428	0.092	0.466	0.061	0.344	0.080	0.216	0.436	0.359	0.716	0.098	0.119
辽宁	0.134	0.181	0.245	0.255	0.150	0.065	0.005	0.000	0.263	0.336	0.336	0.401
吉林	0.233	0.122	0.171	0.100	0.290	0.031	0.121	0.154	0.261	0.403	0.050	0.101
黑龙江	0.112	0.096	0.228	0.114	0.406	0.014	0.114	0.154	0.344	0.336	0.155	0.112
上海	1.000	1.000	0.000	0.317	0.174	0.436	0.062	0.205	0.000	1.000	1.000	0.458
江苏	0.178	0.159	0.046	0.583	0.488	0.146	0.264	0.897	0.082	0.075	0.088	0.389
浙江	0.443	0.203	0.094	0.654	0.234	0.053	0.141	0.179	0.170	0.276	0.339	0.394

续表

省份	投入指标 公共文化服务投入 人均文化事业费	产出指标 公共图书馆 人均拥有藏书量	每百万人公共图书馆数	每万人图书馆流通人次	文物业 每百万人公共博物馆数	每万人文物藏品数	艺术业 每万人观众人次	艺术表演团体演出场次（万）	群众文化业 每百万人群众文化机构数	每万人群众文化机构从业人员数	每百万人举办文艺活动次数	每万人群众文化机构培训人次
安徽	0.027	0.007	0.081	0.193	0.308	0.048	0.020	0.000	0.162	0.179	0.002	0.309
福建	0.178	0.100	0.164	0.216	0.378	0.044	0.217	0.359	0.230	0.097	0.009	0.138
江西	0.030	0.066	0.194	0.124	0.350	0.050	0.207	0.282	0.347	0.164	0.000	0.157
山东	0.059	0.077	0.065	0.315	0.118	0.048	0.367	0.462	0.109	0.052	0.198	0.589
河南	0.002	0.015	0.073	0.219	0.206	0.083	1.000	1.000	0.172	0.313	0.058	0.408
湖北	0.066	0.085	0.108	0.221	0.302	0.110	0.421	0.538	0.143	0.104	0.023	0.224
湖南	0.024	0.048	0.119	0.200	0.126	0.045	0.219	0.436	0.310	0.284	0.108	0.233
广东	0.214	0.111	0.028	1.000	0.174	0.029	0.224	0.205	0.066	0.164	0.064	1.000
广西	0.055	0.081	0.167	0.202	0.174	0.015	0.162	0.205	0.182	0.119	0.120	0.163
海南	0.329	0.066	0.160	0.024	0.278	0.012	0.018	0.000	0.172	0.097	0.015	0.021
重庆	0.214	0.059	0.053	0.128	0.136	0.088	0.032	0.000	0.265	0.448	0.251	0.223

续表

省份	投入指标		产出指标								
	公共文化服务投入	公共图书馆		文物业		艺术业		群众文化业			
	人均文化事业费	人均拥有藏书量	每百万人公共图书馆数	每万人图书馆流通人次	每百万人公共博物馆数	每万人文物藏品数	每万人观众人次	艺术表演团体演出场次（万）	每百万人群众文化机构数	每万人群众文化机构从业员数	每百万人举办文艺活动次数	每万人群众文化培训人次
四川	0.141	0.059	0.136	0.236	0.226	0.065	0.135	0.205	0.517	0.239	0.187	0.542
贵州	0.097	0.026	0.217	0.051	0.174	0.000	0.034	0.051	0.370	0.582	0.049	0.115
云南	0.149	0.059	0.292	0.163	0.230	0.027	0.208	0.205	0.236	0.328	0.196	0.279
西藏	0.562	0.000	0.033	0.000	0.000	0.336	0.013	0.026	1.000	0.216	0.326	0.000
陕西	0.211	0.052	0.254	0.092	0.520	0.115	0.293	0.436	0.386	0.769	0.161	0.183
甘肃	0.218	0.096	0.374	0.077	1.000	0.099	0.320	0.359	0.473	0.537	0.081	0.169
青海	0.524	0.173	1.000	0.015	0.642	0.184	0.012	0.000	0.655	0.634	0.218	0.008
宁夏	0.474	0.221	0.418	0.038	0.056	0.044	0.043	0.026	0.306	0.619	0.439	0.031
新疆	0.299	0.100	0.475	0.070	0.528	0.008	0.137	0.308	0.490	0.739	0.871	0.217

表 8.2.4　2015 年 31 个省级政府公共文化服务投入产出数据标准化处理（规格化处理）

省份	投入指标 公共文化服务投入 人均文化事业费	投入指标 公共文化服务投入 人均拥有藏书量	产出指标 公共图书馆 每百万人公共图书馆数	产出指标 公共图书馆 每万人图书馆流通人次	产出指标 文物业 每百万人公共博物馆数	产出指标 文物业 每万人文物藏品数	产出指标 艺术业 每万人观众人次	产出指标 艺术业 艺术表演团体演出场次（万）	产出指标 群众文化业 每百万人群众文化机构数	产出指标 群众文化业 每万人群众文化机构从业人员数	产出指标 群众文化业 每百万人举办文艺活动次数	产出指标 群众文化业 每万人群众文化机构培训人次
北京	0.904	0.266	0.005	0.134	0.259	1.000	0.006	0.049	0.069	0.326	1.000	0.521
天津	0.389	0.284	0.048	0.098	0.150	0.337	0.013	0.049	0.106	0.000	0.118	0.209
河北	0.006	0.007	0.055	0.159	0.074	0.013	0.299	0.512	0.242	0.197	0.127	0.425
山西	0.201	0.059	0.102	0.073	0.370	0.098	0.427	0.561	0.347	0.409	0.175	0.407
内蒙古	0.474	0.089	0.147	0.064	0.382	0.081	0.188	0.390	0.377	0.826	0.128	0.143
辽宁	0.175	0.188	0.079	0.302	0.148	0.056	0.024	0.049	0.269	0.424	0.289	0.601
吉林	0.184	0.118	0.056	0.107	0.355	0.040	0.003	0.000	0.267	0.545	0.077	0.170
黑龙江	0.088	0.089	0.071	0.130	0.402	0.022	0.102	0.171	0.349	0.394	0.156	0.197
上海	1.000	1.000	0.000	0.321	0.610	0.756	0.036	0.146	0.000	1.000	0.973	0.817
江苏	0.213	0.173	0.015	0.705	0.528	0.130	0.296	0.854	0.084	0.129	0.161	0.701
浙江	0.475	0.225	0.030	0.712	0.464	0.071	0.139	0.171	0.174	0.371	0.389	0.704

续表

省份	投入指标 公共文化服务投入 人均文化事业费	公共图书馆 人均拥有藏书量	公共图书馆 每百万人公共图书馆数	公共图书馆 每万人图书馆流通人次	文物业 每百万人公共博物馆数	文物业 每万人文物藏品数	艺术业 每万人观众人次	艺术业 艺术表演团体演出场次（万）	群众文化业 每百万人群众文化机构数	群众文化业 每万人群众文化机构从业人员数	群众文化业 每百万人举办文艺活动次数	群众文化业 每万人群众文化培训机构人次
安徽	0.000	0.004	0.027	0.196	0.331	0.046	0.011	0.024	0.169	0.258	0.014	0.487
福建	0.178	0.122	0.053	0.237	0.363	0.041	0.106	0.244	0.234	0.091	0.011	0.245
江西	0.025	0.055	0.062	0.164	0.345	0.049	0.140	0.268	0.354	0.288	0.005	0.229
山东	0.059	0.066	0.021	0.317	0.232	0.063	0.286	0.439	0.110	0.106	0.104	0.901
河南	0.009	0.004	0.025	0.255	0.246	0.079	1.000	1.000	0.177	0.348	0.082	0.642
湖北	0.084	0.077	0.036	0.236	0.417	0.132	0.264	0.366	0.147	0.136	0.016	0.386
湖南	0.038	0.037	0.042	0.232	0.152	0.041	0.153	0.341	0.313	0.364	0.111	0.467
广东	0.201	0.107	0.010	1.000	0.183	0.032	0.158	0.146	0.068	0.212	0.041	0.909
广西	0.094	0.070	0.056	0.212	0.203	0.020	0.029	0.024	0.186	0.258	0.199	0.326
海南	0.468	0.077	0.050	0.041	0.290	0.017	0.012	0.000	0.173	0.144	0.000	0.046
重庆	0.246	0.059	0.017	0.167	0.131	0.086	0.021	0.000	0.268	0.636	0.199	0.368

（二）基于 DEA 的公共文化服务政府供给效率计算结果

根据 DEA 的计算原理，采用 Excel 软件运行计算得，2012—2016 每年各省份的相对效率如表 8.2.6 所示。

表 8.2.6　　　　每年各省份的相对效率（DEA 效率）

省份	2012 年	2013 年	2014 年	2015 年	2016 年
北京	1.000	1.000	1.000	1.000	1.000
天津	0.849	0.968	0.923	0.931	0.818
河北	1.000	1.000	1.000	1.000	1.000
山西	0.916	0.861	0.707	0.671	0.690
内蒙古	0.526	0.455	0.518	0.465	0.477
辽宁	0.903	0.909	1.000	1.000	1.000
吉林	0.643	0.596	0.630	0.735	0.672
黑龙江	0.908	0.922	0.882	0.960	1.000
上海	1.000	1.000	1.000	1.000	1.000
江苏	1.000	1.000	1.000	1.000	0.916
浙江	0.699	0.596	0.639	0.676	0.728
安徽	0.795	0.981	1.000	1.000	1.000
福建	0.720	0.686	0.671	0.760	0.751
江西	1.000	0.992	1.000	1.000	1.000
山东	1.000	1.000	1.000	1.000	1.000
河南	1.000	1.000	1.000	1.000	1.000
湖北	0.902	0.841	1.000	1.000	0.989
湖南	0.928	1.000	1.000	0.997	0.993
广东	1.000	1.000	1.000	1.000	1.000
广西	0.959	0.899	0.978	0.897	0.851
海南	0.492	0.453	0.356	0.308	0.272
重庆	0.868	0.593	0.596	0.556	0.583
四川	1.000	0.984	0.952	0.904	0.944

续表

省份	效率				
	2012年	2013年	2014年	2015年	2016年
贵州	0.916	0.964	0.883	0.832	0.959
云南	0.996	0.943	0.717	0.804	0.848
西藏	0.640	0.514	0.740	1.000	1.000
陕西	0.898	0.783	0.724	0.822	0.769
甘肃	1.000	1.000	1.000	1.000	0.933
青海	0.749	0.481	0.839	0.518	0.585
宁夏	0.656	0.740	0.559	0.596	0.917
新疆	0.919	0.827	0.982	0.776	0.848

通过上表可知，在考察期，只有北京、河北、上海、江苏、江西、山东、河南、广东、甘肃、湖南等省市的公共文化服务政府供给效率是有效的，大部分省份都不同程度存在无效率状态。

我们还可以计算得出各省每年的公共文化服务支出效率排序，如表8.2.7所示。

表8.2.7　　　　各省每年公共文化服务支出的效率值排序

省份	效率				
	2012年	2013年	2014年	2015年	2016年
北京	1	1	1	1	1
天津	22	13	17	16	22
河北	1	1	1	1	1
山西	16	19	24	26	26
内蒙古	30	30	30	30	30
辽宁	18	17	1	1	1
吉林	28	25	27	24	27
黑龙江	17	16	19	15	1
上海	1	1	1	1	1

续表

省份	效率				
	2012年	2013年	2014年	2015年	2016年
江苏	1	1	1	1	18
浙江	26	26	26	25	25
安徽	23	12	1	1	1
福建	25	24	25	23	24
江西	1	10	1	1	1
山东	1	1	1	1	1
河南	1	1	1	1	1
湖北	19	20	1	1	13
湖南	13	1	1	14	12
广东	1	1	1	1	1
广西	12	18	15	18	19
海南	31	31	31	31	31
重庆	21	27	28	28	29
四川	1	11	16	17	15
贵州	15	14	18	19	14
云南	11	15	23	21	20
西藏	29	28	21	1	1
陕西	20	22	22	20	23
甘肃	1	1	1	1	16
青海	24	29	20	29	28
宁夏	27	23	29	27	17
新疆	14	21	14	22	20

从表8.2.7可以看出，北京、河北、上海、山东、河南、广东5年来一直排序居前，公共文化服务支出效率较高且稳定；安徽、辽宁、西藏的公共文化服务支出效率逐年增长；其他省份的公共文化服务支出效率都有不同程度的变化，甚至有的省份多年来并无明显效率改进。

从表8.2.6和表8.2.7，我们可以得出以下结论：

第一，我国许多省份公共文化服务政府供给的效率是较低的。反映了政府对公共文化服务这样的和经济发展直接关系不密切的领域关注度较低，并不能以提高公众福利为政府支出追求目标，在发展经济的时候忽略了公共文化服务的发展。

第二，我国省级政府公共文化服务供给效率改进程度不大。大部分省份并没有采取有效措施积极提高政府支出效率，只有个别省份由无效转为有效，或者从有效转为无效。说明对公共文化服务供给的政府态度受历史因素影响较大，只有个别省份试图从提高公共文化服务政府供给效率入手，提高公共文化服务的政府供给能力，满足公众的不断增长的文化需要，构建完善的公共文化服务体系。

第三，从公共文化服务政府支出效率的分布上看，没有呈现出明显的地域特征，有效率的省份除了北京、上海、山东、广东这种强省，也有河南、甘肃这样的中西部经济落后省份。有不断提高政府支出效率的西藏、安徽等省份，以及不断降低政府支出效率的江西省和效率突然降低的江苏省等。这种规律性不足的表现，一定程度上说明了政策决策者对公共文化服务政府支出效率的影响程度，而在构建服务型政府过程中，制度或形势要求对公共文化服务的积极影响反映不明显。

第九章 公共文化服务公众满意度及影响因素分析

——以山东省调研数据为例

对于公共文化服务水平的评判从根本上说还是以公众是否满意为标准的,而且应该是唯一标准。公众满意度的衡量一方面与政府的供给水平有关;另一方面也与公众本身的一些特质有关,如公众本身的文化素质某种程度上决定了其需求水平。本章考察在当前政府公共文化服务供给水平下,公众所表现出的满意度情况。这可以实现两个目的:(1)对政府当前关于公共文化服务供给的作为作出客观的评价;(2)可在不断提高公众自身需求水平的同时,进一步推动政府的公共文化服务供给能力。为政府今后的努力指明方向,以公众的需求来引导公共文化服务水平的不断提升。

第一节 公众满意度的一般分析

一 公众满意度的内涵

公众满意度源于企业管理中的顾客满意度。营销学权威菲利普·科特勒认为,满意是指一个人通过对一个产品的可感知的效果(或结果)与他的期望值相比较后,所形成的愉悦或失望的感觉状态,包括认知、情感、态度、情绪、愿望和信念等[1]。顾客满意度就是顾客满意水平的量化。后来,"顾客满意"被引入公共部门,并由此产生了"公众满意度"。从一定意义上讲,公众可看作是政府的顾客,公众对政府的信赖和忠诚取

---

[1] [美]菲利普·科特勒:《营销管理——分析、计划、执行与控制(英文影印版)》,清华大学出版社1997年版,第442—457页。

决于公众对政府的满意程度。公众满意度是在公众对政府业绩的感知质量与公众期望比较的基础上形成的,是对公众心理状态的测量结果。当公众对政府绩效的感知质量达到或高于公众期望时,公众会感到满意;否则,就感到不满意。

20世纪80年代以来,伴随着西方国家新公共管理运动的兴起,政府绩效评估得到广泛应用,"公众满意"被提到了一个格外突出的位置。新公共管理理论将公众视为政府公共服务的消费者和顾客,主张建立"顾客导向"的政府。新公共服务理论主张"公民优先",强调政府是为公民而不是为顾客服务,试图建构以公民为中心的治理体系。从实践来看,公众满意度测评已成为西方各国政府察验、回应民意的普遍做法。美国于1993年出台的《政府绩效与结果法》基于"顾客优先"原则,要求所有的联邦机构发展和使用绩效评估技术,并向公众报告自己的绩效状况。1993年9月,克林顿总统签署了《设立顾客服务标准》的行政命令,责令联邦政府部门制定顾客服务标准,为顾客提供选择公共服务的资源和选择服务供给的手段。美国质量协会(ASQC)和密歇根大学工商管理学院的国家质量研究中心(NQRC)则在1994年提出了顾客满意度指数模型(ACSI),应用领域很快从工商业扩展到公共部门,美国联邦政府及部分州和地方政府相继选用该模型进行了公众满意度测量。早在20世纪80年代,英国政府就明确规定,在地方政府绩效评估中必须有服务对象参与,评估内容侧重于顾客服务和质量,评估结果公开并直接向对象负责。进入90年代后,英国政府又推行"公民宪章"和"竞争求质量运动",通过明确的服务标准和服务承诺、公民自由选择的权利、完善的投诉受理机制,进一步提高了公共部门的服务质量和顾客满意度。1999年,英国政府发布了《政府管理白皮书》,承诺提供更佳的公共服务,以更好地回应公众,满足公众需求。公众满意度测评在日本、法国、荷兰、芬兰、挪威、丹麦、澳大利亚、新西兰等其他发达国家及部分发展中国家也得到了广泛应用,在改善政府与公众的关系、提高政府的责任心和回应性、增强公众对政府的信任等方面,发挥了重要作用。

一般来说,评价与监督政府绩效有宏观标准和微观标准两类,公众满意度属于微观标准。这种观点源于新公共管理运动。新公共管理理论将公民的利益作为关注的焦点,希望通过一系列措施来体现"顾客导向"原则。在现实生活中,政府绩效和公众满意度二者的关系比较复杂。政府投入在一定程度上影响政府绩效,但政府绩效还受很多外部因素的影响。"满意"是一种心理感受,对同样的问题,在不同时刻公众会有不同的态度,并且公众在不同的时刻和不同的情景下也会有不同的满意度。公众会依据政府行为对其自身所造成的利益得失来评价政府行为的好坏。同时,公众对政府绩效所形成的满意度也会影响其对政府绩效的认知,进而影响其对政府绩效的评价。

二 公众满意度的衡量

把顾客满意度测量引入政府公共服务需要了解顾客满意度的基本理论模型。顾客满意度指数模型(Customer Satisfaction Index,CSI)最早是应用于企业,测量顾客对其提供的产品或服务质量的满意度。瑞典于1989年建立了世界上第一个全国性顾客满意度指数(Sweden Customer Satisfaction Barometer,SCSB),美国、德国、加拿大、韩国及我国台湾等20多个国家和地区先后建立了全国或地区性的CSI模型。另外,欧洲一些国家也正在进行这方面的研究。目前,国内的顾客满意度模型构建主要是学习借鉴美国顾客满意度模型,如图9.1.1所示。美国顾客满意度指数(ACSI)模型是以瑞典顾客满意度指数模型为原型建立的。

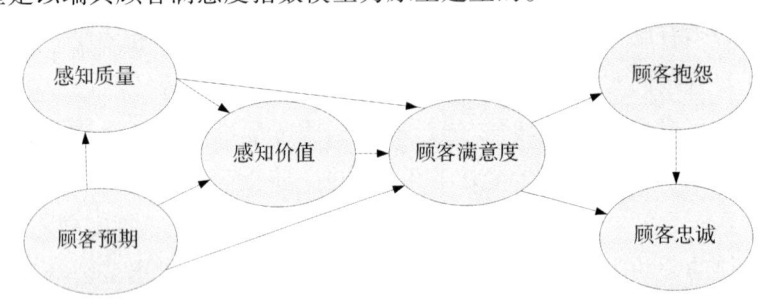

图9.1.1 美国顾客满意度指数(ACSI)结构模型

该模型中,总体满意度被置于一个相互影响相互关联的因果互动系统中,由顾客预期、顾客对质量的感知、顾客对价值的感知、顾客满意度、顾客抱怨和顾客忠诚6个变量组成,模型中6个结构变量的选取以顾客行为理论为基础。公众对公共文化服务的满意度从横向到纵向包括许多方面,因此无法面面俱到分析影响公众满意度的各个因素。

在对满意度进行评价当中,受到人们关注的是私人物品供给过程中的顾客满意度问题。随着人们对私人物品需求的增加,同时也会对公共物品和公共服务的消费提出数量和质量的要求。这就需要我们将注意力集中于如何评价公共服务满意度的问题。虽然各国的满意测评理论和体系将公共服务作为整个评价体系中的一部分,但是却只占很小的比例。如果直接运用这些模型来对公共服务机构的公众满意度进行评价,就可能会出现一些问题。具体而言,对于公共服务展开公众满意度评价,需要考虑两个比较重要的问题。(1)公共服务的基本属性是一种服务,对其感知质量、顾客预期等的测评是有别于一般的商品的。(2)公共服务的供给方式有别于一般的服务。

我们对公共服务满意度的研究其最终目的与一般的商业部门不同。因为对于商业部门其最关键的问题是如何增强顾客的满意度,从而进一步增加公司的利润。而作为公共服务的提供者公共部门其最终目标是如何提高公众的公共服务消费满意度,从而增强公众对政府机构的信任感,提升其合法性。

三 公众满意度的研究回顾

国外对政府业绩公众满意度的研究,主要是在顾客导向的价值理念下,探讨适合各个国家基本制度的政府绩效评估体系。一是从公民参与角度研究政府绩效评估主体行为及其影响。Mark 等(2000)[1]指出公民满意度与政府的服务绩效相关,公民对服务的评估可以作为政府绩效评估的指标。二是探讨用公众满意度来评估政府绩效的模型与方法。许多国家的学者设计了政府绩效公众满意度的评价模型,例如美国学者提出的 ACSI 满意模型,瑞典学者提出的 SCSB 模型,德国学者提出的 DK 模型,韩国学者提出的 KCSI 模型等。Tony(2006)[2]运用公众满意度测评的方法研究了中国城市和农村居民对政府绩效和公共服务的满意度,他

---

[1] A. G. Mark, B. D. Robert, Local Government Performance Through the Eyes of Citizens, Journal of Public Budgeting, Accounting & Financial Management, 2000, p. 49-61.

[2] Tony S:《对政府绩效的满意度:中国农村和城市的民意调查》,载《公共管理评论(第五卷)》,清华大学出版社 2006 年版。

发现居民对不同级别政府的态度截然不同,政府级别越低,公众满意度就越低。

我国理论界从20世纪90年代开始关注西方的政府绩效测评理论及其应用情况并进行了相关研究。一是探讨用公众满意度评价政府绩效价值。徐友浩、吴延兵（2004）[①] 结合中国国内政府绩效评估方面存在的问题,提出采用顾客满意度来评估政府绩效的方法;尹爽、陈一凡（2009）[②] 在介绍政府公共服务满意度运作理念的基础上提出提升政府公共服务满意度的对策及建议。但目前相关的研究只是停留在一般绩效评估体系的构建层面。二是研究政府绩效评价中公众满意度的结构、评价模式以及测量指标。尤建新等（2004）[③] 基于层次分析法提出四级指标体系;吴建南、庄秋爽（2005）[④] 对美国顾客满意度指数在公共管理部门应用的背景、测量模型及结果运用三个方面进行了分析与评估;张光进、龙朝双（2007）[⑤] 指出我国公众满意度的结构主要包含七个因子：政府形象、社会安全、经济调控、教育就业与保健、人文生态保护、国际参与和民主政治;于秀琴等（2009）[⑥] 以烟台市群众满意度测评为例,探讨第三方政府绩效的群众满意度模式;李晓燕（2011）[⑦] 研究了基金会信息公开的公众满意度和绩效的关系;陈方玺（2011）[⑧] 以浙江省为例,分析了我国地方政府公众满意度及个人满意度的评价体系构建、生成因素;朱

---

① 徐友浩、吴延兵：《顾客满意度在政府绩效评估中的运用》,《天津大学学报》（社会科学版）2004年第4期。
② 尹爽、陈一凡：《提升政府公共服务满意度的对策研究》,《法制与社会》2009年第6期。
③ 尤建新、邵鲁宁、杨淼：《公众满意理念及公众满意度评价》,《上海管理科学》2004年第2期。
④ 吴建南、庄秋爽：《测量公众心中的绩效——顾客满意度指数在公共部门的分析应用》,《公共管理》2005年第5期。
⑤ 张光进、龙朝双：《公众满意结构的初步研究》,《中国地质大学学报》2007年第3期。
⑥ 于秀琴、陈通、李贵炳：《第三方测评政府绩效的群众满意度模式研究——以烟台市为例》,《中国行政管理》2009年第4期。
⑦ 李晓燕：《基金会信息公开的公众满意度与绩效关系研究》,《学术论坛》2012年第10期。
⑧ 陈方玺：《个人满意度与地方政府公众满意度关系探究》,《内蒙古农业大学学报》（社会科学版）2011年第4期。

红灿、喻凯西（2012）[①] 以经典顾客满意度指数模型为基础，研究了政府信息公开的公众满意度状况。

综上，目前研究主要集中在对政府公众满意度测量的价值阐述和操作技术实施与构建等方面。在公共文化服务体系构建方面还较少有通过公众满意度指数来进行衡量的。本章旨在通过公众对政府公共文化服务方面的满意度进行研究，来了解社会公众现阶段对政府公共文化服务提供的需求及满足程度。

第二节 公共文化服务公众满意度基本统计

基于数据的可得性与实际工作的需要，本章以山东省为例来考查公众公共文化服务满意度的情况。山东省作为我国的经济大省、人口大省、农业大省及源远流长的文化传统大省，山东省的公共文化服务体系的构建在一定程度上反映出我国整体的文化服务特征及急需解决的问题。

本次调查问卷共发放500份，其中回收456份，有效问卷412份，问卷有效返回率为82.4%。从调查对象的样本基本情况来看，其中，男性194人，女性218人。其他基本情况如表9.2.1所示。

表9.2.1 调查对象样本基本情况

年龄	20岁以下	21—30岁	31—40岁	41—50岁	51—60岁	61岁以上
人数（人）	6	290	44	38	22	12
文化程度	小学以下	初中	高中	专科	大学	研究生以上
人数（人）	14	26	36	44	188	104
月收入水平（元）	1000下	1000—3000	3000—5000	5000—8000	8000—10000	10000以上
人数（人）	190	184	30	8	0	0

调查问卷通过26道题目描述了涉及10方面的问题，包括公共文化活动、图书馆、公益性文化演出、群众性文化活动、体育/休闲设施、电影

[①] 朱红灿、喻凯西：《政府信息公开公众满意度测评研究》，《图书情报工作》2012年第3期。

院、剧院/音乐厅、公园/其他公共空间等，在使用前，我们对问卷中的部分语句进行了修改，问卷的整体信度 0.817，表示信度较好。本研究所使用的对公共文化服务的满意度调查问题（第 5、8、11、14、、16、19、22、24、25 题）采用 5 点量。具体调查问卷的设计见附录。对公共文化服务的满意度调查问题的记分，要求被调查者根据自己的实际情况从备选答案中选择一个，具体记分方法见表 9.2.2 所示。

表 9.2.2　　　　公共文化服务的满意度调查问题的记分

答案	A 满意	B 基本满意	C 一般	D 不满意	E 无所谓
记分	8—9 范围内的一个分值	6—7 范围内的一个分值	4—5 范围内的一个分值	2—3 范围内的一个分值	0—1 范围内得一个分值
备注	分值越高，代表被调查者对调查对象的满意度越大。具体分值的确定，由被调查者对调查问卷的答案选择，结合对被调查者的其他问题的答案，由评判专家来确定。				

根据调查问卷所反映的信息，本章的研究从公众公共文化服务满意度的基本统计开始入手，了解公众在公共文化服务各个方面的基本状况和做出的评价；其次，运用灰色关联度分析来研究公众对山东省公共文化服务提供方面的满意度评价；最后，我们运用回归分析对影响公众公共文化服务满意度的各因素进行研究，分析其作用机理及影响程度，为山东省进一步提高政府公共文化服务能力提供决策依据。

经过整理调查问卷数据，我们得到部分调查问题的统计信息，如表 9.2.3 所示。

表 9.2.3　　　　　　部分调查问题的答案情况

是否了解我国构建公共文化服务体系的基本情况	答案选项	了解	基本了解	知道一点	以前没听说过	合计
	人数（人）	20	76	232	84	412
	占总人数的比例(%)	4.85	18.45	56.31	20.39	100.00

续表

	答案选项	一周去1次以上	一个月去1次或以上	一年去1次或以上	从来不去	合计
去所在地的图书馆看书的情况	人数（人）	60	116	68	166	410
	占总人数的比例（%）	14.63	28.29	16.59	40.49	100.00
	备注	\multicolumn{5}{l|}{少去或不去的原因：选择书太陈旧的人数为56，占总人数的比例为13.66%；选择种类少的人数为40，占总人数的比例为9.76%；选择距离远的人数174，占总人数的比例为42.44%；选择不知道图书馆的位置的人数48，占总人数的比例为11.71%；选择手续太麻烦的人数44，占总人数的比例为10.73%。}				

	答案选项	一周一次或以上	一个月一次或以上	一季度一次	半年一次	一年一次	几年一次	合计
经常有公益性文化演出的情况	人数（人）	14	92	74	66	40	124	410
	占总人数的比例（%）	3.41	22.44	18.05	16.10	9.76	30.24	100.00

	答案选项	一周去一次或以上	一个月去一次或以上	一年去一次或以上	从来没去过	合计
经常去博物馆、纪念馆、展览馆等地方参观的情况	人数（人）	0	16	250	144	410
	占总人数的比例（%）	0.00	3.90	60.98	35.12	100.00

续表

所在地经常举办群众性文化活动的情况	答案选项	一周一次或以上	一个月一次或以上	一季度一次	半年一次	一年一次	几年一次	合计
	人数（人）	24	92	70	48	40	136	410
	占总人数的比例（%）	5.85	22.44	17.07	11.71	9.76	33.17	100.00

对现阶段的公共文化服务的总体评价情况	答案选项	满意	基本满意	一般	不满意	合计		
	人数（人）	6	108	234	64			
	占总人数的比例（%）	1.46	26.21	56.80	15.53	100.00		

从公众对山东省公共文化服务提供的反馈情况来看，我国公共文化服务体系构建过程中存在着以下一些问题。

一 政府构建公共文化服务体系的基础工作准备不足

从调查结果看，对我国构建公共文化服务体系的基本情况真正了解的人并不多。选择了解的仅有20人，占总调查人数的4.85%；而基本了解和从前没有听说过的人分别是76人和84人，占总调查人数的比例分别是18.45%和20.39%；只是知道一点的人数有232人，占总调查人数的比例为56.31%。这说明国家在构建公共文化服务体系时，政府的基础准备工作不足，宣传不到位，大多数人只是对"公共文化服务"这个概念知道而已，而不清楚其具体内涵和意义。导致在实施过程中，尽管政府公共文化服务重心突出，但由于缺乏公众的积极参与而出现服务效果并不理想的局面。

党的十六大以来，各级政府把尊重和保障人民的文化权利作为全面建设小康社会的重要目标之一。但由于公共文化服务体系理论上尚未完善（并没有一个关于公共文化服务体系的官方界定）而不能很好地指导实践工作，只是在政府这个层面上强调公共文化服务，并没有对其服务对象——公众作进一步的动员，导致政府的努力和公众的需求不能很好地结合起来。

随着经济水平的逐步提高，人们逐渐开始关注文化权利，认识到文化权利也是公民权利的重要组成部分。但是，一种成熟的文化权利意识的形成是逐步培养出来的，当公众这方面意识缺乏的时候，政府有责任去宣传、教育、创造条件去推动权利意识的形成。政府应该运用报刊、电视、广播、互联网等多种媒体形式，以公众容易获得、理解的方式，帮助他们逐步培养文化权利意识，促进公民文化权利的自我实现，使公众从文化的被动旁观者变成文化的主动参与者，形成全民参与的文化格局。

二 公共文化设施利用率较低

尽管政府公共文化设施建设的投入力度逐年增加，但是，公共文化服务水平却未随之逐步增长。调研显示，已有的公共文化设施利用率较低。例如在图书馆的利用上，有166人选择从来不去，占总调查人数的40.49%。而选择一周至少去一次的仅为60人，占总调查人数的14.63%，选择一个月去一次图书馆的人数为116人，占总调查人数的28.29%，一年一次的为68人，占总调查人数的16.59%。这表明公众对图书馆的利用率很有限，大多数人没有把公共图书馆实现自己文化权利的场所，使公共图书馆不能充分发挥其承载的文化功能。从调查结果看，公众不去图书馆的原因主要有以下几种：

A. 离图书馆的距离比较远，人数为174，占总调查人数的比例为42.44%；

B. 图书馆的书太陈旧，人数为56，占总调查人数的比例为13.66%；

C. 不知道图书馆的位置，人数为48，占总调查人数的比例为11.71%；

D. 感觉图书馆的手续太麻烦，人数为44，占总调查人数的比例为10.73%；

E. 图书馆图书的种类太少，人数为 40，占总调查人数的比例为 9.76%。

从上述结果可看出，由于公共图书馆的数量有限，对大多数人来说，公共图书馆的位置离家较远，在存在网络等其他替代品的情况下，人们可能更愿意在网上满足自己阅读的需要；此外，由于公共图书馆，不能时常更新书目，增加种类，也使得部分公众失去了到公共图书馆看书的兴趣；特别需要指出的是，由于不知道公共图书馆的位置和服务而不去的公众占到总调查人数的 11.71%，这说明公共图书馆的公共性还没有充分体现出来。公共文化设施应该建立在公众最需要的地方，如公众密集的居住区。但是，有些地方却离开人群密集区，去城市边缘搞建设。这种现象不仅与土地价格高涨有关，更与一些政府官员对公共文化服务设施的用途认识不清有关。公共文化设施不是用来看的，不是"政绩工程""形象工程"，而是应该让社会公众使用方便。因此，公共图书馆不见得要建成标志性建筑物，即使小一点，只要建得多，在服务区能形成网络状体系，就能更方便社会公众。国际图书馆联合会一再强调，在每 1.5—2 平方公里内要建一座图书馆，才能方便社会公众充分使用。公共图书馆的价值在于使得馆内设施得到充分利用，从而使所提供的服务达到最大化，这一方面需要设施的不断完善，更重要的是服务理念、方式要贴近读者。

公共图书馆作为一种制度安排，应该是围绕满足人的文化需求而设计的。但在实践中，各级政府出台的公共图书馆管理办法或管理条例只是一些原则性的要求，对公共图书馆的授权和服务目标的具体规定常常模糊不清，政府对公共图书馆的预算分配与公共图书馆服务效果没有直接关系，难以达到评价、激励、监督的效果，因而公共图书馆事实上也缺乏外在的压力。公共图书馆制度产生于西方，其投资和运作至少满足以下几个条件：(1) 市场经济充分发展，社会经济比较发达；(2) 知识逐步成为社会进步的推动力量，公民有比较普遍的求知欲望；(3) 公民权利意识明确，主动参与社会管理，以监督政府权力规范行使；(4) 以比较完备的法规作为管理的依据，法的权威至上，政府、公民有守法的理性[1]。很明显，我

---

[1] 陈纪建：《中西不同文化背景下的公共图书馆制度比较》，《图书馆理论与实践》2006 年第 1 期。

国公共图书馆还缺乏完善的立法保障、有力的财政支持,政府的责任意识不强,公民的公共精神不足。这种情况下,出现"有限资源、有限服务、有限利用"的现象不足为奇。

另外一类公共文化设施,如博物馆、纪念馆、展览馆的利用情况也不理想。调研显示,一周去一次的人数没有,一个月至少去一次的人数为16人,占总调查人数的3.9%;一年至少去一次的,人数为250人,占总调查人数的60.98%;从来没有去过的,为144人,占总调查人数的35.12%。对这类场馆的利用情况,除了参观费用以外(绝大部分已经免费参观),个人的兴趣、文化素养也起到很大作用。

三 公众喜闻乐见的公共文化活动相对提供不足

这主要体现在两个方面。一是公益性文化演出的情况。公益性演出是指经文化主管部门审批核准,由文艺表演团体到基层、到工地、到社区,以基层群众和困难群体为服务对象、实行低廉收费标准的公益性演出专场(已由有关方面出资的公益性演出不在此列)。调研显示,选择一个月至少有一次公益性文化演出的人数92人,占总调查人数的22.44%;而几年才有一次公益性文化演出的有124人,占总调查人数的30.24%;一季度仅一次的,人数为74人,占总调查人数的18.05%;半年一次的,人数为66人,占总调查人数的16.1%;一年一次的,人数为40人,占总调查人数的9.76%;一周至少一次的,人数为14人,占总调查人数的3.41%。总的看来,认为一年内至少有一次公益性文化演出的,约占70%,相比其他公共文化服务,公益性文化演出做得比较好。这与政府的重视程度密切相关。2008年1月,国家发展改革委、文化部等九部委联合制定《关于构建合理演出市场供应体系促进演出市场繁荣发展的若干意见》,提出要建立国有演出单位公益性演出绩效考核制度,确保国有演出单位每年的公益性、低票价演出场次,做到"月月有公益场,场场有低价票",同时加大对公益性演出的财政投入。各级财政要适当增加对到城市社区、农村、工矿企业等基层进行公益性演出的补贴。支持举办针对青少年的低票价或免费的爱国主义教育专场演出,支持"高雅艺术进校园"等艺术普及类演出。山东省自2005年起,省财政每年安排专项资金支持省直艺术表演团体免费"送戏下乡",2012年1月14日,山东省文化厅为16个地市配发了流动舞台车,着力解决基层群众看戏难和文艺表演团体下乡演出搭台难、转点难的问题。

二是所在地经常举办群众性文化活动的情况。调研显示,选择几年一次的人数最多,为136人,占总调查人数的33.17%,选择至少一个月一次的为92人,占总调查人数的22.44%,选择一季度一次的为70人,占总调查人数的17.07%,选择半年一次和一年一次的人数分别为48人和40人,分别占总调查人数的11.71%和9.76%。这说明各地区差异很大,但总体情况并不理想。

这说明当前我国社会公众公共文化需求表达不足,表达机制不健全。在世界各国,公共需求表达都是一个难题。在计划经济条件下,由政治需要和行政长官意志决定。改革开放多年以后,这种思维模式在我国还有很深的影响。存在领导人"拍脑袋"替公众决定公共文化需求的情况,结果提供了一些不受欢迎的产品和服务,既浪费了公共资源,又损害了公共文化服务应有的信誉。

在市场经济条件下,公共文化服务的发展也依赖于需求。公共文化服务的选择必须经过一个公共决策程序。这一程序包括公共文化需求的表达、意见搜集和社会评估等环节。当前,我国公共文化服务体系在这些环节上的制度设计还比较薄弱,有的关键环节仍待改进。尊重公民的文化权利,首先就要尊重他们文化需求的表达权和公共决策的知情权、参与权。

四 公众总体满意度待提高

根据上述调查研究,得出的公共文化服务公众总体满意度的结论就很显然了:对现阶段的公共文化服务的总体评价情况,选择基本满意和感觉一般的,分别为108人和234人,占总调查人数的26.21%和56.8%;其次是选择不满意的64人,占总调查人数的15.53%;选择满意的6人,仅占总调查人数的1.46%。调研显示,大部分人对现阶段的公共文化服务感觉一般,这一方面说明目前公众主要是被动接受政府提供的公共文化服务,公众对公共文化的参与程度不高导致关注度不够;另一方面也说明政府对公共文化服务的提供能力还有待提高,这一问题将随着公众公共文化需求的迅速增加而可能迅速尖锐起来。

第三节 公共文化服务公众满意度的灰色关联度分析

上述调查研究表明，现阶段，公众对政府提供的公共文化服务满意度总体一般，这既反映了公众文化权利的保障程度不足，同时也说明我国文化软实力的提升还需政府有更多的作为。为了进一步了解在已有的公共文化服务中社会公众的评价，本节采用灰色关联度方法分析调查问卷中公众对现阶段公共文化服务分项满意度的问题。

一 灰色关联度分析的基本步骤

灰色系统理论[①]（Grey Theory）是我国邓聚龙教授于1982年创立的一门新兴横断学科，他把系统分成白色、黑色及灰色三种：白色系统是信息完全已知的系统；黑色系统是信息完全未知的系统；而部分信息已知、部分信息未知的系统称为灰色系统。灰色系统理论就是以"部分信息已知，部分信息未知"的"小样本""贫信息"不确定性系统为研究对象，通过充分利用部分"已知信息"的生成、开发去了解、认识现实世界，实现对系统的有效控制。

灰色关联度分析是灰色系统理论的一种分析方法，以参考点和比较点之间的距离为基础，从距离中找出各因素的差异性和接近性，或者说是基于行为序列的几何形状接近，以分析和确定因子间的影响程度或因子对行为的贡献程度而进行的一种分析方法。其基本思想是：根据分析对象时序数列曲线的相似程度来判断其关联程度，即两条曲线越相似，其关联度越大，反之越小。

灰色关联度数学模型基本步骤如下：

（1）确定参考数列和比较数列。参考数列就是比较的标准数列，比较数列就是要进行比较的数列。

设参考数列为

$\{x_0(k)\} = \{x_0(1), x_0(2), \cdots, x_0(n)\}$;

[①] 邓聚龙：《灰色理论基础》，华中科技大学出版社2003年版，第15—20页。

比较数列为

$\{x_i(k)\} = \{x_i(1), x_i(2), \cdots, x_i(n)\}, i = 1, 2, \cdots, m$

（2）对数列进行无量纲化处理。

为了消除量纲不同给关联分析带来的不良影响，要进行无量纲化处理。无量纲化处理常用的方法有：初值化处理、均值化处理和标准化处理。

在本书中，选取标准化处理。标准化处理是所有数据均减去该数列的平均数，然后除以该数列的标准差。

标准化参考数列为

$\{y_0(k) = (x_0(k) - \bar{x}_0)/\sigma_{x_0}\},$

其中，

$$\bar{x}_0 = \frac{1}{n}\sum_{k=1}^{n} x_0(k), \sigma_{x_0} = \sqrt{\frac{1}{n}\sum_{k=1}^{n}(x_0(k) - \bar{x}_0)^2}$$

标准化比较数列为

$\{y_i(k) = (x_i(k) - \bar{x}_i)/\sigma_{x_i}\}, i = 1, 2, \cdots, m$

其中，

$$\bar{x}_i = \frac{1}{n}\sum_{k=1}^{n} x_i(k), \sigma_{x_i} = \sqrt{\frac{1}{n}\sum_{k=1}^{n}(x_i(k) - \bar{x}_i)^2}, i = 1, 2, \cdots, m$$

（3）计算差数列。

差数列为

$\{\Delta y_i(k)\} = \{|y_i(k) - y_0(k)|\}, i = 1, 2, \cdots, m; k = 1, 2, \cdots, n$

（4）找出最大值和最小值

最大值为

$\max\{\Delta\} = \max\max\{\Delta y_i(k)\}, i = 1, 2, \cdots, m; k = 1, 2, \cdots, n$

最小值为

$\min\{\Delta\} = \min\min\{\Delta y_i(k)\}, i = 1, 2, \cdots, m; k = 1, 2, \cdots, n$

（5）计算关联系数。

关联系数

$$\{\zeta_i(k)\} = \left\{\frac{\min\{\Delta\} + \rho\max\{\Delta\}}{\Delta y_i(k) + \rho\max\{\Delta\}}\right\}, i = 1, 2, \cdots, m; k = 1, 2, \cdots, n$$

其中 ρ 为分辨系数, $0 \leq \rho \leq 1$。一般情况下, $\rho = 0.5$。ρ 的作用是消除 $\max \{\Delta\}$ 值过大从而使计算的关联系数失真的情况（不失一般性, 在本书的计算中, 取 $\rho = 0.5$）。

（6）计算关联度。

关联系数是一个数列, 信息比较分散, 不便于比较, 为此需要计算关联度, 用来集中反映某个比较数列与参考数列的关联程度。

关联度为

$$\gamma_i = \frac{1}{n} \sum_{k=1}^{n} \zeta_i(k) \text{。}$$

二 计算各满意度指标的灰色关联度

为了分析公众对公共文化服务的满意情况。选择比较数列如下：

$X_1 = \{x_{1,1}, x_{2,1}, \cdots, x_{416,1}\}$：被调查者对图书馆提供服务的满意度；

$X_2 = \{x_{1,2}, x_{2,2}, \cdots, x_{416,2}\}$：被调查者对所在地举办的公益性文化演出活动的满意度；

$X_3 = \{x_{1,3}, x_{2,3}, \cdots, x_{416,3}\}$：被调查者对博物馆、纪念馆、展览馆等地方提供的文化服务的满意度；

$X_4 = \{x_{1,4}, x_{2,4}, \cdots, x_{416,4}\}$：被调查者对当地举办的群众性文化活动的满意度；

$X_5 = \{x_{1,5}, x_{2,5}, \cdots, x_{416,5}\}$：被调查者对所在地的体育/休闲设施的满意度；

$X_6 = \{x_{1,6}, x_{2,6}, \cdots, x_{416,6}\}$：被调查者对所在地提供的电影服务的满意度；

$X_7 = \{x_{1,7}, x_{2,7}, \cdots, x_{416,7}\}$：被调查者对所在地提供的群众文化培训活动的满意度；

$X_8 = \{x_{1,8}, x_{2,8}, \cdots, x_{416,8}\}$：被调查者对对所在地的剧院/音乐厅的满意度；

$X_9 = \{x_{1,9}, x_{2,9}, \cdots, x_{416,9}\}$：被调查者对所在地的公园/其他公共空间的满意度。

我们进行灰色关联度计算的目的是为了确定在这些指标代表的公共文化服务满意度中, 被调查者对哪些指标满意度较高, 哪些比较低？实际上

就是对这 9 个指标代表的满意度进行排序。我们首先要选定一个参考数列，根据我们对满意度分值的设置标准，我们选定参考数列

$$X_0 = \{x_0(416)\} = \{x_0(1), x_0(2), \cdots, x_0(416)\} = \{9, 9, \cdots, 9\}$$

代表被调查者对公共文化服务的最优评价。

显然，比较数列与参考数列越接近，相应的关联度越大，说明比较数列与参考数列的关系越密切，即被调查者对这个比较数列的满意度越高。计算每个比较数列与这个参考数列的关联度，然后将这些关联度按大小排序，对应的也就是每个比较数列代表的满意度排序。

在确定指标后，首先分析指标的类型。一般指标有两类，一类是正向指标，此类指标越大越优；另一类是逆向指标，此类指标越小越优。为了消除指标方向不同对决策的影响，在计算前先进行指标正向化，即把两类指标均转换为正向指标。方法如下：

（1）对正向指标，处理方式如下：

$$x_{ij}' = \frac{x_{ij} - \min\limits_{i=1,\cdots,416} x_{ij}}{\max\limits_{i=1,\cdots,416} x_{ij} - \min\limits_{i=1,\cdots,416} x_{ij}}, j = 1, 2, \cdots, 9;$$

（2）对逆向指标，处理方法如下：

$$x_{ij}' = \frac{\max\limits_{i=1,\cdots,416} x_{ij} - x_{ij}}{\max\limits_{i=1,\cdots,416} x_{ij} - \min\limits_{i=1,\cdots,416} x_{ij}}, j = 1, 2, \cdots, 9 。$$

在灰色关联度中提到的无量纲化处理，以及这里提到的指标正向化处理，都是为了消除指标单位不同、方向不同对结果的影响。比较幸运的是，在本次分析的这些指标中，都是正向指标，并且这些指标都是采用统一的记分方法（表9.2.2所示的记分方法），所以单位一致。这样这些指标就可以不进行无量纲化处理和指标正向化处理，直接计算差数列、关联系数和关联度。

利用 DPS 数据处理系统（7.05 版）计算得各指标的关联度如表9.3.1所示。

表 9.3.1　　　　　　　　公共文化服务各指标的关联度

指标									
关联度	0.505	0.497	0.527	0.484	0.521	0.545	0.522	0.515	0.603
归一化的关联度	0.107	0.105	0.112	0.102	0.110	0.115	0.111	0.109	0.128
归一化关联度（百分比形式）	10.7%	10.5%	11.2%	10.2%	11.0%	11.5%	11.1%	10.9%	12.8%
排序									

三　结果分析

从表 9.3.1 中的结果可看出，公众对各项公共文化服务的满意度排在前三位的是公园/其他公共空间、电影服务和博物馆、纪念馆、展览馆，关联度分别为 12.8%、11.5% 和 11.2%。公共空间主要包括绿化空间、广场空间和运动空间，不仅和普通公众的生活密切相关，而且也代表了所在地区的城市形象和文化氛围。随着经济发展水平的提高，各地政府纷纷提供了功能较为齐全的公共设施，不仅突出了城市发展的新面貌，而且利用率也较高，符合公众的基本文化需要。电影服务以前曾是宣传社会主体价值观的主要工具，随着其娱乐性、商业化氛围逐渐浓厚，宣教的意味逐渐淡出，但是对于一些公益性电影，政府支持的力度还是比较大的，尤其是对于农村提供的电影服务是农村公共文化服务的主要方式，而且也成为缩小城乡文化差距的一种主要方式。场馆尽管从调研情况看利用率较低，但是经常去的公众一般有着浓厚的兴趣，而且随着各项场馆的免费措施提出，公众的满意度相对较高。

满意度居中的三位分别是群众文化培训活动、体育休闲设施、剧院/音乐厅，其关联度分别为 11.1%、11.0%、10.9%。群众文化培训活动从精神层次上满足和丰富公众的文化生活，对于提高公众的基本文化素质、艺术鉴赏能力，提高公众的文化参与意识，公共文化设施的利用率有着积极的作用。公众对此有着较浓厚的兴趣，因此，当服务数量与质量与公众的期望有差距时，其满意程度就有所下降。体育休闲设施和剧院/音乐厅在承载公共文化服务方面有着相似的一面，它们都属于政府重点投入的公共文化设施，而且在提供公共文化服务时，都满足了部分有着特殊偏好的公众需要，同时，一般它们都要收取一定的费用，公众的满意度在总体当中属于中游。

满意度排在最后三位的分别是公共图书馆、公益性文化演出和群众性文化活动，其关联度分别为 10.7%、10.5%、10.2%。这三项都是公众较为重视的文化服务，其中，公共图书馆有着许多评判标准可以借鉴，公益性演出和群众性文化活动作为公众喜爱的文化活动，期望越高，标准越高，相应地满意度则越低。

从总体上说，当前政府提供的公共文化服务还是不够的，公众对所调查指标的满意度都不是很好，大体集中在 10%—13% 之间，这反映了公众公共文化需求和政府提供之间还存在着较大的差距，需要进一步完善公共文化提供方式，动员社会力量参与到公共文化服务的提供中来，与公众的文化需求形成一种良性的互动，更好地满足公众文化需求的同时，提高政府的公共文化服务提供能力。

第四节 公共文化服务公众满意度的回归分析

前面我们分析了公众对不同方面公共文化服务的满意度排序情况，那么各不同方面的公共文化服务的满意度和公众对总的公共文化服务体系的评价（调查问卷的 26 题）存在一个什么样的关系，在公共文化服务体系中，公众最重视哪方面的公共文化服务，哪方面的公共文化服务对总公共文化服务体系的作用最大？为了进一步研究这个问题，我们下面对总的公共文化服务体系的评价与各不同方面公共文化服务的满意度评价进行回归分析。

在回归分析中，确定变量如下：

因变量

$Y = \{y_1, y_2, \cdots, y_{416}\}$：被调查者对现阶段享受到的公共文化服务体系的总体评价。（调查问卷 26 题）

自变量

$X_1 = \{x_{1,1}, x_{2,1}, \cdots, x_{416,1}\}$：被调查者对公共图书馆提供服务的满意度，（调查问卷 5 题）；

$X_2 = \{x_{1,2}, x_{2,2}, \cdots, x_{416,2}\}$：被调查者对所在地举办的公益性文化演出活动的满意度，（调查问卷 8 题）；

$X_3 = \{x_{1,3}, x_{2,3}, \cdots, x_{416,3}\}$：被调查者对博物馆、纪念馆、展览馆等地方提供的文化服务的满意度，（调查问卷 11 题）；

$X_4 = \{x_{1,4}, x_{2,4}, \cdots, x_{416,4}\}$：被调查者对当地举办的群众性文化活动的满意度，（调查问卷 14 题）；

$X_5 = \{x_{1,5}, x_{2,5}, \cdots, x_{416,5}\}$：被调查者对所在地的体育/休闲设施的满意度，（调查问卷 16 题）；

$X_6 = \{x_{1,6}, x_{2,6}, \cdots, x_{416,6}\}$：被调查者对所在地提供的电影服务的满意度，（调查问卷 19 题）；

$X_7 = \{x_{1,7}, x_{2,7}, \cdots, x_{416,7}\}$：被调查者对所在地提供的群众文化培训活动的满意度，（调查问卷 22 题）；

$X_8 = \{x_{1,8}, x_{2,8}, \cdots, x_{416,8}\}$：被调查者对对所在地的剧院/音乐厅的满意度，（调查问卷 24 题）；

$X_9 = \{x_{1,9}, x_{2,9}, \cdots, x_{416,9}\}$：被调查者对所在地的公园/其他公共空间的满意度，（调查问卷 25 题）。

我们先分析 Y 与各自变量 $X_i(i = 1,2,\cdots,9)$ 的线性回归。通过 EVIEWS（3.0 版）计算与每个自变量的线性回归系数如表 9.4.1 所示。

表 9.4.1　　　　Y 与每个自变量 X_i 的线性回归结果

Dependent Variable（因变量）：Y			
Method：Least Squares（最小二乘法）			
Variable（变量）	Coefficient	Std. Error	t – Statistic	Prob.
C	1.195300	0.471332	2.536004	0.0120
X_1	0.107456	0.045435	2.365040	0.0190
X_2	0.029343	0.055203	0.531557	0.5956
X_3	0.042499	0.049082	0.865876	0.3876
X_4	0.034289	0.055474	0.618115	0.5372
X_5	0.163423	0.061471	2.658542	0.0085
X_6	0.063759	0.065975	0.966415	0.3350

				续表
X_7	0.153658	0.077857	1.973581	0.0498
X_8	0.053367	0.073812	0.723010	0.4705
X_9	0.115358	0.067625	1.705859	0.0896
R-squared	0.768036	Mean dependent var		4.722330
Adjusted R-squared	0.734425	S.D. dependent var		1.583693
S.E. of regression	1.385686	Akaike info criterion		3.537594
Sum squared resid	376.3446	Schwarz criterion		3.699141
Log likelihood	-354.3721	F-statistic		7.974746
Durbin-Watson stat	1.850834	Prob (F-statistic)		0.000000

从表 9.4.1 可看出，X_1、X_5、X_7、X_9 的 t 检验估计概率 (Prob.) 分别为 0.0085、0.0498、0.0896 小于 0.1 通过检验，其他自变量都没有通过 t 检验。其中 X_2 的 Prob. 为 0.5956 为最大，因此去掉 X_2，再次计算 Y 与其他自变量的线性回归关系如表 9.3.2 所示。

表 9.4.2　　 Y 与除 X_2 的其他自变量 X_i 的线性回归结果

Dependent Variable: Y			
Method: Least Squares			
Variable	Coefficient	Std. Error	t-Statistic	Prob.
C	1.214111	0.469145	2.587923	0.0104
X_1	0.109823	0.045134	2.433265	0.0159
X_3	0.043715	0.048939	0.893258	0.3728
X_4	0.046140	0.050705	0.909971	0.3640
X_5	0.161325	0.061232	2.634638	0.0091
X_6	0.057416	0.064769	0.886473	0.3764
X_7	0.165670	0.074370	2.227645	0.0270
X_8	0.054204	0.073661	0.735851	0.4627
X_9	0.118987	0.067157	1.771785	0.0780
R-squared	0.766981	Mean dependent var		4.722330

续表

Adjusted R – squared	0.737213	S. D. dependent var	1.583693
S. E. of regression	1.383160	Akaike info criterion	3.529325
Sum squared resid	376.8872	Schwarz criterion	3.674718
Log likelihood	–354.5205	F – statistic	8.968934
Durbin – Watson stat	1.851024	Prob (F – statistic)	0.000000

从表 9.4.2 可看出，只有自变量 X_5、X_7、X_9 通过概率为 90% 的 t 检验（临界值为 0.1），其他自变量都没有通过 t 检验。并且 X_8 Prob. 为 0.4627，为最大，所以去掉 X_8，再进行与其他自变量的线性回归，依次采用同样的方法，依次再去掉 X_4、X_3、X_6，最后得到 Y 与自变量 X_1、X_5、X_7、X_9 的线性回归关系如表 9.4.3 所示。

表 9.4.3　Y 与自变量 X_1、X_5、X_7、X_9 的线性回归关系

Dependent Variable: Y			
Method: Least Squares			
Variable	Coefficient	Std. Error	t – Statistic	Prob.
C	1.561014	0.427455	3.651876	0.0003
X_1	0.143001	0.042281	3.382129	0.0009
X_5	0.206144	0.056940	3.620349	0.0004
X_7	0.213601	0.068036	3.139526	0.0019
X_9	0.116622	0.066433	1.755500	0.0807
R – squared	0.849717	Mean dependent var	4.722330
Adjusted R – squared	0.834786	S. D. dependent var	1.583693
S. E. of regression	1.385360	Akaike info criterion	3.513769
Sum squared resid	385.7634	Schwarz criterion	3.594543
Log likelihood	–356.9182	F – statistic	16.72473
Durbin – Watson stat	1.831262	Prob (F – statistic)	0.000000

从表 9.4.3 看出，自变量 X_1、X_5、X_7、X_9 的 Prob. 均小于 0.1，这说明这些自变量均通过了概率为 90% 的 t 检验。并且方程的 $R^2 = 0.849717$，

$\bar{R}=0.834786$ 与前面剔除变量前的方程相比，方程的拟合度有所改善，但是这个 R^2 检验和调整的 R^2 检验都没有达到90%，这说明方程的拟合度并不是太理想，但是已经足以说明我们要解决的问题。

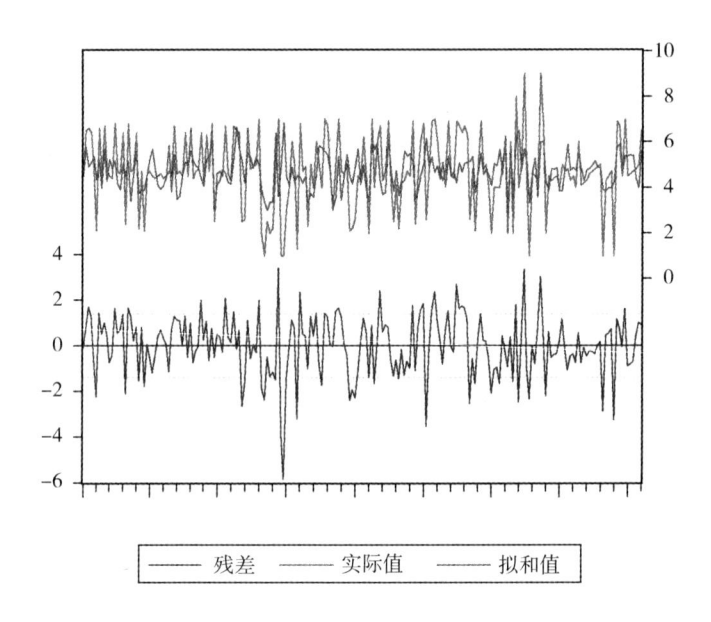

图9.4.1 残差图

通过 EVIEWS（3.0版）计算得相应的残差和拟合情况如图9.4.1所示。从图9.4.1可看出，线性回归得到的曲线基本上能反映实际值的变动情况，和实际值的变化趋势是一致的。

采用最小二乘法，得到的线性回归方程为：

$Y = 1.56 + 0.143X_1 + 0.206X_5 + 0.214X_7 + 0.117X_9$

将各变量的系数归一化，转化为百分比形式，可得到各自变量对变量的影响程度，如表9.3.4所示。

表9.4.4　　　　　　　　自变量对变量的影响程度

自变量				
相应系数	0.143	0.206	0.214	0.117
系数归一化	0.210	0.303	0.315	0.172
对变量的影响度	21.0%	30.3%	31.5%	17.2%

从结果看，对公共文化服务体系评价影响比较大的只有四个变量，即 X_1、X_5、X_7、X_9，它们分别代表公众对图书馆服务的满意情况、对体育/休闲设施的满意情况、群众文化培训活动的满意情况和对公园/其他公共空间的满意情况。比较各变量的系数可知，变量的系数 0.214 最大，这说明在公共文化服务中，公众最重视群众文化培训活动，影响程度约为 31.5%；其次，变量的系数为 0.206，这说明公众对体育/休闲设施是比较重视的，影响程度大约为 30.3%；再次是变量代表的公共图书馆的服务情况，变量的系数为 0.143，其对公共文化服务体系造成的影响度大约为 21%，排在最后的是变量，其代表的是公众对公园/其他公共空间服务的满意情况，系数为 0.117，这方面对公共文化服务体系的影响达 17.2%。

以上分析结果表明，公众的公共文化需求同政府公共文化的投入重点之间还存在的偏差。其主要原因有：

（1）公共文化资金投入方式落后，使有限的资金不能发挥最大效益。行政化的资金拨付和使用方式，使得公共文化资金的使用决策和监管都集中在系统内，甚至集中于主要领导。这种方式缺少公众意见和专家指导作支持，缺少决策的科学性，一些地方领导贪大求洋，不考虑公共文化需求的程度，热衷于搞豪华的"形象工程"，结果公共文化设施建起后却没有足够的内容供给，连场馆的日常维护费用都成了巨大的财政负担。这种"政绩偏好型"的公共文化服务投入，偏好提供的是能够"看得见的"公共文化服务，可以通过数量、质量直观评价的公共文化设施、公共空间，借此反映政府在公共文化服务提供方面所作的努力。尽管客观上也满足了公众部分文化需求，但是，反映公众需求的文化服务提供不足，未能形成以公众需求来引导公共文化投入的稳定机制。结果形成了"设施供给较好，服务功能较差"的局面，未能做到资源的合理配置。

从根本上说，提供公共文化服务，"服务"的理念是关键。尽管提供服务的载体也必不可少，服务意识的强弱决定了公众实际满足的文化权利，这对于当前处于转型期的各级政府来说，这种观念的转变至关重要。

（2）缺乏有效制度激励，社会力量参与不足。当前我国的公共文化服务管理体制还体现了行政管制型的特色，一方面有效财政投入不足；另一方面又存在种种障碍限制了社会力量参与公共文化建设。一般地说，与公共需求相比，公共财政永远是紧缺的，因此公共文化的财政投入永远是有限的。应创造条件，鼓励社会力量参与到公共文化服务中来，逐步实现我国公共文化服务模式由"政府办+政府管"向"政府办+社会办+政府管"过渡，最终实现"社会办+政府管"模式。

第十章 提高政府公共文化服务供给水平的思路及政策建议

在构建公共文化服务体系过程中，如何发挥好政府的主导作用是决定公共文化服务提供水平的关键，这也一直是本书论述的主题。通过理论与实证分析，我们提出了我国公共文化服务模式的构建，各级政府公共文化服务提供的水平及公众的满意度情况，接下来的工作就是针对上述研究中发现的问题，寻求增强政府公共文化服务提供能力的政策建议，更好地满足公众的文化需求和提升我国的文化软实力。

第一节 现实模式下提升公共文化供给水平的政策建议

一 提升我国公共文化服务供给水平遵循的原则

（一）财政资助与社会筹资相结合

前文的研究表明，公共文化的发展模式一方面与一国或地区的经济发展水平密切相关，另一方面也是社会文化传统的产物。发达国家的公共文化发展模式对我们有着很好的借鉴意义，但是我们并没有照搬的基础，考虑到我国的政治、经济、人文发展条件，以政府主导为基础，结合社会力量，共建公共文化服务体系，是当前和今后努力的方向。

公共文化服务同其他公共服务一样面临着财政资金不足的压力，政府的财政支持只能是有重点地满足公众的文化需求，而不可能做到面面俱到。这样，引入社会力量来共同投入就是必然的选择，当然，如何使得社会资本进入公共文化服务领域则需要政府的有效牵引。

这里需要说明的是，在公共文化服务领域借助市场竞争机制引入社会资本，只是对政府主导形式的一种补充，并不意味着我国公共文化服务的改革发展要以市场化为目标趋向。其主要作用表现为：（1）多元化筹集公共文化服务资金，满足不同层次公众的文化需求；（2）是针对长期以来我国公共文化服务领域存在的单一国有资本投资体制和投资效益低下、基础设施落后、覆盖面窄的城乡"二元结构"问题，以及国有文化事业单位机制不活、服务数量不足、服务质量不高的问题，优化公共文化服务事业的微观主体，提高公共财政的投资效益。

（二）满足公众文化权利与提升文化软实力相结合

公共文化服务体系的构建是以满足公众文化权利为出发点的，在不同的经济发展阶段有着较大的区别，须经过一个由较低水平向较高水平发展的过程。现阶段，我国进入全面建设小康社会阶段，鉴于公众文化需求的多层次性，财政的主要努力方向是满足公众基本的文化需求，重点应在于对基层、农村和社区的资助。因此，评判政府工作的标准不是看该制度下培养和扶植了多少文化大师、多少文化精英，而是公众文化生活水平的提高、文化权益的捍卫。

同时，提升文化软实力也是我国构建公共文化服务体系的一部分。尽管当今世界正呈现出文化与经济相互融合甚至一体化的趋势，国际敌对势力也从未放弃对我国的文化渗透，经济增长中文化的推动力越来越突出，经济竞争中文化因素的作用也越来越重要。文化作为一种软实力，日益成为参与国际化的一个重要条件，成为增强国际竞争力、地区竞争力的一个重要因素，成为一个国家和地区综合竞争力的重要方面。文化不仅可以为经济的发展提供智力支持、舆论力量和精神支柱，而且还可以直接成为经济发展的重要增长点；不仅可以满足人民群众日益增长的精神文化需求，而且还可以成为巩固马克思主义指导地位、增强意识形态领域控制力和影响力的重要载体。

（三）加强公共文化设施建设与提高公共文化服务理念相结合

随着中央政府构建公共文化服务体系战略的系统展开，各级地方政府逐年加大对公共文化服务投入的力度。需要强调的是，在这一过程中，对公共文化设施的建设应和对公众公共文化服务的展开紧密结合起来。在增强政府公共文化供给能力的同时，满足公众的文化需求是公共文化设施建设的主要目的，而不是以此作为政绩来满足上级政府考核的需求。

为此，政府应充分发挥新旧公共文化设施载体的作用，多生产易为公众获得、理解的文化产品，举办公众乐于参与、便于参与的文化活动，提供公众普遍欢迎的文化服务，提高全社会文化生活质量。要特别关注未成年人、老年人、残疾人和外来务工人员的精神文化需求，积极开展适合这些人群的文化活动，丰富他们的精神文化生活。从"以人为本"这一理念认识出发，有助于满足广大人民群众不同层次的精神需求，从而把公共文化服务提高到和谐社会这个更高的层次上。

（四）正确协调和处理好三种关系

一要协调好文化事业与产业的关系。文化事业的繁荣是文化产业兴旺的基础和前提，文化产业的发展能推动文化事业的进步。我们要把文化事业放在首位，首先要讲求社会效益，然后才是社会效益与经济效益的共赢。二要协调好文化冲突与融合的关系。在文化发展的过程中，有冲突在所难免，但要妥善解决。文化冲突与融合的过程中，应该始终明晰社会主义核心价值体系的主导性，坚守本土文化的特色性，包容世界优秀文化的开放性。三要协调好文化传承与创新的关系。文化传承与创新辩证统一，传承是创新的前提，创新是传承的延续。对传统文化的梳理和扬弃，应该紧密结合生活实际与改革实践，进行文化的本质创新和充满现代气息的再创造，促进传统文化的现代转型，创造出既具有原创性又带有本土特色的社会主义新文化，形成与社会主义经济基础相协调的和谐文化。

二 提升我国现阶段公共文化服务供给水平的政策建议

（一）强化政府的公共文化服务职能

现阶段我国要加快建立惠及全民的公共文化服务体系，既要不断增加公共文化服务的总量，向社会提供更多更好的公共文化产品，又要着力优化公共文化服务的结构与布局，实现公共文化服务的均等化。实现公共文化服务均等化，政府必须发挥主导作用。这一主导作用的实现，首先要明确政府的责任，强化政府的公共文化服务职能。

强化政府公共文化服务职能，政府要尽力做好基础公共文化建设和文化服务提供，保证低收入人群能够获得最基本的公共文化服务，同时这也是政府的法律责任和义务。

积极推进政府职能转变，切实把政府的职能由主要办文化转到社会管理和公共服务上来。政府的公共活动要以社会利益和公共需要为目的，着眼于所有市场活动主体，而不是只考虑某一经济成分，或某些阶层、某些利益集团的要求和利益。按照公共性、市场化和引导性原则，进一步明确政府支出范围。同时，充分考虑公共服务均等化进程以及各地的财政能力，引导地方政府将公共资源配置到社会管理与公共文化服务领域，促进由全能型政府向管理型和公共服务型政府的转变。

总之，政府对公共文化的管理上由过去的微观管理变为宏观管理，从直接办文化向为文化发展提供服务转变，从以管理直属单位为主向为全社会提供公共文化设施和文化产品转变，从以行政手段管理为主向以经济调节，以法律手段规范为主转变。政府要以转换机制、增强活力、增加投入、改善服务为重点，抓好经营性文化产业的改革和发展，推动文化事业和文化产业走上良性循环、健康发展的轨道。

（二）建立有效的公众文化需求表达机制

如何使用有限的财政资金给公众提供更多的公共文化服务是各级政府的一个难题。公共文化的发展依赖于需求。公共文化产品和服务的最终出资者是公众，政府的公共文化供给必须体现公众的意愿，因此，需要设计公众公共文化需求的表达、意见搜集和社会评估等环节，经过公共决策程序来认定。根据国际经验，公共文化服务产品和服务提供的决策往往需要专家机制做中介，政府机构与具体的文化内容选择保持"一臂之距"，以回避文化偏见和防止"权力寻租"。香港康文署为了更好地服务于公众，开发了一套管理信息系统——"公众意见登记系统"，用以记录、储存和处理由各公共文化部门工作人员从不同渠道搜集的公众对康文署服务、设施及员工表现的评估和建议。有关人员会监察投诉个案的解决进度，并通过这个综合数据库进行定期分析，以供管理层准确把握公共文化需求和找出服务不尽理想之处。

1. 丰富制度资源，构建公众利益诉求表达的制度保障。不同利益群体话语权的不平等，主要源于制度资源的匮乏和制度安排的不合理，特别是弱势群体的话语权没有足够的制度支持和制度保障。要完善基层民主制度，落实公众表达自身利益的话语权，让不同的利益主体都有表达自己利益诉求的平等机会；完善立法和决策听证制度，落实决策参与权，充分听取社会各方面的意见，特别是对利益攸关方有重大影响人的意见，保证政策制定的公平公正；完善政府信息公开制度，落实知情权，让公众对与自己切身利益紧密相关的事情及时了解；完善监督制度，落实监督权，不断拓展人民群众的监督渠道，搭建公民参政议政的平台。只有从制度上保障落实公众的话语权、参与权、知情权和监督权，才能让不同的利益群体的利益诉求都得到充分表达。

2. 培育社会组织，促进政府与公民之间的良性互动与合作。以发育健全的社会组织代替分散的公民个体表达利益诉求，是现代社会的一个显著特征。各种社会组织作为公民和政府以外的"第三方"，对于平衡利益各方、在公民与政府之间实施有效沟通等具有不可替代的作用。社会组织的发育和成长，也有利于克服和弥补个体利益诉求的不足，促进其以理性的方式表达。当前，政府职能的转变就是要把一部分功能移交给社会，发展社会的自我协调、自我管理能力，让民众能自主表达、自主维护、自主实现。

3. 坚持依法行政，形成公众用合法理性的方式来表达利益诉求的良好导向。引导公众以合法理性方式来表达自己的利益诉求，既需要培育公民的法律意识、法治观念和法律素养，更需要各级政府严格依法行政，依法办事，形成良好的导向。政府在引导全社会形成合法理性的利益诉求表达方式中具有关键作用。实际工作中，一些地方的行政行为绕开法律和制度来解决问题，形成危害极大的负面导向，甚至出现不守法反而会得到比守法更大利益的"逆淘汰现象"，从而对社会风气的养成和社会稳定的维护都带来严重后果。因此，只有政府依法行政、依法办事，公众才会采用合法理性方式来表达自己的利益诉求。

（三）创新地方政府绩效考核机制

区域间财政竞争造成资源配置扭曲的根本原因，在于上级政府考核下级地方官员的政绩标准的导向作用。上级政府对下级官员的考核标准，犹如一根指挥棒引导着下级官员的施政行为。要使地方官员正确地履行职责，必须有恰当的激励。考核与晋升是对于地方官员的最重要的激励，考核与晋升的标准对地方官员的行为具有导向作用，不合理的考核标准，必然产生不合理的政府行为。

现阶段，在公共文化领域，对地方政府官员政绩的考核主要还是以发展规模为核心标准，这导致了地方官员对于文化基础设施的过分追求。影响地方政府行为的因素多种多样，但是，在尚不具备用手投票和用脚投票机制的国情条件下，上级政府制定的政绩考核标准对下级地方政府行为仍然最具影响力。因此，制定合理的政绩考核标准，是规范地方政府行为的当务之急。

要彻底校正地方政府的不经济行为，必须从满足公共需求的角度出发，建立合理的公共文化政绩考核体系，加大公众满意度的考核比重，以保障公众基本文化权利为核心，让政绩考核这根指挥棒引导地方政府官员主动落实科学发展观，将有限的财政资源用于真正符合居民公共需求和有助于国民经济健康发展的领域。

把公共资金花在刀刃上，以公众需求来引导公共文化投入，逐步建立和完善以市场和公众评价为主要指标的财政投入绩效评价机制，把向社会提供更多更好的文化产品作为财政增加投入的重要依据。探索文化项目基金管理模式，按照公平、公开、公正原则，逐步调整目前以政府决策为主确定文化项目的做法，实施专家评审和社会公示制度，不断提高财政资金使用的透明度，最大限度地实现社会效益和经济效益的统一。

（四）引导社会力量参与公共文化服务的建设

引导社会力量参与公共文化服务的建设是加快构建公共文化服务体系的重要举措和经济社会发展的客观要求，对于发展公益性文化事业、满足人民群众日益增长的文化需求具有重要意义。

1. 有利于政府更好履行保障人民群众基本文化权益的职责。长期以来，我国公共文化服务主要由国家及事业单位经办，提供主体和提供方式单一，公共文化服务供给不足、效率不高，不能满足人民群众日益增长的文化需求。这就要求政府有效强化在文化领域的公共服务职责，转变职能、强化服务、改进管理、提高效能，尽快从大量不该管、管不好、管起来成本很高的事务中解脱出来，把工作重点放在加强公共文化服务体系建设规划和标准制定、加强重大公共文化服务工程和项目实施情况监督检查等方面。这也同时要求政府改变过去统包统揽的模式，充分调动各种社会力量积极参与公共文化服务的供给，实现公共文化服务提供主体和提供方式多样化，形成政府主导、社会参与、多元投入、协力发展的新格局，提高公共文化服务供给能力和水平。

2. 有利于创新公共文化服务运行机制，提高服务质量、增强服务效益。实践证明，在许多情况下，"政府出钱办、群众围着看"的公共文化服务模式投入多、见效少，群众往往不领情、不满意。必须处理好政府与市场、政府与社会的关系，探索适应社会主义市场经济要求、保障社会公平正义的公共文化服务方式，建立充满活力的公共文化服务运行机制。放宽准入门槛、引入竞争机制，引导社会力量参与公共文化服务，有利于推动各类具备资质、符合条件的文化企业和社会机构开展公平竞争，通过竞争促进公共文化服务水平不断提高。具体来说，在服务提供上，通过建立政府购买制度，逐步做到凡适合面向市场的基本公共文化服务都采取招标购买方式，把公共文化服务供给从文化系统"内循环"转变为社会"大循环"，就可以充分调动各方面力量，形成共同参与、有序竞争的局面，不断提高服务质量。在投入渠道上，通过完善支持公共文化服务的经济政策，引导社会力量投资兴办公共文化实体、建设公共文化设施、提供公共文化服务，鼓励企业和个人捐赠兴办公益性文化事业，就可以大大拓展投入来源，增加公共文化服务总量。在产品供给上，通过组织引导社会力量参与集中配送、开展连锁服务等，多提供适合群众需要、对生产生活有指导作用的文化产品，多开展群众乐于参与、便于参与的文化活动，就可以有效解决文化产品供给跟不上的问题。

3. 有利于充分调动社会各方面积极性，更好地激发全社会文化创造活力。现在文化已经渗透于经济社会生活各个方面，文化建设与各领域、各行业的联系十分密切。推进文化改革发展，满足群众文化需求，需要整合各种资源，凝聚各方面力量共同来做。如何更好地调动社会各方面的积极性，让更多的人关心、参与文化建设；如何加快形成有利于文化创新创造的社会环境，引导更多的资源资金投向文化、兴办文化；如何更好地挖掘释放蕴藏于人民群众中的智慧和力量，建立全民共建共享的文化发展格局，直接关系文化的繁荣发展，直接关系保障和实现人民基本文化权益。采取更加积极有效的措施，引导和鼓励社会力量参与公共文化服务，必将最大限度地动员全党全社会的力量，最大限度地发挥方方面面的积极性主动性，为人民群众提供更多更好的文化产品和服务。

要达成多元主体的信任与合作，必然要求公共权力和责任的重新分配。公共部门应改变传统行政组织办文化、管文化的模式，在提供公共文化服务时，充分发挥民间力量和社区组织的功能，实现民主参与，促进多元主体共生治理机制的形成。要明确政府在公共文化服务方面应该做什么,切实做到政府行为"到位",将政府包揽的公共文化事业按照"政府主办、政府参与、政府指导"进行区分,减少政府的不恰当干预,使社会、民间资源有机会进入更多的文化领域。在公共文化服务提供方面,在完善相应的法律制度基础上,在技术上应明确哪些服务应由政府直接供给,哪些应由社会供给、财政予以补贴,哪些应由市场供给、政府予以管制等。使各方力量各司其职,共同提供公共文化服务。政府投入、企业参与及社会资金介入等相结合的社会化运作方式是今后公共文化服务供给的趋势。例如,上海文化发展基金会2004年就启动了面向全社会的文化项目资助工作,开展文化项目的资助扶持,涉及文艺创作、文化研究、文化艺术活动、文艺人才建设、文化艺术交流和群众文化活动等各个方面。

这种合作机制主要具有下述特点:

第一,在资金来源方面,社会资本为主,公共财政投入为辅;社会资金进入公共文化领域,运用资金进行建设的仍然是原来的以政府为主的体系力量,但原不属于体制内的文化项目依然可以进入被扶持的渠道,体现范围更广、程度更深的文化扶持。

第二,在实施主体方面,政府与企业或非政府组织双方共为运作的组织实施者,二者之间体现为合作的关系,发挥的作用各有侧重,政府可以看作是扶持者与被扶持对象之间的中介,而企业或是非政府组织作为资金的提供者成为实际的支持力量。

第三,价值和目标取向上,政府与企业或非政府组织的合作,吸纳市场与社会的力量,利用非公有资本来扶持公共文化项目,体现出公共文化服务运作的新思路,明确显示了政府自身职能由办文化向管文化的角色的转变,成为公共文化服务的策划人和促进者。

第四,创新力度与影响程度上,文化单位与非文化系统的企业或组织的合作,具有以往所没有的优势:一是可以筹集更多的社会资金,可以直接或间接利用社会资金的力量,这是对社会资源的有效利用;二是为公共文化服务的发展创造条件,可达到合作双方的优势互补的目的,弥补公共部门的不足,同时也使原来排斥到体制外的文化项目得到支持;三是政府作为合作的组织者和促进者,使政府及文化各部门的角色定位更加明晰,为政府形成一个宏观管理文化的新机制创造了条件,政府依然发挥主导作用,但社会力量也发挥出重要作用,体现出逐步社会化的趋势。

(五) 完善文化专项转移支付制度，实现公共文化服务均等化

1. 政府间公共文化服务事权划分与责任分摊机制

基本公共文化服务均等化的首要任务在于重新确定我国公共文化服务体系建设中的政府间财权与事权的分配标准，科学界定各级政府之间的支出责任。政府间事权划分与责任分摊应遵循中央和地方共担的原则。广电网络、图书馆、博物馆、文化信息资源网络等文化服务基础设施建设具有基础性和普遍性特征，且能够定量供给，可以由中央财政投入为主，地方财政积极配合；城市社区公共性文化活动、农村节庆文娱活动、乡村戏曲班社、文化人才培育等公共文化服务的提供具有多元性和地域性特征，以地方财政投入为主体，中央财政根据项目形式给予一定的补助或奖励。总的说来，在构建均等化的公共文化服务财政保障体制机制的过程中，中央财政不能放松中西部地区农村文化建设这个制约均等化的重点，通过基本公共服务均等化的财政调节手段，实现东西部地区及城乡间基本公共文化供需均衡。

2. 构建均等化的财政转移支付机制

(1) 采用"因素法"确定中央对地方的转移支付。现行税收返还政策的"逆向调节"功能不仅未能缩小地区基本公共服务水平差距较大等问题，反而进一步加剧了地区文化投入的不均衡。解决这一困境的途径是选择放弃"基数法"确定的税收返还政策，采用国际通行的做法即综合考虑各地差异的"因素法"，利用固定的公式来计算中央对地方的给付金额，从而减少基数惯性的影响。用"因素法"确定上级政府转移支付规模，将乡村人口密度、财政状况、财政努力程度等客观因素纳入转移支付测算系统，资金流向中西部贫穷地区、农业县、革命老区。

(2) 要增加财力性转移支付和先进地区以奖代补测算透明度及预见性，调动下级政府财政投入文化建设的主动性，激活基层政府统筹城乡公共文化的信心。当前要通过以乡镇综合文化站为建设起点，逐步覆盖全国农村来加强对乡镇公共文化建设的财政转移支付比重。综合制定乡镇综合文化站（中心）的最低建设面积、基本功能布局等标准。然后，财政部门结合财力可及和全国实际确定乡镇综合文化站（中心）的最低补助标准和设施维护的最低维修维护成本，并核定各级财政在资金筹集中的投入比例。同时，文化建设资金可采取中央财政"以奖代补"方式，由各省

组织申报，建成一个、补助一个。与此同时，政府提供乡村民间文艺创作资助，为农村当地开展文化活动"保底"。在确定农村民间文艺创作人均最低资助标准、农村文化活动人均补助标准、农村文艺骨干人均工作补助标准、农村文艺骨干人均培训标准之后，统一由各级政府财政分担和支持，保证基层农村文化事业持续发展。

（3）加大一般性转移支付规模。我国的财政转移支付总体设计的形式过多，结构缺乏层次性，例如税收返还和专项拨款补助比重大，具有地区平衡功能的转移支付过小，传统的地区基数平衡政策大于均等化调节政策。政府应逐步减少专项转移支付的投入，加大一般性转移支付额度，还自主支配权于地方政府。按照政府职能优化的要求，加大对特别落后地区的转移支付力度，确保落后地区居民享受最基本的公共服务。

（六）政府购买公共文化服务

政府是公共文化服务的供给者，但并不意味着政府必须是公共文化服务的生产者，政府只需履行出资者的责任即可，具体生产方式、供给方式则可以采取市场购买的形式来实现。

1. 体制内项目购买制

体制内购买就是在政府内部建立起竞争性"虚拟市场"，按照市场竞争逻辑来运作某些政府公共服务事务，将政府内部的上级与下级的行政关系转变为买者与卖者的市场交易关系，发挥市场机制在供给公共服务方面的优势。公共文化服务示范区（项目）就是一种体制内项目购买制度，文化部向文化工作基础较好、成绩突出与示范性强的地级市（区）人民政府（含省直辖的县级人民政府）公开竞争性招标，经专家评审与政府审批后，中标者将按照文化部、财政部制定的《国家公共文化服务体系示范区（项目）创建标准》开展创建工作，最终由文化部组织专家委员对各个创建单位进行审查验收，合格者由中央财政给予补助和奖励。同时，取得创建资格的地方政府也会以此种体制内购买形式，向辖区内的公共文化事业组织或由政府设立的各种隶属性社会团体或企业来购买公共文化服务，形成地方层面的公共文化服务的体制内购买形式。2011年5月，北京市朝阳区、河北省秦皇岛市、山西省长治市与安徽省马鞍山市等地方政府取得第一批创建国家公共文化服务体系示范区（项目）的资格。公共文化服务的体制内项目购买制将原有的中央政府与地方政府的行政关系转变成虚拟的"市场关系",有利于转变政府职能与调动地方政府积极性。①

2. 服务外包制

在市场经济背景下,许多地方政府将国有文化企事业单位转制为国有独资的,或者组建混合所有制(国有、民间资本共同投资)性质的文化服务有限责任公司,运用合同外包的形式购买公共文化服务。这种文化服务有限责任公司是一种企业化经营的文化服务法人实体,实现了所有权与经营权分离,获得市场主体的独立地位,能够运用市场方式整合与配置文化资源,增强自身服务效率、生存能力和发展活力。政府以合同外包的形式向文化服务有限责任公司购买公共文化服务;未纳入政府购买名录的文化项目则由文化公司纳入文化市场,以向顾客收费的形式供给消费者。

3. 政府特许经营制

政府特许经营制是政府凭借合法垄断的公共权力,批准某些非政府组织以公共利益为导向,按市场机制开发经营公益性极强的公共资源,实现社会效益最大化的同时,推动公共资源的良性发展。公共文化特许经营是政府特许经营制的一种形式,要服务于公共利益的目的,其核心是政府将公共文化服务的部分或全部经营权授予非政府组织经营,并在政府监控下开展经营活动,履行公共文化服务供给的义务,从而平衡获得特许经营的权利。在我国政府购买公共文化服务的实践探索中,有些地方政府开始考虑对于某些市政公园、博物馆、森林公园、世界遗产地等社会公益性很强的公共文化空间与公共文化活动尝试引入公共文化特许经营制。在公共文化服务特许经营过程中,政府文化行政主管部门要建立健全的审批制度,严格审查企业的资质、信誉与经营能力等方面资格,并对某些特许经营的公共景区和公共文化服务实行全面市场监管,促使其向社会提供合格、健康的公共文化产品和服务。

4. 委托代理制

委托代理制是政府将某些公共文化服务设施或者公共文化活动以公开

---

① 文化部、财政部:《关于开展国家公共文化服务体系示范区(项目)创建工作的通知》(文社文发〔2010〕49号)(http//jkw.mof.gov.cn/zhengwuxinxi/zhengcefabu/201102/t20110214_449850.html)。

招标的形式托付给某些社会力量运营，履行公共文化服务供给的义务后，政府则给予免租金、免税或者补贴等方面补偿。某些公共文化设施、公共文化活动与社区公共文化管理等公共文化服务，政府可以采取委托管理模式，委托给专业化组织机构，由该组织机构代为保管、维护和经营，实现专业化、市场化与社会化运行。政府不再直接承担公共文化设施及公共文化活动的日常费用，而是以政府补贴、免税等间接形式，补助代理机构运营管理经费，同时代理机构还可以开发利用公共文化服务设施，获得商业性活动收益，维持公共文化服务设施的日常运转，实现委托人与代理人双赢格局。从2003年开始，宁波市鄞州区就着手探索公共文化设施"所有权"和"经营权"分离的委托代理管理模式[①]。对新建成的区文化艺术中心、体育馆、文化广场与网球中心等区级大型公共文化设施采取了委托代理制管理，由专业化的文化经营管理公司开发、管理与运作，实现管理的专业化和公共资源的有效整合。

5. 采购配送制

采购配送制就是政府根据民众文化需求确定每年公共文化服务的目录与场次，再由政府公开向社会文艺团体或文化单位招标采购，纳入采购目录的单位按签订的合同条款向民众供给公共文化服务，政府对于履行合同约定的文化单位给予政府补贴或费用。

第二节　目标模式下提升我国公共文化服务供给水平的政策建议

一　建立和完善公共文化服务法律体系

历史经验表明，要实现新时期我国公共文化建设的目标，就必须改变以往那种在公共文化建设和管理上的任意性、人为性状况，扭转目前公共文化设施入不敷出、经营为上、社会服务功能日渐丧失的局面，使党和国家所制定的一系列行之有效的有关政策措施制度化和法制化。因此，建立和完善相关法律制度就成为一个最重要、基础性的保障。这既是我国公共

[①] 宁波市财政局：《引入市场机制，探求公共文化设施建设运营管理新模式》，《行政事业资产与财务》2009年第3期。

文化建设进入有序化、规范化和法制化的必由之路，也是进一步完善我国社会主义法律体系的必然结果。

从国际上看，许多国家在公共文化发展和建设上都走了一条法制化道路。在立法上的模式大体有两种：一是制定文化事业方面的基本法，如俄罗斯1992年制定的文化基本法、日本2001年制定的振兴文化艺术基本法等。二是制定公共文化机构方面的专门法律，如图书馆法、博物馆法等。尤其是图书馆法的制定和公共图书馆的发展，已成为现代社会文明发展、知识进步的标志之一。

现行我国有关公共文化事业方面的法律法规和规章主要有三类：(1) 国家制定的有关法律和法规。如全国人大常委会制定通过的《公益事业捐赠法》(1999年) 和国务院制定通过的《公共文化体育设施条例》(2003年)。《条例》首次具体明确了各级人民政府举办的公共文化体育设施的建设、维修、管理资金，应当列入本级人民政府基本建设投资计划和财政预算；规定了国家鼓励通过自愿捐赠等方式建立公共文化体育设施社会基金；规定了公共文化体育设施的规划和建设、使用和服务、管理和保护等。(2) 地方立法机关制定的有关地方性法规。如《北京市博物馆条例》《北京市图书馆条例》《广东省文化设施条例》等。(3) 中央有关部门所制定的政策和部门规章，如国务院《关于支持文化事业发展若干经济政策的通知》、文化部《关于实施西部大开发战略加强西部文化建设的意见》等。上述这些法律法规及规章性文件对促进和保障我国公共文化事业发展起到了重大作用。但从总体上看，我国公共文化方面的立法仍比较零散，立法的层次也较低，尚未形成一个较为成熟、完备、法律效力彰显的公共文化法律制度。

借鉴国际社会经验，我国的公共文化立法可以有两个思路：

第一，根据文化事业和文化产业的不同特点，分别制定相关基本法。研究制定公共文化方面的基础性法律，可以将党和国家的公共文化政策上升为国家意志，有效保障公民的文化权利，明确政府的职责和公共财政的作用，确立公益性文化组织的法律地位和权利义务。同时，这一基础性法律可为其他相关专门法律法规的制定提供具体的法律依据。从目前情况看，这一立法尚需时日，需要在一些基本政策定型的基础上进行深入研究，使之逐渐成形。

第二，研究制定公共文化事业方面的专门法，如图书馆法、博物馆法或公共文化设施法、艺术表演团体管理法案、公共文化基金法等。制定专门法是尽快解决公共文化立法需求的一个有效途径。其中尤其是公共图书馆法，相对其他专门法来说更具有可资借鉴的实践经验。应当将其作为当前文化立法上的一个紧迫任务加以解决。文化部2001年启动了图书馆法的起草工作，但在有关问题上如公共图书馆的设立与设施标准、公共图书馆的经费投入、文献信息资源共建共享与现代化建设、公共图书馆队伍建设与服务准则以及读者权益保障等，仍存在一些争议和分歧使其推进面临一些困难。但是，在新的形势下，随着党和国家构建社会主义和谐社会、建设社会主义新农村这一宏伟目标的深入人心，无论从政策上，还是从立法上解决这些问题，进一步加快公共图书馆法及其他相关专门法律的立法进程，无疑已成为今天为推进这一目标建设而必须努力完成的任务。

二 增强非政府组织公共文化服务提供能力

"非政府组织"一词缘于西方，因在不同时期以及不同的国家其形态和特征不尽相同，故还有"第三部门""非营利组织""民间组织"等称谓。美国学者塞拉蒙和安黑尔认为，非政府组织有六个基本特征：正规性；民间性；自治性；志愿性；公共性。非政府组织服务于某些公共目的和为公众奉献多数情况下，不受商业利益与政府影响的束缚，这种独立性使它在不妥协的道德与职业权威方面拥有较高的起点。与政府官员不同，非政府组织的领导者不对选民负责。这一方面限制了它们的使命，它们不能为所有的代表要求权利。另一方面，这种脱离选民的"独立"给予他们以自由、灵活和空间，这些都是非政府组织在国家及全球治理中的"相对优越性"。因此，从某种意义上说，社会需要非政府组织，不是因为它们代表人民，而是因为通过它们，可以把事情做得更好、更快。

理论界普遍认为，非政府组织是政府、市场之外的第三支社会中间力量，它的存在本身就是对政府、市场的补充和平衡。非政府组织有使命、有热情、有能力、有合作精神，政府有宏观调控能力、政策的影响，加上营利部门的资源和社会责任，它们三者的良性互动是社会发展的保证。在当前我国构建公共文化服务体系的进程中，非政府组织应该也必须成为公共文化服务体系构建的重要主体，充分发挥其在促进公共文化产品供给和公共文化服务中的组织协调作用。这对我国非政府组织的发展提出了较高的要求，应不断创造条件，完善非政府组织的公共文化供给功能，增强其话语权。

（一）制定和完善关于非营利公共文化服务组织的法律法规

要制定与非营利组织相关的政策法规，明确非营利组织在公共文化服务中的功能定位，建立服务标准和评价体系，创新和丰富公共文化服务社会化、专业化管理模式。积极支持区县级以上的文化基金会、行业协会等发展成为"枢纽型"的非营利公共文化服务组织。推进公共文化服务举办主体化、建设运营市场化、融资渠道多样化，通过其载体——非营利组织的运行，使公共文化服务更加符合社会文化福利的公平原则。

（二）营造有利于非营利公共文化服务组织发展的社会环境

在明确政府公共文化服务投资范围并加大投入力度的同时，积极创新社会融资以及引导更多的投资主体参与公共文化服务的机制。大力宣传社会主义的慈善捐献文化，正确树立企业的社会责任观，科学制定和完善企业及个人慈善捐赠与税收减免的政策。积极落实公共文化服务设施布局的规划，探索采取政府补贴或者以公共文化设施的土地商业开发配套作为投资条件，吸引社会投资主体以非营利的多种形式参与，加快公共文化设施的建设。

（三）建立公共文化服务的非营利组织体系

将非营利公共文化服务组织纳入社会管理和市场管理的体系。除了可以将文化基金会、专业协会建设成为"中枢性"的非营利文化服务组织之外，还可以根据分类标准建立完善公共文化服务的非营利组织体系。例如，从文化设施规模来讲，有中小型文化活动中心和社区书店；从活动频次来讲，有承担组织传统节日活动和申办非物质文化遗产活动的机构；从经营方式来讲，有专业和中小型文化网站，等等。

（四）科学制定非营利公共文化服务组织的税法监督和管理制度

通过区别不同性质收入的税收政策，规范引导非营利公共文化服务组织的经营活动。对于直接来源于公共文化服务的非营利性收入和相关收入，及其直接用于公共文化服务开支的结余，可减免税；与公共文化服务非营利性目的无关的商业收入，应该按有关法律纳税。对非营利公共文化服务组织收入及使用加以限制，超越了有关限制，不仅会影响减免税资格，而且还可能受到直至被撤销的不同程度的处罚。

（五）在政府的主导下，建立非营利公共文化服务组织的社会监管体系

非营利性公共文化服务组织的设立及运行实施要受政府全程严格监督，尤其是财务要接受政府税务部门的监督并且向社会公开。当非营利性公共文化服务组织发展到一定规模时，必须接受包括律师、审计师、注册会计师在内的第三方审计。同时，要建立非营利性公共文化服务标准和评价体系，加强行业自律。

第十一章 结论及展望

第一节 结论

公共文化是一国基本意识形态的基础，对经济和社会的发展有着基础性的影响。在当今时代，文化越来越成为民族凝聚力和创造力的重要源泉，也越来越成为综合国力的重要因素。本书的研究主题是政府如何在公共文化服务供给发挥作用的问题。

政府供给公共文化服务的主要目的是：（1）满足公众基本文化权利的需要。（2）文化软实力的形成与提升。以此为主线和核心来贯穿全文，依次讨论了公共文化服务的相关概念、政府供给的理论基础、供给模式和现状以及未来方向等内容。

公共文化服务体系的建设是一项长期复杂的社会系统工程，需要政府和社会各界力量共同参与，推进公共文化服务供给方式的多元化，满足公众的文化需求，提升我国文化软实力。其中，政府的作为是影响公共文化服务提供数量和质量的最重要的因素。

提供文化公共产品、提升文化软实力是政府主导公共文化供给的理论基础。当经济社会发展到一定水平后，公共文化的供给能够起到保持发展持续性、提升发展质量的重要作用，因此在此时点上政府要主动调整战略，在经济建设和文化发展中，重点加大对公共文化的投入力度。但这并不意味着政府直接全面参与公共文化的供给，而应是采取引导的方式主导公共文化的供给。

实证分析发现，我国各地区公共文化服务供给能力基本上和区域经济发展水平、民族文化传统、国家民族政策相吻合，具备一定的区域性。但供给中更多的关注了文化建设中的"硬件"，如当前对文化机构事业的投资、博物馆公共图书馆的建设等，公共文化中"软件"投资不足。对山东省公众公共文化服务满意度调研和分析发现了同样的问题，政府在供给公共文化服务方面，偏好提供能够"看得见的"公共文化服务，但这与公众的公共文化需求间存在着差距。

而且，我国许多省份公共文化服务政府供给的效率是比较低的，反映了政府对公共文化服务这样的和经济发展直接关系不太密切的领域关注度较低，在发展经济的时候忽略了公共文化服务的发展。政策决策者对公共文化服务政府支出效率的影响程度较高，制度或形势要求对公共文化服务的积极影响反映不明显。

因此，现阶段来看，政府在公共文化服务的供给上，在不断加大投入力度的同时要重点向公共文化服务"软件"倾斜。从长远来看，通过提高非政府组织的公共文化供给能力、建立文化发展基金和完善法律制度等方式形成高效、稳定的公共文化供给机制，持续和高质量地满足公众的基本文化权利，不断提升中华文化软实力。

第二节　展望

当前，我国正致力于构建公共文化服务体系，这是一个庞大系统的工程，需要全社会的力量共同参与。但最终的落脚点在于基层文化服务的供给，重要的是为普通的社会公众提供充分和高质量的公共文化服务。本书主要是从宏观的角度对政府在公共文化服务供给中所应发挥的作用进行了分析，没有充分关注文化服务的微观主体——社会公众。后续研究中可以将研究对象由宏观领域转向微观领域，从政府部门转向普通公众，从制度设计转向实际落实，从而使研究更加全面和丰满。

附录：公共文化服务公众满意度调查问卷

构建公共文化服务体系的提出：《中共中央关于制定国民经济和社会发展第十一个五年规划的建议》提出，"积极发展文化事业和文化产业。加大政府对文化事业的投入，逐步形成覆盖全社会的比较完备的公共文化服务体系"。

公共文化服务的概念：公共文化服务是由公共部门或准公共部门共同生产或提供的，以满足社会成员的基本文化需要为目的，着眼于提高全体公众的文化素质和文化生活水平，既给公众提供基本的精神文化享受，也维持社会生存与发展所必需的文化环境与条件的公共产品和服务行为的总称。例如：图书馆、公益电影、文艺演出、博物馆、展览馆、群众性文化活动等。

本次调研目的：1）了解当地公众享受的公共文化服务水平；2）了解公众对公共文化服务的需求。

※请问您的年龄：
□20 岁以下　□21—30 岁　□31—40 岁　□41—50 岁
□51—60 岁　□60 岁以上

※请问您的文化程度：
□小学以下　□初中　□高中　□专科　□大学　□研究生以上

※您的月收入为多少？
□1000 元以下　□1000—3000 元　□3000—5000 元
□5000—8000 元　□8000—10000 元　□10000 元以上

※受访者性别：□男　□女

※您的职业是：
□企业　□事业单位　□政府机关　□农民　□在校学生　□部队

□外来务工人员　□离退休人员　□其他

1. 您了解公共文化服务的基本情况吗?

   A. 了解　B. 基本了解　C. 知道一点　D. 以前没听说过

2. 您喜欢的文化活动有哪些?（可多选）

   A. 看电影　B. 看公益演出　C. 在公共图书馆读书

   D. 参观博物馆、纪念馆　E. 参加群众文化培训

3. 您经常去您所在地的图书馆看书吗?

   A. 一周去一次或以上　B. 一个月去一次或以上

   C. 一年去一次或以上　D. 从来没去过

4. 您少去或不去图书馆看书的原因是（经常去者不填）:

   A. 书太陈旧　B. 种类少　C. 距离远

   D. 不知道图书馆的位置　E. 手续太麻烦

5. 您对图书馆提供的服务满意吗?

   A. 满意　B. 基本满意　C. 一般　D. 不满意　E. 无所谓

6. 您所在地经常有公益性文化演出吗?

   A. 一周一次或以上　B. 一个月一次或以上　C. 一季度一次

   D. 半年一次　E. 一年一次　F. 几年一次

7. 您经常去看这些公益性文化演出吗?

   A. 有就去　B. 大部分都去看　C. 经常是事后才知道，很少去

   D. 不感兴趣，不去看

8. 您对所在地举办的公益性文化演出活动满意吗?

   A. 满意　B. 基本满意　C. 一般　D. 不满意　E. 无所谓

9. 若不满意，您主要是对什么不满意:

   A. 内容不精彩　B. 现场太拥挤　C. 举办次数太少

   D. 收费太高　E. 其他

10. 您经常去博物馆、纪念馆、展览馆等地方参观吗?

    A. 一周去一次或以上　B. 一个月去一次或以上

    C. 一年去一次或以上　D. 从来没去过

11. 您对博物馆、纪念馆、展览馆等地方提供的文化服务满意吗?

    A. 满意　B. 基本满意　C. 一般　D. 不满意　E. 无所谓

12. 若不满意，您主要是对什么不满意:

A. 场馆太陈旧　B. 服务人员服务质量不高

C. 太拥挤　D. 有些收费太高　E. 其他

13. 您所在地经常举办群众性文化活动吗？

A. 一周一次或以上　B. 一个月一次或以上　C. 一季度一次

D. 半年一次　E. 一年一次　F. 几年一次

14. 您对当地举办的群众性文化活动满意吗？

A. 满意　B. 基本满意　C. 一般　D. 不满意　E. 无所谓

15. 若不满意，您主要是对什么不满意：

A. 内容不精彩　B. 商业氛围太浓　C. 举办次数太少　D. 其他

16. 您对所在地的体育/休闲设施的评价是：

A. 设施很多，且功能齐全，能够满足公众的需要

B. 设施较多，功能尚可，基本上能满足公众的需要

C. 设施数量、功能都一般

D. 设施少且陈旧，不能满足公众的需求

17. 您经常去电影院看电影吗？

A. 一周一次或以上　B. 一个月一次或以上　C. 一季度一次

D. 半年一次　E. 一年一次　F. 几年一次

18. 您去电影院看电影的途径是：

A. 自己买票去看　B. 单位包场　C. 送电影下乡

D. 社区公开放映　E. 其他

19. 您对所在地提供的看电影服务的评价是：

A. 满意　B. 基本满意　C. 一般　D. 不满意

20. 若不满意，您主要是对什么不满意：

A. 影片太陈旧　B. 票价太高　C. 送电影下乡活动次数太少

D. 电影院设施太落后　E. 其他

21. 您所在地提供群众文化培训活动吗，如音乐欣赏、书法、棋类等？

A. 有，很多　B. 有，但不多　C. 没有

22. 您对所在地提供的群众文化培训活动的评价是：

A. 满意　B. 基本满意　C. 一般　D. 不满意

23. 若不满意，您主要是对什么不满意：

A. 次数太少　B. 质量不高　C. 内容不够丰富　D. 其他

24. 您对所在地的剧院/音乐厅的评价是：

A. 满意　B. 基本满意　C. 一般　D. 不满意

25. 您对所在地的公园/其他公共空间的评价是：

A. 满意　B. 基本满意　C. 一般　D. 不满意

26. 您对您现阶段享受到的公共文化服务的总体评价是：

A. 满意　B. 基本满意　C. 一般　D. 不满意

参考文献

[1] Peter Duelund, Culture Policy: An Overview, the Nordic Cultural Model, Copenhagen: Nordic Cultural Institute, 2003, p. 13 - 14.

[2] Harry Chartrand and Claire McCaughey, "The Arm's Length Principial and the Arts: An International Perspective - Past, Present and Future", in Milton C. Cummings, Jr. and J. Mark Davidson Schuster, Who's to Pay for the Arts?, New York: ACA Books, 1989.

[3] John Myerscough, National Cultural Policy in Sweden: Report of a European Group of Experts, Council of Europe Council of Cultural Cooperation, National Cultural Policy Reviews Programme, Stockholm: Allmanna Forlaget, 1990, p. 13.

[4] Council of Europe, In From the Margins: A Contribution to the Debate on Culture and Development in Europe, 1997.

[5] Anthony Everitt, "The Governance of Culture: Approaches to Integrated Cultural Planning and Policies, Cultural Policies Research and Development Unit", Policy Note No. 5, Belgium: Council of Europe Publishing, 1999, p. 8 - 18.

[6] Saez Guy, Institutions etvie culturelle, La docum entation fran, caise, Paris, 2004, p. 39.

[7] Baumol W J, Bowen W G., Performing Arts—The Economic Dilemma: A Study of Problems Common to Theater. Opera, Music and Dance. New York: Twentieth Century Fund, 1966.

[8] Getzner, Michael, Determinants of Public Cultural Expenditures: An Exploratory Time Series Analysis. Journal of Cultural Economies, 2002

(26).

[9] Mouliner Pierre, Politiques Culturelles et la decentralisation, L'Harmattan, Paris, 2002, p. 222.

[10] Michel Bassand, Culture and Regions of Europe, Strasbourg: Council of Europe Press, 1993, p. 186 - 187.

[11] Gerard Delanty and Chris Rumford, Rethinking Europe: Social Theory and the Implications of Europeanization, New York: Routledge, 2005, p. 54 - 55.

[12] 文化部社图司、中国文化报社：《中国公共文化服务体系建设论丛》，2005年11月。

[13] 陈威：《公共文化服务体系研究》，深圳报业集团出版社2006年版，第16页。

[14] 韩军：《论公共文化服务体系的构建》，《党政干部论坛》2008年第1期。

[15] 闫平：《试论公共文化服务体系建设》，《理论学刊》2007年第12期。

[16] 王霞：《论公共文化服务体系的构建》，《南阳师范学院学报》（社会科学版）2007年第11期。

[17] 齐勇锋：《论市场经济条件下公共文化服务事业的改革与发展》，文化部社会文化图书司、中国文化报社主编：《中国公共文化服务体系建设论丛》2005年，第5—7页。

[18] 苏峰：《略论公共文化服务体系的构建》（http://www.ccmedu.com/bbs4-4573.html）。

[19] 章建刚：《公共文化的范畴与提供方式的创新趋势》，《深圳文化研究参考》2006年第2期。

[20] 齐勇锋：《论市场经济条件下公共文化服务事业的改革与发展》，文化部社会文化图书司、中国文化报社主编：《中国公共文化服务体系建设论丛》2005年11月，第10—11页。

[21] 李军鹏：《论文化权利与文化公平》，李景源、陈威主编：《中国公共文化服务发展报告（2007）》，社会科学文献出版社2007年版，第133—148页。

[22] 王京生：《把公共文化服务体系建设作为民生大事抓紧抓好》，李景源、陈威主编：《中国公共文化服务发展报告（2007）》，社会科学文献出版社 2007 年版，第 101—108 页。

[23] 王大为：《公共文化服务的基本特征与现代政府的文化责任》，《齐齐哈尔师范高等专科学校学报》2007 年第 3 期。

[24] 王霞：《论公共文化服务体系的构建》，《南阳师范学院学报》（社会科学版）2007 年第 11 期。

[25] 巩玉丽：《公共文化服务体系的改革取向及职能定位》，《中共青岛市委党校青岛行政学院学报》2008 年第 2 期。

[26] 李少惠：《公共文化服务体系建设的主体构成及其功能分析》，《社科纵横》2007 年第 2 期。

[27] 崔吉磊、李少惠：《公共文化服务均等化视角下政府主体角色的重塑》，《商业时代》2011 年第 32 期。

[28] 刘长文：《国家职能新说》，《首都师范大学学报》（社会科学版）1999 年第 3 期。

[29] 江超庸：《行政管理学案例教程》，中山大学出版社 2001 年版，第 26 页。

[30] 朱勤军：《公共行政学》，上海教育出版社 2002 年版，第 135 页。

[31] 林国良、周克平：《当代文化行政学》，上海大学出版社 2002 年版，第 4 页。

[32] 董世明、漆国生：《行政管理学》，湖南人民出版 2003 年版，第 42 页。

[33] 国家计委发展司：《我国文化事业投入及文化经济政策基本思路》，《经济改革与发展》1996 年第 7 期，第 38 页。

[34] 郑杭生：《村民自治面临的社会焦点问题透析——对全国第一个村民自治示范县的追踪考察》，山东人民出版社 2004 年版，第 197 页。

[35] 陈洪博：《关于深化文化体制改革的若干思考》，《特区理论与实践》2002 年第 12 期，第 55 页。

[36] 孙若风：《政府文化职能的历史性拓展》，《人民日报》2006 年 11 月 28 日。

[37] 张波、郝玲玲：《公共财政视角下政府公共文化服务职能创新》，《学术交流》2010 年第 6 期。

[38] 任珺：《公共文化服务体系研究综述：2004—2007 年》，李景源、陈威主编：《中国公共文化服务发展报告》（2007），社会科学文献出版社 2007 年版，第 79—97 页。

[39] 齐勇锋：《论市场经济条件下公共文化服务事业的改革与发展》，文化部社会文化图书司、中国文化报社主编：《中国公共文化服务体系建设论丛》，2005 年 11 月，第 13 页。

[40] 张少春：《公共财政与文化体制改革》，《求是》2007 年第 11 期。

[41] 谭秀阁、王峰虎：《基于 DEA 的我国公共文化投入效率研究》，《发展研究》2011 年第 2 期。

[42] 窦亚南：《两岸三地公共文化服务绩效评估综述》，《科技信息》2007 年第 11 期。

[43] 马国贤：《政府绩效管理》，复旦大学出版社 2005 年版。

[44] 贾旭东：《公共文化服务指数：思路、原理与指标体系》，李景源、陈威主编：《中国公共文化服务发展报告》（2007），社会科学文献出版社 2007 年版。

[45] 沈望舒：《社会公共需求与公共文化服务指标体系主要内容初探》，文化部社会文化图书司、中国文化报社主编：《中国公共文化服务体系建设论丛》2005 年版。

[46] 焦德武：《公共文化服务体系的绩效评价》，《安徽农业大学学报》（社会科学版）2011 年第 20 期，第 1 页。

[47] 张庆福、崔智友：《加强文化法制建设》，《法学杂志》1998 年第 4 期。

[48] 王宏宇：《探索中国特色的文化法律体系》，《中国社会科学院院报》2006 年 6 月 27 日。

[49] 深圳市文化局公共文化服务体系研究课题组：《深圳公共文化服务体系研究》，《特区理论与实践》2006 年第 3 期。

[50] 窦维平：《努力建设农村文化服务体系》，《中国合作经济》2006 年第 11 期。

［51］李燕：《构建农村公共文化服务体系》，《科学社会主义》2006年第6期。

［52］李少惠、崔吉磊：《论我国农村公共文化服务内生机制的构建》，《经济体制改革》2007年第5期。

［53］刘文玉、刘先春：《农民工公共文化服务的缺失及其原因探析》，《兰州学刊》2011年第5期。

［54］文化部文化市场司、华中师范大学、全国农民工文化生活状况调查课题组：《当代中国农民工文化生活状况调查报告》，中国社会科学出版社2007年版。

［55］David Popenoe：《社会学》，李强译，中国人民大学出版社1999年版，第63页。

［56］Robin Fox, Kinship and Marriage, Penguin Books, 1967, p.57—58.

［57］《毛泽东选集》第2卷，人民出版社1991年版，第663—664页。

［58］［德］柯武刚、史漫飞：《制度经济学：社会秩序与公共政策》，商务印书馆2003年版，第195—197页。

［59］［美］戴维·L.韦默主编：《制度设计》，费方域、朱宝钦译，上海财经大学出版社2004年版，第136—137页。

［60］张维迎：《经济学家看历史、法律与文化》（http://www.qdsf.gov.cn/n241/n609327/n609408/n610176/24915.html）。

［61］黄楠森：《论文化的内涵与外延》，《北京社会科学》1997年第4期，第11—15页。

［62］盛新娣、王圣龙、塔娜：《凝聚力·价值认同·理性论点——一种提高国家文化软实力的思考》，《理论月刊》2009年第3期，第68—70页。

［63］张晓明、李河：《公共文化服务：理论和实践含义的探索》，《出版发行研究》2008年第3期。

［64］［美］汉斯·摩根索：《国家间政治》，中国人民公安大学出版社2006年版，第175页。

［65］陈威：《公共文化服务体系研究》，深圳报业集团出版社2006

年版。

［66］［美］斯蒂格利茨：《经济学》，中国人民大学出版社 2005 年版，第 147 页。

［67］世界银行：《1997 年世界发展报告：变革世界中的政府》，中国财政经济出版社 1997 年版，第 26 页。

［68］［德］马斯格雷夫：《社会科学、道德和公共部门的作用》，商务印书馆 2001 年版，第 273—274 页。

［69］李霞：《我国教育投资中的政府行为研究》，西南财经大学博士论文，2007 年。

［70］［英］约翰·汤普森：《意识形态与现代文化》，高铦等译，译林出版社 2005 年版，第 137 页。

［71］［挪威］A. 艾德：《经济、社会和文化的权利》，中国社会科学出版社 2004 年版，第 98—103 页。

［72］［美］雅努兹·西莫尼迪斯：《文化权利：一种被忽视的人权》，《国际社会科学杂志（中文版）》1999 年第 4 期。

［73］陈宇宙：《文化软实力与当代中国的国家文化安全》，《天府新论》2008 年第 6 期。

［74］［美］诺思：《经济史中的结构和变迁》，上海人民出版社 1994 年版，第 12 页。

［75］［德］柯武刚、史漫飞：《新制度经济学》，商务印书馆 2003 年版，第 11 页。

［76］刘彦武：《论世界经济转型背景下的文化竞争》，《四川行政学院学报》2007 年第 4 期，第 98—100 页。

［77］田丰：《文化竞争力理论》（http://www.sinoec.net/Article/Corevalues/Spirit/Article_ 42559.html）。

［78］［美］迈克尔·波特：《国家竞争优势》，李明轩、邱如美译，中信出版社 2007 年版。

［79］《文化建设十一五规划》，2007 年 2 月中国发展门户网（http://cn.chinagate.cn/economics/2007 - 02/02/content_ 2365589.htm）。

［80］俞楠：《"文化认同"的政治建构——当代中国公共文化服务战略研究》，华东师范大学，2008 年。

［81］章建刚、陈新亮、张晓明：《构筑新的公共文化服务体系》，《学习时报》2007年第12期，第26页。

［82］中国民俗摄影协会：《人类的记忆》，岭南美术出版社2004年版。

［83］刘泽华：《政治文化化与文化政治化》，《天津社会科学》1991年第3期，第52页。

［84］张汝伦：《经济全球化和文化认同》，《哲学研究》2001年第2期，第17—21页。

［85］朱威烈：《国际文化战略研究》，上海外语教育出版社2003年版，第18页。

［86］陈刚：《全球化与文化认同》，《江海学刊》2002年第5期，第50页。

［87］顾红亮：《民族精神与和谐社会的文化认同》，《华中科技大学学报》（社会科学版）2005年第3期。

［88］钱雪梅：《论文化认同的形成和民族意识的特性》，《世界民族》2002年第3期，第1页。

［89］徐迅：《民族、民族国家和民族主义》，李世涛主编：《知识分子立场——民族主义与转型期中国的命运》，时代文艺出版社2002年版。

［91］赵汀阳：《认同与文化自身认同》，《哲学研究》2003年第7期，第16页。

［92］乔卫兵：《认同理论与国家行为》，《欧洲》2001年第3期，第26—35页。

［93］刘永涛：《文化与外交：战后美国对外文化战略透视》，《复旦学报》（社会科学版）2001年第3期，第62页。

［94］张骥、桑红：《文化：国际政治中的"软权力"》，《社会主义研究》1999年第3期，第40页。

［95］贺彦凤、赵继伦：《全球化时代中国文化认同的建构》，《马克思主义与现实》2007年第1期，第202页。

［96］许纪霖：《文化认同的困境——90年代中国知识界的反西化思潮》，《文化与哲学》1996年第5期，第102页。

［97］姜奇平：《软实力的后现代意义：认同的力量》，《信息空间》

2004 年第 8 期，第 45 页。

［98］ A. C. Pigou：The economics of welfare，China Social Sciences Publishing house，1999.

［99］ 河清：《进步论：中国文化复兴的紧箍咒》，曹天予主编：《文化与社会转型》，浙江大学出版社 2006 年版，第 267 页。

［100］ 厉以宁、吴易风、李懿：《西方福利经济学述评》，商务印书馆 1984 年版，第 6 页。

［101］ 戴维·罗默：《高级宏观经济学》，苏剑、罗涛译，商务印书馆 1999 年版，第 9 页。

［102］ 王蓓：《十九世纪后期英国工业城市改革与中产阶级公共文化——以伯明翰、曼彻斯特、里兹为例》，《求索》2006 年第 5 期，第 67 页。

［103］ 王婴：《社会工作与社会政策的发展历程与启示》，《江苏社会科学》2002 年第 3 期，第 48—49 页。

［104］ 吕方：《构建公共文化服务体系：当代中国发展的新基石》2007 年第 6 期，第 228 页。

［105］ 于良芝：《公共图书馆存在的理由：来自图书馆使命的注解》，《图书与情报》2007 年第 1 期，第 6 页。

［106］ Black，A. A new history of the English public library：social and intellectual contexts，1850 – 1914. London：Leicester University Press，1996，95. 转引自于良芝：《未完成的现代性：谈信息时代的图书馆职业精神》，《图书馆杂志》，2005（4）：3—4。

［107］ OCMS. Libraries for All：Social Inclusion in Public Libraries. London：OCMS，1999，p. 3.

［108］ Office for National Statistics. Social Trends. London：Office for National Statistics，1999，p. 34.

［109］ CIPFA（The Chartered Institute of Public Finance and Accountancy. More Visits to Public Libraries（http//www.cipfa.org.uk/press/press_show.cfm?news_id=26181）。

［110］ 陈鸣、谭梅：《当代西方国家公共文化服务制度改革中的若干问题》，李景源、陈威主编：《中国公共文化服务发展报告》（2007），社

会科学文献出版社 2007 年版，第 317 页。

［111］肖河：《梳理中外公共服务理论和实践》，《北京日报》2007 年 10 月 2 日。

［112］毛少莹：《发达国家的公共文化管理与服务》，《特区理论与实践》2007 年第 2 期，第 51 页。

［113］［美］赫伯特·西蒙：《今日世界中的公共管理：组织与市场》，《经济社会体制比较》2001 年第 5 期，第 55—61 页。

［114］Dana Gioia：《美国国家艺术基金会任重道远》（http：//www.nea.gov/news/news03，2004 - 12 - 3）。

［115］程样国、韩艺：《西方公共服务市场化的启示与反思》，《江西社会科学》2004 年第 4 期。

［116］沈望舒：《北美国家公共文化服务专业化职业化融在细微处》，《北京日报》2007 年 6 月 26 日。

［117］王丹红：《竭尽全力增加和传播知识》，《科学时报》2007 年 2 月 14 日。

［118］秦大树：《美国史密森研究院及其有关特点》，《中原文物》2001 年第 4 期，第 85 页。

［119］廖奔：《华盛顿 D.C. 的史密森尼博物馆群落》，《中华读书报》2002 年 8 月 21 日。

［120］［美］埃米莉·多莱、佩·奥拉·多莱：《史密森——美国国立博物馆》，孙珊译，《世界文化》1982 年第 2 期，第 132 页。

［121］端木义方：《美国传媒文化》，北京大学出版社 2001 年版，第 56 页。

［122］连晓鸣：《社会·企业·政府：美国文化产业考察》，载陈立旭等：《解读文化和文化产业》，人民出版社 2003 年版。

［123］卢娟：《国外政府文化资助模式及对中国的启示》（http://www.mcprc.gov.cn/gsjpd/zcfg/t20080225_ 51849.htm）。

［124］刘轶：《它山之石：美英法韩等国的文化政策》，《社会观察》2004 年第 4 期，第 10 页。

［125］卢娟：《国外政府文化资助模式及对中国的启示》（http://www.mcprc.gov.cn/gsjpd/zcfg/t20080225_ 51849.htm）。

[126] 卢映川、万鹏飞等：《创新公共服务的组织与管理》，人民出版社 2007 年版。

[127] 任明：《英国公共文化体系及其特点》，叶辛、蒯大申：《2006—2007 年：上海文化发展报告》，社会科学文献出版社 2007 年版，第 245 页。

[128] 范中汇：《英国文化》，文化艺术出版社 2003 年版，第 27 页。

[129] 薛亮：《英国公共文化艺术发展概况》，2007 年 9 月 18 日浙江文化信息网（http：//www.zjcnt.com/Article/2007-09-18/97922.shtml）。

[130] 吕方：《构建公共文化服务体系：当代中国发展的新基石》，《学海》2007 年第 6 期，第 228—229 页。

[131] 杜新山：《探寻"管"与"不管"的平衡——英国文化管理体制借鉴》，《南方》2005 年第 6 期，第 33 页。

[132] 陈威主编：《公共文化服务体系研究》，深圳报业集团出版社 2006 年版，第 18 页。

[133] 参见［澳］大卫·索罗斯比《文化经济学》，张维伦等译，台北典藏艺术家庭股份有限公司 2003 年版，第 183—185 页，转引自任裙《公共文化服务体系研究综述（2004—2007 年）》；李景源、陈威主编：《中国公共文化服务发展报告（2007）》，社会科学文献出版社 2007 年版，第 81 页。

[134] 中共中央党校党史教研室选编：《中共党史参考资料（七）》，人民出版社 1980 年版。

[135] 胡汝银：《低效率经济学集权体制理论的重新思考》，上海三联书店、上海人民出版社 1997 年版。

[136]《邓小平文选》第二卷，人民出版社 1994 年版，第 225 页。

[137]《三中全会以来重要文献选编》（下），人民出版社 1982 年版，第 687 页。

[138]《中国文化文物统计年鉴》，北京图书馆出版社 2006 年版。

[139]《新中国六十年统计资料》，中国统计出版社 2008 年版。

[140]《新中国六十年统计资料》，中国统计出版社 2008 年版。

[141] 符钢战：《公共产品短缺与中国事业单位改革——兼论政府职能的第二次转变》，《学术月刊》2007 年第 6 期。

[142]《十三大以来重要文献选编》(下),人民出版社 1993 年版,第 1643—1644 页。

[143]《十五大以来重要文献选集》(上),人民出版社 2000 年版,第 18 页。

[144]《新中国六十年统计资料》,中国统计出版社 2008 年版。

[145] 杨晓民、周翼虎:《中国单位制度》,中国经济出版社 2002 年版。

[146] 王覃刚:《中国政府主导型制度变迁的逻辑及障碍分析》,《山西财经大学学报》2005 年第 3 期。

[147] 全国农民工文化生活状况调查课题组编:《当代农民工文化生活状况调查报告》,中国社会科学出版社 2007 年版,第 10 页。

[148] 财政部、华中师范大学课题组:《当代农村文化调查总报告》2006 年。

[149] 胡锦涛:《以创新的精神加强网络文化建设和管理》,《青年教师》2007 年第 2 期,第 2 页。

[150] Webull J. Evolutioary Game Theory, Princeton: Princeton Press, 1995.

[151] Friedman D. Evolutionary Game in Economics, Econom Etrica, 1991, 59 (3): p. 637–666.

[152] 庞井君:《构建新型文化体制框架的理论思考》,《文化蓝皮书:2008 年中国文化产业发展报告》,社会科学文献出版社 2008 年版,第 3 页。

[153] 联合国教科文组织网页:http://www.unesco.org,及联合国教科文组织编《世界文化报告》(1998,2000),关世杰译,北京大学出版社 2000 年版和 2002 年版。

[154] 陈威主编:《公共文化服务体系研究》,深圳报业集团出版社 2006 年版,第 97—109 页。

[155] 蒋建梅:《政府公共文化服务体系绩效评价研究》,《上海行政学院学报》2008 年第 9 期,第 60—65 页。

[156] 向勇、喻文益:《公共文化服务绩效评估的模型研究与政策建议》,《现代经济探讨》2008 年第 1 期,第 21—24 页。

[157] 贾旭东:《公共文化服务指数:思路、原理与指标体系》,《中国公共文化服务发展报告》2007年版,第379—390页。

[158] 毛少莹:《公共文化服务绩效评估指标体系的建构》,《中国公共文化服务发展报告》2007年版,第391—404页。

[159] 杨新洪:《关于文化软实力量化指标评价问题研究》,《统计研究》2008年第25期,第44—48页。

[160] [美] 菲利普·科特勒:《营销管理——分析、计划、执行与控制(英文影印版)》,清华大学出版社1997年版,第442—457页。

[161] Mark A G, Robert B D. Local Government Performance Through the Eyes of Citizens, Journal of Public Budgeting, Accounting & Financial Management, 2000, 36 (1): p. 49 – 61.

[162] Tony S:《对政府绩效的满意度:中国农村和城市的民意调查》,《公共管理评论》,清华大学出版社2006年版,第1—19页。

[163] 徐友浩、吴延兵:《顾客满意度在政府绩效评估中的运用》,《天津大学学报》(社会科学版) 2004年第4期,第325—328页。

[164] 尹爽、陈一凡:《提升政府公共服务满意度的对策研究》,《法制与社会》2009年第6期,第267页。

[165] 尤建新、邵鲁宁、杨淼:《公众满意理念及公众满意度评价》,《上海管理科学》2004年第2期,第59—61页。

[166] 吴建南、庄秋爽:《测量公众心中的绩效——顾客满意度指数在公共部门的分析应用》,《公共管理》2005年第5期,第53—57页。

[167] 张光进、龙朝双:《公众满意结构的初步研究》,《中国地质大学学报》2007年第3期,第85—88页。

[168] 于秀琴、陈通、李贵炳:《第三方测评政府绩效的群众满意度模式研究——以烟台市为例》,《中国行政管理》2009年第4期,第21—24页。

[169] 李晓燕:《基金会信息公开的公众满意度与绩效关系研究》,《学术论坛》2012年第10期,第24—30页。

[170] 陈方玺:《个人满意度与地方政府公众满意度关系探究》,《内蒙古农业大学学报》(社会科学版) 2011年第4期,第250—252页。

[171] 朱红灿、喻凯西:《政府信息公开公众满意度测评研究》,《图

书情报工作》2012年第3期。

［172］陈纪建：《中西不同文化背景下的公共图书馆制度比较》，《图书馆理论与实践》2006年第1期，第82页。

［173］邓聚龙：《灰理论基础》，华中科技大学出版社2003年版，第15—20页。

［174］文化部、财政部：《关于开展国家公共文化服务体系示范区（项目）创建工作的通知》（文社文发〔2010〕49号）（http://jkw.mof.gov.cn/zhengwuxinxi/zhengcefabu/201102/t20110214_449850.html）。

［175］宁波市财政局：《引入市场机制，探求公共文化设施建设运营管理新模式》，《行政事业资产与财务》2009年第3期。

后　　记

在我的博士论文《公共文化服务供给：政府的作用》研究成果的基础上，结合《提升山东省公共文化服务政府供给能力问题研究》的课题成果，最终完成了本书。写作出版过程中得到了方方面面的领导和专家们的无私帮助与大力支持，让我非常感动感谢。

首先感谢中国社会科学院工业经济研究所曲永义书记一直以来对我的大力帮助和悉心指导。他严谨务实的治学态度、无私助人的道德品质和积极进取的精神风貌给我以深刻的印象和影响，使我受益良多。

在课题研究和本书写作出版期间，我得到了山东财经大学申亮、王玉燕教授，山东省社科联刘致福主席，山东社科院袁红英院长，中国社会科学出版社赵剑英社长等的大力支持和帮助，在此向他们表达我的感激之情。

孔进

2021 年 8 月 1 日